A VIDA É DO CACHORRO...
MAS O TAPETE É SEU

Justine A. Lee

A VIDA É DO CACHORRO...
MAS O TAPETE É SEU

Tudo o que você sempre quis saber sobre o seu melhor amigo de quatro patas

Tradução
CARMEN FISCHER

Editora
Cultrix
SÃO PAULO

Título original: *It´s a Dog's Life... but It´s Your Carpet.*

Copyright © 2008 Justine Lee Veterinary Consulting, LLC.

Copyright da edição brasileira © 2011 Editora Pensamento-Cultrix Ltda.

Publicado mediante acordo com Three Rivers Press, uma divisão da Random House, Inc.

Texto revisto segundo o novo acordo ortográfico da língua portuguesa.

1ª edição 2012.

Todos os direitos reservados. Nenhuma parte desta obra pode ser reproduzida ou usada de qualquer forma ou por qualquer meio, eletrônico ou mecânico, inclusive fotocópias, gravações ou sistema de armazenamento em banco de dados, sem permissão por escrito, exceto nos casos de trechos curtos citados em resenhas críticas ou artigos de revistas.

A Editora Cultrix não se responsabiliza por eventuais mudanças ocorridas nos endereços convencionais ou eletrônicos citados neste livro.

Este livro é uma obra de consulta e informação. As informações aqui contidas não devem ser usadas sem uma prévia consulta a um profissional de saúde qualificado.

Coordenação editorial: Denise de C. Rocha Delela e Roseli de S. Ferraz

Preparação de originais: Suzana Riedel Dereti

Revisão: Liliane S. M. Cajado

Diagramação: Macquete Produções Gráficas

Dados Internacionais de Catalogação na Publicação (CIP)
(Câmara Brasileira do Livro, SP, Brasil)

Lee, Justine A.
   A vida é do cachorro – mas o tapete é seu / Justine A. Lee ; tradução Carmen Fischer. – São Paulo : Cultrix, 2011.

   Título original: It's a dog's life, but it's your carpet.
   ISBN 978-85-316-1162-9

   1. Cães 2. Cães - Criação 3. Cães - Comportamento 4. Cães - Miscelânea I. Título.

11-11704   CDD-636.7089689

Índices para catálogo sistemático:
1. Cães : Comportamento : Ciências veterinárias 636.7089689

Direitos de tradução para o Brasil
adquiridos com exclusividade pela
EDITORA PENSAMENTO-CULTRIX LTDA.
Rua Dr. Mário Vicente, 368 — 04270-000 — São Paulo, SP
Fone: 2066-9000 — Fax: 2066-9008
E-mail: atendimento@editoracultrix.com.br
http://www.editoracultrix.com.br
que se reserva a propriedade literária desta tradução.
Foi feito o depósito legal.

Aos meus pais, por terem me ensinado que fé, perseverança e trabalho árduo realmente compensam...

Aos milhares de cachorros e gatos dos quais tratei e a seus bons (e ocasionalmente maus) donos que os trouxeram a mim – por terem contribuído para que eu chegasse a ser a pessoa que sou hoje, mostrando-me e lembrando-me de por que eu adoro a profissão que escolhi...

Para JP, o melhor cachorro *do mundo*, por me ensinar que o sucesso não é medido pela sociedade, mas pelo enorme prazer de ver uma cauda abanando...

A todos os meus amigos, familiares, parentes e conhecidos, que sempre me procuraram em busca de conselhos veterinários gratuitos... este é para vocês.

Sumário

Capítulo 1: CURIOSIDADES CANINAS 19
O focinho do cachorro é um indicador confiável de como está a saúde dele? 20
Por que os cachorros gostam de cheirar o traseiro? 21
Quão apurado é o olfato dos cachorros? 21
Por que os pelos que os cachorros soltam não formam bolotas? 22
Por que os cachorros soltam pelos? 22
O que posso fazer para que o Fido solte menos pelos? 23
Por que os cachorros soltam mais pelos quando estão na clínica veterinária? 24
Por que os cachorros arranham com as patas traseiras o lugar em que urinaram ou defecaram? 25
Os membros anteriores do cachorro são seus braços ou suas pernas? 25
É comum um cachorro ficar com a pele arrepiada? 26
Meu cachorro precisa usar desodorante? 26
Por que os cachorros têm um dedo ou unha rudimentar? 27
Por não conseguir assoar o nariz, o Fido pode ficar com as narinas entupidas? 28

Os cachorros roncam ou são acometidos de parada respiratória (apneia) durante o sono? 28
Se eu adicionar corantes à ração da Fluffy, vai ficar mais fácil encontrar suas fezes no quintal? 29
Por que a urina do meu cachorro deixa manchas no gramado? 30
Contrair os vermes gastrintestinais do meu cachorro pode me ajudar a perder peso? 31
Se é o meu namorado ou o Skippy que anda soltando gases, não sei, mas posso dar a ele o remédio Beano? 32
Existem dentistas para cachorros? 32
Tenho que *realmente* escovar os dentes do meu cachorro? 33
Os dentes dos cachorros ficam cariados? 34
Os cachorros conseguem ver cores? 34
Existem cadeiras de rodas para cachorros? 35
Quão eficiente é a língua dos cachorros para beber água? 36
A língua da minha cachorra fica cinco vezes maior quando ela faz esforço físico. Como é que a língua cabe em sua boca? 36
Por que o Fido arranha o ar com a perna traseira quando passo a mão em sua barriga? 37
Por que a minha cachorra fica esfregando o traseiro no chão? 37
Será que o marca-passo do meu cachorro pertenceu a alguma pessoa falecida? 38
O Fido pode ser um fumante passivo? 38
Por que os cachorros gostam de rolar em carniça? 39
O ódio dos cachorros pelos gatos é instintivo? 41
Quantas vidas tem um cachorro? 42

Capítulo 2: TAL DONO, TAL CACHORRO 45
Como saber se sou uma pessoa do tipo canino ou felino? 46
É verdade que um ano de vida de cachorro equivale a sete anos de vida humana? 47
Quais são as cinco raças de cães mais inteligentes? 49
Quais são as cinco raças de cães "intelectualmente menos inteligentes"? 50
Quais são as cinco piores raças para serem cães de guarda? 50
Quais são as cinco raças que, por seus latidos, constituem os melhores cães de guarda? 51
Quais são as dez raças mais eficientes como cães de guarda? 51

Por que não posso dar ao meu cachorro o nome de "Sortudo"? 52
Quais são os dez nomes de cachorro mais populares? 52
Como um cão consegue correr só com três patas? 54
É melhor adquirir um cão vira-lata ou um de raça pura? 56
O que é um "labradoodle"? 57
Que raça é a melhor para mim? 58
Qual o tipo de cachorro que cabe no meu bolso? 62
O tamanho tem alguma importância? 63
Quantos cachorros são demais? 64
Por quanto tempo a minha amiguinha Yorkie vai viver? 65
Se mergulhado na água, um Shar-pei ficaria ainda mais enrugado? 66
Existem leis que garantem a saúde dos filhotes? 67
Como é que eu posso saber se estou comprando um cachorro saudável? 68
O que a raça do cachorro diz a respeito de seu dono? 70
É possível se adquirir uma raposa domesticada? 72
Qual é o cachorro de melhor "engenharia genética" que existe? 72
É verdade que todos os animais de pelo branco e olhos azuis são surdos? 73
Os cães surdos precisam de cães-guias? 74
Os cães cegos precisam de cães-guias? 76
É verdade que os Pit Bulls travam as mandíbulas? 77
Por que o Rhodesian Ridgeback tem aquela fileira de pelos salientes nas costas? 78
Será que o Pastor Alemão entende alemão? 78
101 razões para não se ter um Dálmata 79
O São-bernardo realmente carrega uísque naquele barril de madeira que tem em volta do pescoço? 80
Será que a Lassie era mesmo uma cachorrinha tão inteligente? 81
De que raça era Petey, o cachorro do filme "Os Batutinhas"? 81
De que raça era Spuds MacKenzie, o mascote da Budweiser? 82
Quem é Balto e por que a Disney o transformou num filme? 83
Por que Uga, o adorado buldogue da Universidade da Geórgia, é o pior mascote que esse estado já teve? 84

Capítulo 3: VIDA DE CACHORRO 87

O que é afinal uma creche para cachorros? 88
Os cachorros namoram nesses locais? 90
Devo terminar com meu namorado só porque ele não gosta do meu cachorro? 90

Devo dar presentes em datas especiais ao cachorro da minha namorada? 91
Posso deixar o Fido num hotel para cachorros? 92
Devo levar meu cachorro comigo ao sair de férias? 93
Posso levar meu cachorro junto para o trabalho? 94
Posso levar meu cachorro comigo numa viagem de avião? 96
Vou viajar de avião pelo país com a Fifi. Posso dar a ela um de meus comprimidos de Valium? 98
O esmalte para cachorro pode ressecar as unhas da Phoebe? 98
Posso furar as orelhas do meu cachorro? 99
Posso fazer uma tatuagem no meu cachorro? 99
Posso tingir o pelo do meu Poodle? 100
Se cortar a cauda do meu cachorro, ela vai voltar a crescer? 100
Será que a Fluffy gosta de andar vestida? 101
Os cachorros precisam ser treinados para serem carregados em bolsas? 102
Será que meu cachorro entende a fala de bebê (ou qualquer outra fala)? 103
É verdade que o meu cachorro tem a minha cara? 103
Por que os cachorros aparecem com os olhos vermelhos nas fotos? 104
Com que frequência eu devo cortar as unhas do meu cachorro? 105
Como devo cortar as unhas pretas das patas de meu cachorro? 106
Meu cachorro pode doar sangue? 107
Os cachorros podem ser submetidos a procedimentos de cirurgia plástica? 108
Qual é a melhor maneira de recolher fezes de cachorro? 109
Quais as cidades que são consideradas as mais responsáveis em termos de recolhimento de fezes de cachorro? 110
Quais as cidades de pior reputação por causa da presença de fezes de cachorro? 111

Capítulo 4: SENSIBILIDADE CANINA 113
Existem psicólogos ou "encantadores" de cachorros? 114
Será que o minuto desses profissionais vale US$2,99? 115
Meu cachorro tem um relógio interno? 116
Os animais são vingativos? 116
Os cachorros sofrem de claustrofobia? 117
Devo deixar o rádio e a TV ligados para o Cliffy quando sair de casa? 118
Será que o Fido sonha? 118
Os cachorros têm memória? 119
Por que os cachorros tentam agarrar a própria cauda? 120

Existem animais que são *gays*? 120
Meu cachorro seria capaz de reconhecer seus irmãos? 121
A cauda do meu cachorro expressa uma linguagem própria? 121
Meu cachorro reconhece minha voz no telefone? 122
É possível que um cachorro morra de tristeza? 123
Cachorros também choram? 123
Cachorros também sofrem a dor da perda? 124
Cachorros têm personalidade ou sentimentos? 125
Cachorros também sorriem? 126

Capítulo 5: TREINANDO A FERA DE QUATRO PATAS 127

É crueldade usar coleiras de choque? 128
Como funcionam aquelas coleiras com spray de citronela? 128
É possível ocorrer um acidente com seu cachorro quando você liga a TV pelo controle remoto? 129
Como treinar meu cachorro para ficar em sua gaiola? 129
É *realmente* necessário que meu cachorrinho seja submetido a um treinamento de obediência? 131
As coleiras do tipo enforcador enforcam de fato o cachorro e as coleiras com garras vão machucá-lo? 132
O que é uma guia Gentle Leader e como ela funciona? 133
Posso contratar alguém para treinar o Fido para mim? 134
Como funciona o treinamento com sons? 135
É possível ensinar novos truques a um cachorro velho? 136
Tenho que ensinar meu cachorro a andar preso a uma guia? 136
Por que os cachorros são treinados para andar do nosso lado esquerdo? 137
Tudo bem deixar o Cliffy dormir na minha cama? 138
Como impedir que o Wolfie mate pequenas criaturas inocentes? 139
O que é um colar elisabetano e por que não existe um que seja transparente? 140

Capítulo 6: UM MUNDO EM QUE OS CÃES SE DEVORAM 143

Eu também posso beber a água do vaso sanitário? 144
Posso comer os biscoitos do meu cachorro? 145
Os produtos Milk-Bone são realmente feitos de leite? 146
Os produtos mais caros são realmente melhores? 146
Posso acostumar meu cachorro a uma dieta vegetariana? 147

Existe carne de cachorro na comida para cães? 148
A comida para cachorros contém formaldeído? 148
Cães com excesso de peso precisam de uma dieta pobre em carboidratos? 149
Posso preparar comida em casa para o meu cachorro? 150
Será que o Fido é gordo? 151
Existem comprimidos para controlar o apetite dos cachorros? 153
Existem cachorros bulímicos? 154
E cachorros anoréxicos? 154
Comida enlatada faz mal para cachorros? 155
Se comer chocolate, o cachorro vai ter espinhas? 156
Por que os cachorros comem suas próprias fezes? 156
A comida servida à mesa é realmente nociva para os cachorros? 157
Os produtos *Greenies* são mesmo nocivos para cachorros? 158
Meu cachorro adora aqueles ossinhos feitos de pênis de touro! Será que eles são saudáveis? 159
Meu peso é acima do normal e o do meu cachorro também. Devo me preocupar com isso? 160
Por que os cachorros comem grama? 161
Por que os cachorros enterram ossos? 162
Qual é a melhor maneira de dar remédio ao meu cachorro? 162
Se o meu cachorro comer chocolate, o cocô dele vai ter cheiro de chocolate? 164
Por que meu cachorro gosta de remexer na caixa de areia dos gatos? 164

Capítulo 7: A IMENSIDÃO DO ESPAÇO LÁ FORA 165
O sumagre venenoso pode afetar os cachorros? 166
Meu cachorro precisa usar óculos escuros para se proteger do sol? 167
Posso levar meu cachorro para correr quando lá fora está fazendo um calor de 32º C? 167
A partir de que idade eu posso começar a levar o meu cachorrinho para correr? 169
Por que alguns cachorros pegam o disco que você joga no ar e outros não? 170
Quantos quilômetros meu cachorro pode correr? 171
Posso deixar meu cachorro fazer exercícios do lado de fora do carro enquanto eu dirijo? 173
Posso andar de patins com meu cachorro? 174
Posso entrar na água com meu cachorro? 174

Tudo bem se meu cachorro passar o dia todo solto quando não estou em casa? 176
Posso usar uma cerca invisível para prender meus filhotes humanos? 177
Os cães de caça gostam realmente de caçar? 178
É crueldade usar cães para puxar trenós? 179
Por que os cachorros erguem a perna para urinar? 180
Por que os cachorros cavam e preparam ninhos antes de se deitar? 180
Posso implantar em mim mesmo um chip de identificação como o do meu cachorro? 181
Qual é a maneira mais fácil de apartar uma briga de cães? 182
Tudo bem se meu cachorro for sentado no banco da frente do carro? 184
Posso ensinar meu cachorro a transportar peso? 185
Meu cachorro precisa usar protetor solar? 185
Como posso me livrar daquele seu cheiro horrível de gambá? 186

Capítulo 8: QUANDO CACHORROS BEM-COMPORTADOS FAZEM O QUE NÃO DEVEM 187

Cachorros gostam de tomar cerveja? 188
O que acontece com o cachorro que ingere um biscoito de chocolate com maconha? 189
É possível alguém enlouquecer seu próprio cachorro? 189
Por que certos cachorros tentam abocanhar insetos imaginários? 191
Meu veterinário pode me prescrever tranquilizantes para cavalos? 191
Posso tomar os remédios do Fido? 191
Por que os remédios do Fido são mais baratos do que os meus? 192
Por que meu cachorro come os preservativos ou tampões usados que encontra no lixo? 192
Os cachorros podem mascar goma para refrescar o hálito? 193
Uvas e passas são tóxicas? 194
As plantas cultivadas dentro de casa são realmente venenosas? 195
Existe algum atendimento de emergência para cães envenenados? 196
Será que meu vizinho envenenou o meu cachorro? 197
É comum um cachorro gostar de comer cogumelos? 197
Quais são as dez principais substâncias tóxicas para cachorros? 198
Posso dar ao meu cachorro remédios adquiridos sem receita? 199
O quanto o chocolate é realmente tóxico? 200
O eliminador de odores *Febreze* é tóxico para cachorros? 201

É verdade que, depois de ingerir maconha, os cachorros têm necessidade de comer? 201

Um cachorro pode ficar embriagado? 203

O que devo fazer para meu cachorro vomitar? 203

São duas horas da madrugada. Tenho mesmo que levar meu cachorro ao pronto-socorro veterinário? 204

Meu veterinário acabou de fazer uma endoscopia no meu cachorro e removeu um objeto estranho. Posso ficar com ele? 205

Como escapar ao ataque de um cachorro? 205

Capítulo 9: AÍ VEM O BATOM 209

Por que os cachorros lambem os próprios testículos? 210

Se mandar castrar meu cachorro, ele vai deixar de se esfregar nas minhas pernas? 210

Por que a idade mágica de seis meses para castrá-lo? Não pode ser antes? 211

Se eu esperar para castrá-lo, ele vai crescer mais? 213

Por que o meu cachorro fica se esfregando no meu edredom e não em outros cachorros? 213

É comum o cachorro ficar com o pênis preso dentro da fêmea depois do ato sexual? 214

Castrar fêmeas é a mesma coisa que fazer histerectomia? 214

Capar é a mesma coisa que castrar? 215

Eu quero ter uma ninhada para que meu filho presencie o milagre da vida. O que preciso saber? 216

Por que os cães machos têm mamilos? 217

Como se comporta uma cadela no cio? 218

Existem cães doadores de esperma? 219

As cadelas precisam usar absorventes higiênicos quando estão no cio? 219

Bebês humanos e filhotes caninos recém-nascidos se entendem? 220

Existe algo como incesto entre irmãos caninos? 221

Por que o meu cachorro capado tem ereções? E por que elas parecem ocorrer aleatoriamente? 221

E se o cachorro engolir um *Neuticle*? 222

É possível cruzar um Chihuahua com um Dinamarquês? 223

Cão grande, cão bem-dotado – é mesmo? 223

Os cachorros se beijam? 224

É verdade que o pênis dos cachorros encolhe? 224

Um cachorro pode contrair doenças sexualmente transmissíveis? 225
Você pode contrair alguma doença se beijar o seu cachorro? 226

Capítulo 10: O VETERINÁRIO E SEUS OBJETOS DE ESTIMAÇÃO 229

O que os veterinários realmente fazem quando levam seu cachorro para a sala dos fundos? 230
Meu cachorro precisa realmente tomar remédio contra a dirofilariose? 231
Os veterinários levam muitas mordidas de animais? 232
Os veterinários são atacados por pulgas? 232
O que é um especialista veterinário? 233
Meu cão precisa tomar a vacina contra a doença de Lyme? 235
Qual é a terceira principal implicância veterinária de Justine Lee? 236
Devo pagar um plano de saúde para o meu cachorro? 237
É obsessão o que meu veterinário tem com as fezes do meu cachorro? 238
Posso confiar num veterinário que não é ele mesmo dono de nenhum animal de estimação? 238
Por que no livro *Freakonomics* as mulheres veterinárias são listadas como uma das três principais categorias mais cobiçadas para encontros virtuais? 239
Quais são os dez principais motivos que fazem as pessoas levar seus cachorros ao veterinário? 240
É verdade que é mais difícil ingressar numa faculdade de veterinária do que numa de medicina? 240
Por que existem tantas mulheres veterinárias? 242
É verdade que os veterinários detestam ouvir a frase: "Já fui veterinário, mas não suportei ter de lidar com o sacrifício de animais"? 242
Eu gosto mais do meu veterinário do que do meu próprio médico. Será que posso me tratar com ele? 243
Com que frequência você usa profissionalmente a palavra "cadela"? 243
Você assiste a casos de abuso contra animais? 244
Como saber se um hospital veterinário é bom? 245
O que quer dizer o grande "K"? 246
Como vocês sabem quando é chegada a hora de sacrificar um animal? 246
Quanto custa sacrificar um animal? 247
Eu posso estar presente quando o meu cachorro é sacrificado? 248
Os veterinários fazem necrópsias de animais? 249
Existe algum documento pelo qual posso assegurar o direito de decidir sobre a vida do meu cachorro em alguma situação de emergência? 250

Vocês fazem ressuscitação cardiorrespiratória em animais? 251

Quais são as possibilidades de eu dispor dos restos mortais do meu cachorro? 252

Como ser um consumidor inteligente: o que seu veterinário quer que você saiba 253

E, finalmente, que benefícios ter um animal de estimação traz para seus donos? 254

Notas 255

Referências 261

Agradecimentos 264

A VIDA É DO CACHORRO...
MAS O TAPETE É SEU

CAPÍTULO 1

Curiosidades Caninas

Se eu ganhasse uma moeda de 25 centavos toda vez que ouço alguém dizer – "Ah, então quer dizer que você é veterinária?" – e outra de dez centavos a cada vez que ouço: "Bem, como o focinho dele estava seco, eu achei que..." – então eu não teria que escrever este livro para pagar os empréstimos que financiaram meus estudos de veterinária. Siga em frente para ver se o focinho do seu cachorro é um indicador confiável do estado geral de saúde dele. Será que o focinho realmente pode dizer se o seu animal está doente?

Este capítulo é um guia seguro para donos de cachorro que se prezem. Se você tem vergonha demais para fazer ao seu veterinário perguntas "idiotas" sobre o que fazer com os gases fedorentos do seu cachorro ou como impedi-lo de destruir o jardim, siga em frente! Não consegue determinar se ele está enxergando bem, se seu olfato está funcionando ou se ele realmente odeia gatos? Não sabe ao certo por que ele gosta de ficar cheirando o traseiro de outros cachorros? Não tem certeza da necessidade de parar de fumar pelo bem do seu amigo canino? Quer saber se existe algum truque para minimizar a quantidade de pelos que ele espalha pelo seu novo e maravilhoso sofá de microfibra italiana? Este capítulo trata de problemas comuns que envolvem a saúde dos cachorros e que você nunca soube que podia perguntar a um veterinário (sem parecer um "daqueles" donos), além de expor alguns dos problemas inerentes à posse de um bicho de estimação. E se você ainda não tem um animal de estimação... vai descobrir em que enrascada está prestes a entrar!

O focinho do cachorro é um indicador confiável de como está a saúde dele?

De acordo com a sabedoria popular, o nariz fareja o que os olhos não veem. No entanto, eu acho que o Anônimo que escreveu essa pérola estava se referindo mais à parte que se sente culpada e usa perfume no colarinho do que à parte peluda com a coleira de couro. Em geral, o focinho do cachorro *não* é um indicador confiável do seu estado de saúde ou de doença. Examine o focinho do seu cachorro. Você vai notar que ele varia de levemente seco até liso e úmido, dependendo do dia, das condições do tempo e do nível de umidade do ar. É normal o focinho do cachorro se manter úmido, devido às secreções das glândulas nasais laterais.[1] Não há, entretanto, nenhuma correlação direta com a saúde do seu animal, nem tampouco com o faro. Se você notar que o focinho do seu cachorro está excessivamente espesso, rachado ou sangrando, então procure um veterinário para examiná-lo, pois certas doenças, como pênfigo ou lúpus, podem apresentar esses sintomas. Mas a diferença será totalmente óbvia. É só seguir este lembrete: seco ou molhado, pode ficar sossegado; mas vá já para o veterinário, se ele parecer enjoado! Isso vai ajudar a separar suas preocupações de pai ou mãe das verdadeiras situações de emergência.

Por que os cachorros gostam de cheirar o traseiro?

Ora, bolas, por quê! Você alguma vez já se perguntou por que os cachorros gostam de cheirar os traseiros uns dos outros quando se encontram no parque? É que eles têm duas glândulas anais logo na entrada do reto. E expelem uma secreção amarronzada com típico odor canino. Tanto as fêmeas como os machos são dotados dessas glândulas e é pelo cheiro que eles se "reconhecem". Apesar de esse comportamento poder lhe parecer repulsivo, é o equivalente canino ao aperto de mão dos humanos quando se encontram. Agradeça aos cachorros pelo fato de a evolução ter nos livrado *dessa*.

Quão apurado é o olfato dos cachorros?

Não é incrível o fato de um cão de caça farejar uma carcaça em decomposição no meio do mato a centenas de metros de distância? Os cachorros têm o sentido do olfato extremamente apurado e eles o usavam no passado para caçar e sobreviver e, hoje, para encontrar e enterrar coisas. ("Olha o que eu achei!") Em comparação, nós humanos temos aproximadamente cinco milhões de células olfativas que usamos para cheirar, enquanto os cachorros têm 220 milhões. É por isso que a polícia, em suas operações de busca, faz uso de cães farejadores que são treinados para localizar drogas: o olfato é nos caninos um milhão de vezes mais aguçado do que nos seres humanos![2] Tive certa vez um paciente canino chamado "Kilo", que trabalhava para a polícia, cujo focinho era capaz de farejar drogas ilícitas atrás de paredes, em fendas e em todos os lugares secretos onde os traficantes costumam esconder suas drogas. Lamentavelmente, ele começou a desmaiar toda vez que ficava excitado, devido a uma arritmia cardíaca, mas desde que implantamos nele um marca-passo, Kilo voltou a cumprir sua função na polícia! Pelo estado em que anda a situação das grandes cidades hoje em dia, acho que devemos agradecer pelo fato de o nosso olfato não ser mais aguçado.

Por que os pelos que os cachorros soltam não formam bolotas?

Diferentemente dos gatos, os cachorros não são muito meticulosos com seu asseio pessoal – lembre-se de que eles gostam de remexer em animais mortos em decomposição, precipitar-se em águas sujas como se estivessem fugindo de um incêndio e deliciar-se com as fezes uns dos outros. Não sei bem por que os cães toleram ficar sujos, fedidos e emporcalhados, mas, como muitas crianças e alguns seres humanos do gênero masculino, eles parecem não estar nem aí. Os gatos, por sua vez, são excessivamente exigentes nesse sentido (e por isso não precisam tomar banho). Eles são dotados de uma língua naturalmente áspera que pega os pelos que caem e que eles depois espalham por todo o tapete. Como os cachorros não são exigentes (ou não se importam), os pelos deles não formam bolotas. Em vez disso, eles apresentam cheiros estranhos e trancinhas afro enquanto esperam que você os banhe e escove!

Por que os cachorros soltam pelos?

Meu namorado acha que eu espalho fios de cabelo por toda parte para intencionalmente "demarcar" meu território, mas como ele só convive com mulheres de cabelo castanho, acabo não levando nenhuma vantagem. De qualquer maneira, o cabelo não funciona como bandeira territorial – o vento soprado pelos automóveis em movimento e as pisadas das pessoas não a deixam içada. Por outro lado, roupas largadas estrategicamente... Bem, digamos apenas que todos nós deixamos nossas marcas por diferentes motivos.

Os cachorros soltam pelos como meio de ajudá-los a regular a temperatura com a mudança de estação. Como a sua criatura peluda não tem a opção de usar um casaco para se abrigar no inverno ou de andar nua no verão, seu pelo tem que ser capaz de se adaptar às mudanças climáticas. Em condições extremas, o pelo não apenas o protege do frio, do calor e dos raios ultravioleta, mas também lhe provê uma barreira protetora contra qualquer lesão de pele enquanto estiver correndo pelos bosques, brincando com outros cachorros ou sendo picado por insetos.

Durante os períodos de dias curtos, o cérebro do cachorro procura manter uma pelagem espessa para deixá-lo aquecido. Ele chega mesmo a desenvolver pelos "secundários" no outono e no inverno para aumentar o calor. Nos meses de primavera e verão, talvez você tenha que limpar a casa com muito mais frequência, já que o cérebro do seu cachorro pode ser afetado pelo maior tempo de luz solar e, por isso, ele solta mais pelos. Em geral, ele solta apenas sua camada de pelos mais curtos e desenvolve uma camada de pelos mais longos e espessos durante a primavera e o verão; ela funciona como um tampão protetor e provê uma camada mais refrescante em torno da pele. É por essa razão que não recomendamos raspar o pelo dos cães que passam muito tempo ao ar livre, uma vez que pode ocorrer um dos seguintes incidentes: (a) queimadura de sol; (b) picadas de insetos; (c) aumento do calor (apesar de parecerem estar nus); e (d) a ridicularização pelos cães da vizinhança.

O que posso fazer para que o Fido solte menos pelos?

Meus amigos que não são veterinários sempre me perguntam com apreensão: "Há algo de errado com seus gatos?" antes de estenderem a mão para acariciar um deles. A questão é que eu costumo raspar o pelo dos meus gatos até a raiz. Faço isso porque não suporto a quantidade extra de pelos soltos pela casa e não por apresentar risco de contágio (a não ser quando é mesmo para espantar alguém de quem eu não goste). Talvez não seja uma maneira normal ou tipicamente saudável de reduzir a quantidade de pelos espalhados pela casa, mas ora... como sou veterinária, há sempre uma tesoura bem ali à mão.

E, para ser sincera, além de cortar e escovar constantemente, não há muita coisa que você possa fazer senão raspar os pelos até a raiz. Apesar de todos os líquidos, unguentos, linimentos, sprays e outros produtos alardeados pela propaganda, não acredite em sua eficácia, pois do contrário nós todos os usaríamos e muitos atores que representam os ícones da calvície teriam carreira curta nesse mercado. Em geral, os cachorros soltam mais pelos na primavera e no verão, de maneira que é importante escová-los diariamente (ou pelo menos uma vez por semana) durante os meses dessas estações, especialmente os que têm pelos de comprimento médio ou longo. Quanto mais pelos você remover com a escovação (fazendo movimentos circulares para raspar), menor será a quantidade que ficará grudada em seus móveis e piso e, também, no seu pé, como um daqueles ex-namorados que não desgrudam. Existem algumas raças que não soltam pelos, como o Poodle e o Bichon Frisé, mas mesmo esses cães precisam ter os pelos escovados com frequência.

Por que os cachorros soltam mais pelos quando estão na clínica veterinária?

Até mesmo o cão mais valente fica nervoso ao entrar numa clínica veterinária e começa a soltar grandes quantidades de pelo. É seu instinto de luta ou fuga que entra em ação. Em resposta ao stress, não apenas seu ritmo cardíaco se acelera, mas também a sua respiração – ele começa a ofegar ou respirar com maior intensidade para levar mais oxigênio aos pulmões. O cachorro reconhece o lugar em que está e seu corpo começa a se preparar para a fuga ("Socorro! Estou pressentindo a chegada de um veterinário malvado!"). Ao mesmo tempo, todos os vasos sanguíneos e folículos pilosos se dilatam para permitir que o sangue flua para os músculos preparando-os para a fuga e, por isso, ele desanda a soltar pelos. Não leve demasiadamente a sério (ou seu próprio cabelo pode começar a cair); os sintomas devem passar logo que ele voltar para casa. E esperamos que da próxima vez seu cachorro lembre que não existem veterinários malvados. Pelo menos é nisso que queremos acreditar!

Por que os cachorros arranham com as patas traseiras o lugar em que urinaram ou defecaram?

Os cães têm glândulas entre as almofadas dos dedos e, para demarcar seu território, eles costumam arranhar com as patas traseiras o lugar em que urinaram ou defecaram. Meu cachorro, um Pit Bull que resgatei das ruas de um gueto de Filadélfia, adora fazer isso depois de defecar – é seu jeito machista (apesar de ser castrado) de dizer aos outros cachorros que "JP esteve aqui". Embora esse seja um traço predominante dos machos "inteiros" (ou seja, daqueles que não tiveram os testículos removidos), os castrados e até mesmo as fêmeas também fazem isso. Eles estão basicamente tentando dizer ao cachorro seguinte que estiveram ali e que o "lugar já tem dono". Você se lembra da hora do almoço no refeitório da escola secundária? É mais ou menos a mesma coisa, só que com o bônus extra da defecação em público.

Incidentalmente, o veado macho também tem esse mesmo hábito de demarcar território e os caçadores o tomam como sinal de reconhecimento de que um macho anda por perto. Quando levo JP para o mato durante o outono (é claro que com o colete laranja fluorescente), não me importo com o fato de ele enganar os caçadores com sua própria marca. Só gostaria que a PETA – organização em defesa do tratamento ético para os animais – o pagasse por isso!

Os membros anteriores do cachorro são seus braços ou suas pernas?

Em termos de anatomia, costumamos considerar os membros anteriores como sendo os braços e, os posteriores, as pernas. Isso porque a anatomia da maioria das espécies se assemelha, com exceção do homem que adotou a postura ereta. Os membros anteriores ou braços do cachorro consistem dos ossos úmero, rádio e ulna – exatamente como os braços humanos – enquanto os posteriores consistem basicamente do fêmur, da tíbia e da fíbula. De maneira que, apesar de você ser bípede, a sua estrutura anatômica é semelhante à do cachorro; você só se parece mais com o macaco.

É comum um cachorro ficar com a pele arrepiada?

Em termos científicos o fenômeno é chamado de "piloereção", uma estranha maneira de dizer que os pelos se eriçam nos folículos. Apesar de raramente ser visível nos cachorros, por causa da espessura de sua pelagem, nem por isso o fenômeno deixa de ocorrer.

As pessoas costumam ter arrepios na pele diante da exposição ao frio ou a situações que provocam medo. Como o cachorro tem um pelo espesso que o mantém aquecido, ele raramente tem arrepios de frio. Quando eles ocorrem, são causados mais por nervosismo, medo ou para expressar sua agressividade diante de outro animal ou pessoa. Ele está simplesmente tentando parecer maior e mais assustador (como se dissesse, "Olhe como sou grande – fique longe de mim!") para intimidar o estranho.

O arrepio da pele é, na verdade, um complicado reflexo neurotransmissor, que tem sido associado como uma atitude de defesa emocional.[3] Ele é apenas um dos muitos sinais reconhecidos do comportamento defensivo. Os cachorros podem também se abaixar, adotar um passo mais lento diante do "animal agressor" e erguer (mas não balançar) a cauda, e ter arrepios na região dos ombros e do traseiro. Se você notar a presença de arrepios na região do pescoço ou do traseiro do seu cachorro, tome cuidado!

Meu cachorro precisa usar desodorante?

Esta é outra razão para se amar os cachorros! Enquanto o seu namorado peludo pode aparecer com uma camiseta manchada de suor, isso nunca acontecerá com o seu cachorro. Ele jamais transpira pelas axilas. Um dos únicos lugares pelos quais ele transpira é as patas. Dito isso, eu trabalho com muitos cachorros atléticos (como galgos ou cães puxadores de trenó) e ainda estou por ver as patas de um cachorro transpirando enquanto se exercita. As glândulas sudoríparas das patas de seu cão são meios secundários pelos quais ele libera o calor. Ele costuma ofegar como principal meio de regulação térmica e controle da temperatura do corpo.

Portanto, a resposta à sua pergunta é não, ele não precisa usar desodorante! Mas precisa de muita sombra, água fresca e tempo à vontade para ofegar e soltar todo o ar quente. Isso é particularmente importante de lembrar quando ele fica correndo de um lado para outro com uma bolinha de tênis na boca quando você o leva para passear. Talvez você ache bonitinho ele mesmo levar seu brinquedo para casa, mas na verdade é mais seguro que você o leve (como também o saco plástico com as fezes!). Andar com a bolinha de tênis na boca pode impedir que ele ofegue adequadamente e, com isso, acabe retendo excesso de calor.

Por que os cachorros têm um dedo ou unha rudimentar?

Por que o seu cachorro tem do lado da perna aquela pequena unha graciosa, mas também irritante que, às vezes, fica presa a alguma coisa e começa a sangrar? É comum em muitos cachorros a ausência do primeiro "dedo" ou dígito; se o seu o tem, você é o dono privilegiado de um cachorro dotado de dedo ou unha rudimentar. Esse dedo extra pode variar de uma pequena ponta de pele até um dedo perfeitamente desenvolvido. A evolução dos cães não os levou a usar canetas ou outros utensílios e, portanto, sua necessidade de ter um polegar ficou reduzida ao mínimo e o que restou foi aquele apêndice bem engraçadinho, porém inútil. Alguns cachorros convivem com ele sem nenhum problema, mas os cães de caça, os cães que trabalham ou aqueles que correm muito apresentam mais risco de ter aquele dedo ou unha traumatizado.

Essa unha costuma ser removida pelo criador logo nos primeiros dias de vida, mas se o seu cachorro ainda a tem, você pode mandar removê-la quando ele for castrado, sob anestesia. Do contrário, você poderá acabar tendo que pagar para removê-la posteriormente numa consulta de emergência (e mais dispendiosa) depois de ele ter se machucado enquanto corria no parque.

Por não conseguir assoar o nariz, o Fido pode ficar com as narinas entupidas?

Ainda bem que o Fido não precisa assoar o nariz! Nem *você* precisa fazer isso por ele. Nas raças de cachorros que têm a cara enrugada, seria uma tarefa extremamente difícil.

É possível que você o encontre espirrando às vezes para tentar tirar algo do nariz. Você nunca o viu "espirrando ao contrário"? É quando ele bufa de um jeito que parece que está se sufocando e morrendo; na realidade, ele provavelmente está apenas tentando desobstruir suas vias nasais. Aqueles "espirros invertidos" alteram basicamente a pressão na cavidade nasal e fazem com que o Fido mergulhe naquela fartura de muco para tragá-la. Mas se ele fizer isso com frequência, pode haver algo preso em seu nariz; leve-o ao veterinário para examiná-lo. Em geral, ele sabe se virar sozinho sem precisar de nenhum lenço Kleenex.

Os cachorros roncam ou são acometidos de parada respiratória (apneia) durante o sono?

Ao escolher seu primeiro cachorrinho, lembre-se de que determinadas raças roncam mais do que outras. Ronco é o ruído causado pela vibração do tecido de trás da garganta. Uma palavra aos desavisados: se você tem o sono leve, o Buldogue, o Mastiff, o Lhasa Apso, o Pug, o Shih tzu, o Pequinês ou o Shar-pei podem não ser os cachorros apropriados para você! Estamos falando naquele tipo de vibração capaz de fazer tremer as paredes!

Comumente, a anatomia do nariz e da garganta de um Schnauzy são a causa de seus roncos e, portanto, não há muito o que se possa fazer, mas em certos casos, fatores como obesidade, alergias, idade avançada e certos remédios têm sua parcela de influência. É importante distinguir o ronco da dificuldade respiratória, de um problema da traqueia (colapso traqueal) ou do "espirro invertido". Quando estiver em dúvida, filme o episódio para mostrar ao seu veterinário. Do contrário, se seu Schnauzy sempre roncou, talvez você deva investir num protetor de ouvidos e começar a aceitar o fato de que afinal seu cachorro faz a trilha sonora dos seus sonhos – de todos eles!

Se eu adicionar corantes à ração da Fluffy, vai ficar mais fácil encontrar suas fezes no quintal?

Caramba! Esse é o tipo de pergunta que me faz não acreditar que estudei veterinária (por treze anos!). Mas vamos lá.

Dizem que a fábrica Iams/Eukanuba chegou mesmo a considerar essa possibilidade alguns anos atrás. Essa famosa empresa que fabrica alimentos para cachorros é conhecida por seu logotipo cor-de-rosa e por suas cores e recebeu a sugestão de um cliente para que produzisse alimentos *cor-de-rosa*, para, bem, facilitar que fossem encontrados em casos de falta. Ainda bem que até agora eles não tenham seguido essa sugestão. Vou continuar a história, contando que um dia, horas depois de ter comido uma deliciosa salada de beterraba, o que vi no vaso sanitário me fez perguntar se estava morrendo. Liguei para me despedir de minha mãe e, também, para minha irmã, para lembrá-la que continuava me devendo 400 dólares. Passados alguns minutos de pânico, enfim me ocorreu a ideia brilhante de no ano seguinte plantar rabanetes em vez de beterrabas. Para quem ainda não entendeu, é só comer uma bela salada de beterraba para saber aonde estou querendo chegar... Se pudéssemos dar beterraba para os cachorros, acho que teríamos a solução do problema. A moral desta história é a seguinte: com certeza, é possível colorir as fezes da Fluffy, mas esteja avisado: seus vizinhos talvez venham considerar você uma pessoa um tanto quanto esquisita.

Por que a urina do meu cachorro deixa manchas no gramado?

Há uma alta concentração de nitrogênio na urina tanto dos animais como dos seres humanos, mas apenas a dos cachorros que, por ser expelida fora de casa, é flagrada. Embora o nitrogênio seja um dos principais ingredientes dos fertilizantes, sua concentração e quantidade na urina dos cachorros é tão alta que queima e mata a grama. Você pode minimizar o dano usando alguns truques. Em primeiro lugar, ensine seu cão fazer como o meu JP: erguer a perna e soltar seu jato de urina através da cerca para a grama do vizinho. O gramado do meu vizinho tem manchas amarronzadas horríveis e ele *realmente* deveria tirar tempo para cuidar dele (por sorte, ele não tem nenhum bicho de estimação e, assim, a probabilidade de ele comprar este livro e descobrir a verdade é mínima). Em segundo lugar, considere a possibilidade de construir uma área com piso de cascalho nos fundos do seu quintal. Eu tenho essa área, com hera e samambaia, e quando dou a JP a ordem "Vá lá para os fundos!", ele sabe do que estou falando. Treinei-o para que aquele fosse o primeiro lugar aonde ele deve ir para urinar, sem causar nenhum dano ao gramado. Em terceiro, considere a possibilidade de jogar água na área depois que seu cachorro tiver urinado. Diluir é a solução para a poluição, de maneira que você pode minimizar o dano e a gravidade com que a grama é queimada simplesmente jogando água nela. E finalmente, existem medicamentos naturais que alteram o pH da urina do cachorro, mas como veterinária devo dizer que essa medida pode ser brincar com o fogo (ou o nitrogênio). Certos cristais ou pedras podem se formar com a alteração do pH da urina e, por isso, alterar o pH de seu cachorro apenas para salvar a grama não é uma medida segura, a menos que seja com prescrição médica.

Contrair os vermes gastrintestinais do meu cachorro pode me ajudar a perder peso?

A presença de parasitas no trato gastrintestinal pode resultar em severa perda de sangue, perda de peso, diarreia crônica ou coceira no ânus. Com certeza, essa não é a maneira ideal de perder peso (a não ser que você seja uma daquelas pessoas que gostam de se autoflagelar). Tem ainda o problema de a maioria dos parasitas gastrintestinais serem *específicos* a uma determinada espécie de hospedeiros. Em outras palavras, se o germe for específico das espécies felina ou canina, ele deve permanecer no trato intestinal desses animais. Entretanto, se o parasita penetra numa outra espécie (no caso, em você), ele fica sem "saber" para onde ir; em vez de simplesmente migrar pelos intestinos, ele acaba migrando pelo corpo todo, inclusive para os olhos e a pele. Isso pode resultar na larva *migrans* cutânea (um termo complicado que indica que as larvas estão migrando por sua pele, corpo e olhos) e podem chegar a causar cegueira em crianças. Por essa razão, é extremamente importante que seu cachorro seja tratado regularmente para se livrar de parasitas e que crianças e adultos lavem as mãos depois de tocar em fezes de animais. Essa é outra razão da extrema importância, além de sua responsabilidade como dono de cachorro, de recolher as fezes do seu animal onde quer que estejam! (Ver instruções sobre a melhor maneira de recolher as fezes na resposta a essa pergunta, na página 94.) A larva *migrans* cutânea é uma doença rara, porém devastadora. É importante notar que é para evitar essa doença que se deve deitar sobre uma *toalha* nas praias, pois os parasitas podem sobreviver na areia e penetrar na sua pele. Esses parasitas de areia constituem uma grave ameaça e, por medida básica de segurança, os cães não são bem-vindos às praias. Se os parasitas passam do cachorro para a areia e dela para você, é pouco provável que o ator Kevin Bacon ou o fantasma Beetlejuice venha em seu socorro. Portanto, não se esqueça de usar a toalha!

Se é o meu namorado ou o Skippy que anda soltando gases, não sei, mas posso dar a ele o remédio Beano?

É bem provável que seja seu namorado e que esteja jogando a culpa no Skippy. Sim, o Skippy solta gases que, embora possam ser silenciosos, são extremamente fedorentos. A quantidade dos gases depende da qualidade do que ele come, da rapidez com que ele devora sua comida (e junto com ela inala uma grande quantidade de ar), da quantidade de carboidratos em sua refeição (que fermentam) ou da maior ou menor capacidade de contração do seu estômago e intestinos.

A boa notícia é que você pode dar o remédio Beano ao Skippy para corrigir o problema. O Beano é composto basicamente de alfa-galactosidase D, uma enzima natural que dissolve carboidratos complexos (amidos). A maioria dos cachorros requer para sua nutrição uma quantidade mínima de carboidratos e, por isso, as embalagens de ração que você compra normalmente já vêm com essa quantidade mínima. Embora não exista uma dose "oficial" de Beano a ser recomendada para seu cachorro, eu começaria com um quarto ou a metade da dose indicada para uma pessoa adulta, dependendo do tamanho do cachorro e da gravidade do problema. Há ainda um produto canino chamado CurTail, que atua de maneira similar sobre as enzimas. Apesar de poder usar Beano com segurança, talvez você prefira antes considerar uma mudança na alimentação para ver se ajuda. Para meu cachorro JP, os produtos Eukanuba têm efeitos quase letais em termos de gases (apesar de deixar seu pelo mais bonito) enquanto os da Science Diet o deixam quase totalmente livre de gases.

Existem dentistas para cachorros?

A medicina veterinária vem se especializando ultimamente e hoje existem veterinários especializados em cirurgia bucal e odontologia. São profissionais que concluíram o curso superior de veterinária e que fizeram também residência em odontologia. A maioria dos dentistas faz normalmente limpeza periódica, extração ou pequenos procedimentos cirúrgicos, mas se houver necessidade, seu cachorro pode ser encaminhado a um dentista veterinário para tratamento de canal, cirurgia do maxilar ou para implante de um aparelho corretivo (que faz seu Rottweiler ou Pit Bull parecer ainda mais ameaçador!). O American Veterinary Dental College fornece uma lista de dentistas veterinários credenciados, organizada por estado (ver Referências). Entre em contato com um deles para corrigir os caninos do seu cachorro.

Tenho que *realmente* escovar os dentes do meu cachorro?

Ah, eis a grande pergunta. Sem a pergunta anterior sobre a existência de dentistas para cachorros, minha resposta a esta seria outra. Veterinários e dentistas recomendam que você escove os dentes do seu cachorro com a maior frequência possível – para alguns, uma vez por dia e, para outros, de duas a três vezes por semana. Sinceramente, sinto-me o máximo se escovo os dentes do JP mais do que uma vez por mês após o banho. É óbvio que ele tem um hálito *terrível*, mas já estou acostumada. Quanto a como tolerar seu hálito na *sua* cara, bem... digamos apenas que eu não recomendaria a escovação se não fosse realmente importante. Dito isso, vou pedir para você fazer "o que eu digo e não o que eu faço" e escovar, sim, os dentes do seu cachorro! A escovação com o máximo de frequência possível é o meio mais eficiente de prevenir cáries e ajudar a preservar sua saúde bucal.

Nos cachorros, o fator mais importante da escovação está na resistência da escova – você não vai querer escovar os dentes do seu cachorro com uma escova tão dura a ponto de machucar suas gengivas. Escolha uma que tenha cerdas macias e que se ajuste bem ao tamanho da boca dele. Essa escovação mecânica ajuda a remover a placa que se forma constantemente. O que você está tentando prevenir pela escovação é a remoção da placa antes mesmo de ela se calcificar e se transformar em tártaro (ou cálculo). Como o tártaro só pode ser removido pela limpeza sob anestesia, é claro que você vai preferir prevenir a sua formação para não ter que submeter seu cachorro a tal procedimento. Outra opção é usar um velho par de meia-calça ou um pedaço quadrado de gaze em volta do dedo indicador para remover delicadamente a placa – seu cachorro vai tolerar surpreendentemente bem esse procedimento. Essa pode ser uma boa maneira de começar antes de tentar enfiar um pedaço de plástico de 15 centímetros na boca dele. Tome cuidado para ele não morder o seu dedo.

Ah, o que a gente não é capaz de fazer por amor?

Os dentes dos cachorros ficam cariados?

Felizmente, o surgimento de cáries não ocorre com frequência nos cachorros, provavelmente pelo fato de eles não comerem açúcar nem chuparem balas. No entanto, seus dentes podem apresentar outros problemas. Afecções periodontais são comuns, mas podem ser minimizadas pela prática frequente da escovação. Embora a escovação não remova os grandes blocos de tártaro, ela previne a formação de placas e o agravamento do problema. Certas raças, como a do galgo e do Poodle de pequeno porte, requerem uma limpeza mais frequente dos dentes, devido à sua maior predisposição a terem problemas dentários e mau hálito. Eles são os Austin Powers do mundo canino!

Os cachorros conseguem ver cores?

Até recentemente, os veterinários acreditavam que os cachorros vissem apenas em preto e branco, mas estudos mais recentes sugerem que eles de fato têm alguma visão em cores – só que não com a mesma riqueza do espectro do olho humano. As células cônicas sensíveis à luz são as que controlam a percepção da cor e enquanto as cônicas perfazem 100 por cento dos fotorreceptores da parte central da retina humana, elas perfazem apenas 20 por cento da mesma parte da retina dos cães. Embora não seja possível fazer o teste da visão de um cachorro ou pedir que ele distinga as cores, os testes comportamentais realizados sugerem que eles possam ser cegos às cores, implicando que eles não conseguem distinguir bem as tonalidades do verde e do vermelho.

A capacidade de enxergar (sua acuidade visual) dos cachorros é muito menor do que a dos humanos; há quem acredite que eles tenham apenas entre 20 e 40 por cento da acuidade visual do ser humano, o que significa talvez uma proporção de 20-90 comparada com a nossa que é de 20-20. Isso quer dizer que você como ser humano enxerga a uma distância aproximada de 23 a 27 metros, enquanto o cachorro só consegue enxergar a uma distância de mais ou menos seis metros. Os oftalmologistas veterinários acreditam que a visão dos cachorros evoluiu para ajudá-los a caçar. Com a combinação de sua capacidade para ver cores, sua capacidade para focar seu campo maior de visão, assim como sua percepção aguçada, os cachorros são de fato muito capazes em comparação com o resto do reino animal. Até mesmo cachorros cegos parecem se adaptar bem ao ambiente familiar e isso pode ser devido à sua capacidade de compensar e utilizar outros sentidos, como o olfato e a audição extremamente aguçados.

Existem cadeiras de rodas para cachorros?

Se seu cachorro nasceu com algum defeito congênito, ou se ficou com alguma paralisia grave em consequência de algum tumor na coluna ou hérnia de disco, você pode conseguir um carrinho para ele. Esse carrinho é feito para suportar as pernas traseiras, desde que as dianteiras sejam normais e capazes de puxá-lo. Esse problema é mais comum em Dachshunds, que têm as costas longas e são mais predispostos a ter hérnia de disco e paralisia grave. Em geral, nós não recomendamos o uso de carrinhos para esses cães nem que eles transportem compras, por mais divertido que isso possa parecer.

Por razões éticas, eu não aceitava o uso de carrinhos para cachorros quando comecei minha carreira de veterinária, pois achava que reduzia a sua qualidade de vida. Entretanto, depois de recomendar seu uso ao meu primeiro paciente (um filhote Shih Tzu que havia sido atropelado por um carro e sofrido uma fratura na coluna), percebi que com algumas alterações no ambiente doméstico (sem escadas ou rampas), ele passou a se virar muito bem! Ele vinha de carrinho ao hospital para ser reexaminado e até mesmo as enfermeiras passaram a acreditar em sua eficiência. Desde então, eu acredito que alguns cachorros se viram bem com esses carrinhos. Mas cães de caça – não; e sim para os cães de sofá inativos e preguiçosos.

Quão eficiente é a língua dos cachorros para beber água?

Muito pouco. Você já observou seu cachorro bebendo água? Parece bastante ineficiente em comparação com nossos típicos goles. Se você observar bem a língua dele, verá como ela se dobra para formar uma pequena bolsa, permitindo que apenas pequenas quantidades de água entrem pela boca. Apesar de lento, esse método lhes permite manter os olhos erguidos controlando os arredores enquanto bebem água. Se eles bebessem apressadamente, teriam de manter a cabeça curvada em ângulo, o que poderia fazê-los perder a visão de uma presa ou predador se aproximando. Portanto, embora esse não seja o modo mais eficiente de beber água, pelo menos os impede de serem devorados por um aligátor (ou surpreendidos pelo gato do vizinho).

A língua da minha cachorra fica cinco vezes maior quando ela faz esforço físico. Como é que a língua cabe em sua boca?

Nos seres humanos, assim como nos cachorros, a língua é um dos músculos mais potentes do corpo. Isso faz com que lidar com estranhos seja um pouco menos atraente, não é mesmo? Bem, pelo menos esse estranho está ofegante por *sua* causa e não por causa do calor. Nos cachorros, esse músculo é o principal órgão permutador de calor. Em outras palavras, os cachorros inalam ar frio e exalam ar quente de seus pulmões, resultando num efeito refrescante e também evaporativo por todo o corpo. Quando você leva a sua cachorra para correr, é possível notar que a língua dela parece aumentar de comprimento num esforço para ampliar a área de troca de calor. Apesar de você não saber como, sim, ela cabe em sua boca. E não se preocupe – apesar da língua dela parecer muito comprida, a sua cachorra não vai engoli-la nem mordê-la ou enroscá-la. Mas continuará ofegando e, se você tiver sorte, permanecerá assim enquanto você tira uma soneca para descansar da corrida do dia (ou daquela maratona de hóquei que deixou também você sem fôlego).

Por que o Fido arranha o ar com a perna traseira quando passo a mão em sua barriga?

Apesar de até onde eu sei não haver nenhuma conexão entre a parede abdominal e o nervo femoral, o Fido tende a arranhar o ar com a perna traseira toda vez que você esfrega sua barriga. Apesar de odiar antropomorfizar, como veterinária eu acho que ele está tentando redirecionar sua mão um pouco mais para baixo. Ah, quem dera que eu estivesse *apenas* brincando...

Por que a minha cachorra fica esfregando o traseiro no chão?

Se você pegar sua cachorra esfregando o traseiro no seu lindo tapete branco e deixando-o com manchas escuras, esse é um sinal de que há algum resto de fezes ressecadas em seu pelo – o que faz você se arrepender por não ter um cachorro de pelagem curta – ou está com algum problema no saco anal. Mas acho importante esclarecer que eu disse "saco" anal, pois já tive a desagradável experiência de chocar uma tranquila senhora luterana idosa de Minnesota que confundiu as bolas. Pois bem, aprendi a lição e de agora em diante, prometo usar o termo certo, que é "glândulas anais". Esses pequenos sacos repugnantes são de fato glândulas odoríferas que produzem uma secreção nojenta que torna as fezes da Fluffy ainda mais fedorentas. Os cães usam essas glândulas como sinal de identificação para todo cachorro novo que aparecer no quarteirão. Lamentavelmente, essas glândulas podem causar problemas crônicos em certos cachorros (em geral, cães de pequeno porte, brancos e com laços cor-de-rosa no pelo, que são chamados de "Fifi" e cujos donos são tão cheios de dedos que não conseguem se imaginar discutindo esse assunto). A causa de toda essa esfregação pode ser uma inflamação, infecção ou obstrução, mas raramente câncer. Quando isso acontece, é hora de uma visita ao veterinário para submetê-lo a um exame (sinto muito ter de dizer que é um toque retal feito com um dedo enluvado).

Será que o marca-passo do meu cachorro pertenceu a alguma pessoa falecida?

Sim, pertenceu, qual é o problema? Seu cachorro pode ser o felizardo receptor do marca-passo usado por Dick Cheney, mas infelizmente isso a gente nunca vai saber – não temos o dom da clarividência. Por ser extremamente alto (de cinco a quinze mil dólares), o preço de um marca-passo é proibitivo para a maioria dos donos de cachorros. Podemos nos considerar felizardos por empresas como a Medtronic doarem os aparelhos que foram, sim, removidos de seres humanos falecidos. Embora isso possa parecer chocante, os marca-passos são reciclados para ajudar a salvar a vida de algum ser mais peludo e mais felizardo! Além do mais, como o marca-passo continua "funcionando" mesmo depois de o animal ter morrido, é preciso removê-lo para que outro animal sobreviva. Podemos reciclá-lo de novo para usá-lo em outro animal, uma vez que é um bem muito precioso e difícil de ser adquirido. Não se preocupe, pois eles são bem esterilizados antes mesmo de ser considerada a possibilidade de colocá-los em outros animais!

O Fido pode ser um fumante passivo?

Embora essa possibilidade esteja ainda sob investigação,[4] não vemos por que ela *não* afetaria o seu Fido. De um lado, ele vive mais perto do chão e, portanto, está menos vulnerável à toxicidade presente no ar, mas, de outro, os carcinógenos presentes no cigarro podem se acumular no tapete onde ele dorme. Já tratei de alguns casos de câncer de pulmão tanto em cachorros como em gatos e, por isso, sempre pergunto aos donos se eles fumam; embora eles possam se sentir culpados, o Fido e a Fluffy não têm escolha quanto ao ar que respiram. O fumo agrava definitivamente a asma e já tive alguns clientes que deixaram de fumar devido à agravação da asma de seus gatos. Se você tem algum animal de estimação, eu recomendo que: (a) deixe de fumar; (b) fume fora de casa; ou ainda (c) considere a possibilidade de instalar um filtro de ar altamente eficiente em sua casa. Um estudo realizado demonstrou que os animais domésticos expostos a solventes para tintas e outros produtos químicos tiveram um aumento significativo em incidências de câncer.[5] Embora esse estudo não tenha avaliado o efeito do tabaco, outros estudos estão sendo realizados atualmente e esperamos que forneçam as evidências necessárias para que você finalmente decida deixar de fumar pelo bem de seu animal de estimação, se o seu cônjuge, filhos, guarda-roupa, colegas, pulmões e carteira não bastarem como razão.

Por que os cachorros gostam de rolar em carniça?

Imagine esta cena: Você está no parque das redondezas num belo dia de verão, simplesmente curtindo o sol com seu cachorro preso à coleira quando, de repente, ele dispara e começa a farejar desesperadamente o chão e, com a inteligência na cauda, fica repetindo muitas vezes aquele gesto estranho de sacudir a cabeça e soprar terra pelo nariz. Saúde! Você pergunta: O que você encontrou aí, meu camarada? E quando você se dá conta, ele já está rolando de costas e fazendo a coisa mais engraçada que você já viu! Você o chama para esfolá-lo vivo e eca! Que droga de cheiro é aquele? O cheiro dele é agora de queijo podre e carne estragada. Aposto que você não aguenta *esperar* pela hora de colocá-lo em seu carro novo.

Mas por que o seu cachorro sente a necessidade de remexer em qualquer carcaça de animal em putrefação ou monte de fezes que surge à sua frente? Bem, não temos certeza absoluta, mas de acordo com uma teoria, seu cachorro está instintivamente tentando dissimular o próprio odor, para que a presa não consiga farejar o cheiro dele no ar. Segundo outra teoria, ele está na verdade querendo capturar o odor, para comunicá-lo ao seu "bando" (que infelizmente, no mundo moderno é você). Os lobos também tendem naturalmente a remexer em carcaças podres e existem fortes evidências de que fazem isso para que os outros de sua espécie saibam que um de seus membros encontrou algo suculento nas proximidades. Outra razão para os cachorros rolarem na imundície pode ser para marcar o "tesouro" como sendo seu próprio (que, em outro contexto, é conhecido como "dinheiro"). E finalmente, pode ser um sinal de que ele simplesmente adora chafurdar na lama. Afinal, os gatos adoram se esfregar em certas plantas fétidas por puro prazer e satisfação. Então, por que não chafurdar na m... Ora, deixe disso. Eu nunca disse que eles tinham a inteligência de um cientista espacial...

Meu cachorro costumava remexer em todas as carniças que encontrava pelo caminho quando saíamos para passear, mas treinei-o para abandonar esse hábito desprezível. Quando percebo que ele está querendo fazer isso, imediatamente chamo-o de volta. Tente aplicar as seguintes sugestões para impedir que ele fique chafurdando na podridão. Antes de tudo, recolha as fezes assim que ele terminar de defecar. Essa é uma das atribuições mais importantes do dono responsável, mas também elimina a "oportunidade" para ele se esbaldar nelas. Em segundo lugar, crie uma associação desagradável à atitude de rolar na imundície, como berrar um "*Não*" decisivo e chamá-lo de volta (mas não o repreenda quando tiver voltado, pois ele pode interpretar a reprimenda como resposta ao ato de ele ter voltado). Você pode ainda considerar a possibilidade de usar uma garrafa ou espingarda d'água para esguichar no seu cachorro toda vez que ele fizer isso, para criar uma associação negativa. Coleiras com citronela (acionadas por controle remoto) ou fortes ruídos também podem detê-lo. É muito importante que você tenha a certeza absoluta de que ele está prestes a entrar na sujeira antes de tomar essa atitude, para que a associação negativa funcione. Ele pode estar apenas farejando um lugar para urinar e você não vai querer puni-lo por isso!

O ódio dos cachorros pelos gatos é instintivo?

Contrariando a crença popular e, também, a suposta sabedoria das histórias em quadrinhos, o ódio que os cachorros têm pelos gatos não é instintivo. Mas quanto aos esquilos... bem, dá para culpá-los?

A verdade é que os cachorros não odeiam nenhuma espécie em particular, mas existe neles um forte instinto predatório de caçar todas as criaturas que correm, uma vez que o cão selvagem ou o lobo dependia da caça para sobreviver. Embora esse instinto continue forte em certas raças, como os Greyhounds, Terriers, Pit Bulls, Beagles e Rottweilers, a socialização e o treinamento apropriado costumam bastar para que seu cachorro se torne amigo dos gatos. A maioria dos cachorros se entende perfeitamente bem com os gatos. Eu adotei meu gato alguns meses antes de adotar meu Pit Bull ainda filhote e eles praticamente cresceram juntos; eles brincam, brigam e dormem juntos (como a imagem perfeita estampada numa folhinha de parede). Dito isso, é importante lembrar que durante o treinamento inicial ou o conhecimento mútuo, o cachorro e o gato jamais devem ser deixados sozinhos sem supervisão. Como já vi muitos cachorrinhos com úlcera corneana causada por arranhões de gatos, aconselho a todos os donos que tomem várias precauções. A primeira delas é cortar o máximo possível as unhas do gato antes de levar um cachorro para casa. A questão não é querer deixar o gatinho indefeso, mas o fato é que quanto mais afiadas são suas unhas, maior é a possibilidade de causar alguma lesão no olho, que pode resultar em cegueira. A segunda é considerar a possibilidade de prender o cachorro num kennel por várias horas enquanto deixa o gato andar livremente pela casa, podendo assim passar pela jaula, silvar e se acostumar com os novos odores e ruídos. Na sequência, mantenha o cachorro preso a uma coleira com uma focinheira (que lhe permite latir, respirar e beber) para que você mantenha o pleno controle, permitindo que o gato fuja. O uso da focinheira é importante nesse período inicial para que o cachorro não faça do gato um brinquedinho mastigável. Lamentavelmente, já presenciei a ocorrência de efeitos devastadores em que, perdendo a batalha, o gato saiu com mordidas profundas, costelas quebradas e globos oculares rompidos (é sério!). Finalmente, separe um espaço para onde o gato possa escapar e o cachorro não possa entrar, como um cercadinho para bebês (impedindo assim que o cachorro coma a comida mais saborosa dos gatos, porém nociva para ele). Para terminar, é importante ter claro que prender o cachorro durante o dia é imperativo – não apenas para treiná-lo, mas também para dar ao gato o tempo de que ele precisa para miar. Se ainda assim tiver alguma dificuldade, consulte um veterinário especializado em comportamento animal ou um treinador de cães, para não arriscar a saúde, a vida ou a visão do seu outro amigo de quatro patas!

Quantas vidas tem um cachorro?

Acho injusto que se atribuam nove vidas aos gatos sem dar a mesma sorte aos cachorros. Talvez isso se deva à crença de que os gatos sejam mais briguentos; por isso, teriam algumas chances extras. Entretanto, existem muitos cachorros que parecem ter vidas extras: em geral, os cachorros de rua que sobreviveram a muitos acidentes, brigas ou doenças. Seja por eles terem mais "sorte" ou uma vontade mais intensa de viver, não posso afirmar com certeza, mas acho que, em geral, pode-se considerar que os cachorros tenham pelo menos entre três e quatro vidas. Eles podem não ser tão propensos a acidentes como os gatos, mas acho que têm no mínimo o mesmo grau de esperteza.

Mas é verdade que cachorros cruéis, agressivos e diliceradores, cujos donos são também cruéis e agressivos, costumam ter uma expectativa de vida canina (ou humana) mais longa do que o normal. Em outras palavras, só porque eu disse ao Sr. Crotchety que seu cachorro tinha apenas seis meses de vida pela frente, o pequeno Chihuahua resolveu viver doze meses para me contrariar. Enquanto o dócil e amável Golden Retriever que, abanando a cauda, traz a presa ao caçador, cujo dono é também uma pessoa extremamente dócil e leal, costuma morrer de alguma doença pavorosa muito antes do esperado. Não sei se por karma, percepção distorcida ou simplesmente má sorte, mas da perspectiva do veterinário, essa parece ser a tendência.

Incidentalmente, nos cachorros, a raça é um fator que os diferencia em termos de tempo de vida. Por exemplo, o Labrador vive até sua cauda parar de balançar (ou ele parar de comer). Quando fatalmente doente ou ferido, ele tem mais probabilidade de "ficar de molho" no hospital. O Pit Bull parece também ter um alto grau de tolerância à dor e um desejo intenso de viver. Na realidade, ele é extremamente difícil de matar (se o filme *Missão Impossível* fosse refeito pela Disney, o papel principal seria de um Pit Bull). Por outro lado, um Collie ou um cão como o Irish Wolfhound ou o Greyhound perde todo o prazer de viver e aos poucos aceita a morte iminente sem nem mesmo resistir. Esse é o tipo de cachorro que dá vontade de agarrar pelos bigodes e gritar: Qual é, Bessie! Faça isso pela mamãe! Pela vovó! Ou pelos filhotes! Mas, ainda assim, tudo acaba como no pior filme de sua vida: com você se debulhando em lágrimas e balançando a cabeça diante do olhar vazio do cachorro e da lista de atores de terceira categoria, enquanto a câmera volta o foco para uma fotografia da família na parede.

Às vezes, uma visita ao seu cachorro no hospital ajuda a levantar suficientemente o ânimo dele para voltar a querer viver. Mas isso nem sempre acontece; em alguns casos raros, parece até piorar o estado de saúde do animal. Por exemplo, se o seu cachorro sofre de ansiedade ante a separação e joga-se contra a porta da gaiola chorando e sentindo sua falta por horas seguidas, é melhor não visitá-lo. E, no futuro, procure manter seu cachorro em segurança e longe de situações de perigo, para não ter de finalmente ver o quanto ele tem sorte.

CAPÍTULO 2

Tal dono, tal cachorro

Para a maioria dos meus clientes, existem neste mundo apenas dois tipos de pessoas: pessoas que amam cachorros e pessoas que amam gatos. O problema das pessoas que amam os cachorros está no fato de elas se acharem conhecedoras deles. Afinal, você tem um a quem dá comida e tem uma relação íntima com os excrementos e saliva dele. Por observá-lo de perto, você sabe instintivamente o que o agrada (comida) e o que o desagrada (a falta de comida). Você sabe que sete anos de vida humana equivalem a um ano de vida do seu cachorro (ou não sabe?) e, por isso, você *acha* que sabe quando é chegada a hora de passar do paparico para a repreensão. Mas você sabe por que o seu cachorro tenta morder a própria cauda? Você sabe dizer qual é a diferença entre um cachorro de raça pura e um vira-lata? Qual é a diferença em termos de sequência genética entre os dois? Pois é, foi o que eu pensei. Bem, não se preocupe – neste pequeno livro, pretendo revelar todas as peculiaridades curiosas das diferentes raças, para que você que ama os cachorros nunca mais volte a se sentir ignorante.

Se, por outro lado, você nunca antes teve um animal de estimação, este livro vai ajudá-lo a entender por que a espécie canina reina suprema sobre todas as outras espécies do reino animal (para saber o porquê, é só ler a palavra dog de trás para a frente!) [N.T. – "dog" de trás para a frente é "god", que significa "Deus"]. Se você tem interesse em adquirir um cachorro para seu filho, mas não sabe o que isso envolve nem como escolher a raça mais apropriada, este capítulo vai ajudá-lo a fazer a escolha certa. Como escolher um nome para o seu cachorro? E se o animal escolhido se revelar um tremendo "abacaxi"? Quais são as raças mais inteligentes? Continue lendo e você terá as respostas que está buscando!

Como saber se sou uma pessoa do tipo canino ou felino?

Existem pessoas que sabem intuitivamente se sua preferência é por cachorros ou gatos com base na convivência com os bichos que tiveram na infância. Eu prefiro cachorros, mas também tenho e adoro gatos. Na verdade, adotei meu primeiro gato por não saber nada sobre como lidar com eles (surpreendentemente, não tem nada a ver com os "gatos" disponíveis para namoro virtual). Eu queria saber a respeito de caixas para excrementos, as opções de areia ou de chão batido, problemas de comportamento, estratégias para ocultar os riscos nos móveis e tudo mais sobre como lidar com gatos.

O que eu aprendi é que, em geral, os gatos são mais independentes e exigem menos atenção do que os cachorros. Eles gostam de estar por perto de você, mas esperam que você lhes dê comida e atenção apenas quando *eles* estão a fim. Eles se dão bem em apartamentos e em pequenas habitações, mas exigem cuidados veterinários rotineiros, mesmo que não sejam expostos aos perigos que rondam lá fora nem a outros gatos. Com um gato, você pode se ausentar por um fim de semana sem ter de pedir a alguém para dar uma olhada nele duas ou três vezes por dia. Em média, como eles podem viver de quinze a vinte anos, se você tem dificuldade para se envolver, talvez seja melhor escolher um roedor ou um réptil para lhe fazer companhia. Esses tendem a vir com garantia de vida breve, o que vem a calhar perfeitamente ao seu estilo de vida rígido e insensível.

Mas para você que tem realmente muita energia e tenacidade, o cachorro é muito mais um companheiro leal, sempre disponível, e com certeza vai pôr a sua disposição à prova e retribuí-lo em triplo. Ele não apenas precisa ser levado a passear três vezes por dia, mas também precisa ter um dono responsável que recolha suas fezes, dê-lhe de comer e beber, brinque com ele e até durma com ele. É claro que a companhia, a amizade e a lealdade do Fido merecem tudo isso, mas se você não dispõe de tempo e energia para estar com ele, ainda não chegou a hora de você ter um cachorro. Se você viaja muito, trabalha doze horas por dia (e não tem tempo para levá-lo para passear) e chega em casa completamente exaurido, você nem terá tempo para sentir culpa por negligenciar seu cachorro. Uma opção melhor seria arranjar um namorado ou uma namorada que tenha um cachorro, embora, nesse caso, o nível de compromisso seria bem diferente...

É verdade que um ano de vida de cachorro equivale a sete anos de vida humana?

Infelizmente não há nenhuma regra comprovada quanto a essa relação de um para sete. Na verdade, não existem nem mesmo dados científicos precisos sobre essa questão. Lembre-se de que as diferentes espécies ou raças envelhecem em ritmo diferente e que fatores como peso, obesidade, alimentação, além de fatores genéticos e ambientais, também contam. Além do mais, a proporção 1:7 é provavelmente inexata nas idades extremas: cachorros muito jovens ou muito velhos. Por exemplo, um cachorro com um ano de idade pode ter chegado à "puberdade", mas isso não tem nenhuma correlação com uma menina de sete anos, mesmo que você veja a coisa pelos olhos de Nabokov. Além disso, muitos cachorros de pequeno porte podem viver de doze a quinze anos. Essa medida corresponde a uma proporção de 84 a 105 anos de vida humana e, afora Donald Trump e Barbara Walters, não existem muitos seres humanos com grana e disposição para viver tanto. Em geral, um ano de vida canina equivale a sete anos de vida humana apenas na "meia-idade".

Eis um guia muito mais eficiente para compararmos as diferentes idades das duas espécies: o primeiro ano de vida de um cachorro equivale ao período que vai da infância até a adolescência de um ser humano (um cachorro de um ano tem idade equivalente a de um adolescente de quinze anos), enquanto um cachorro de dois anos tem idade equivalente à de um jovem adulto (de aproximadamente 24 anos). Depois disso, cada ano equivale a aproximadamente quatro anos de vida humana. Eu prefiro classificar as idades em categorias mais amplas: recém-nascidos, crianças entre um e três anos, crianças, adolescentes, jovens adultos, adultos, meia-idade, idosos e em idade geriátrica, além de, digamos, mortos. Como isso depende de certos fatores, o mais importante a ser lembrado é que à medida que o cachorro envelhece, seu corpo também envelhece. Se você prestar atenção a seus sinais de desaceleração, haverá menos riscos de ele sofrer lesões ou morrer. Eis alguns exemplos de tabelas veterinárias comparando as idades.

IDADE DOS CACHORROS COMPARADA À DOS SERES HUMANOS

Idade do cão	De 0 a 9 kg	De 9,65 a 23 kg	De 23,40 a 41,30 kg	41,30 kg
5 anos	36	37	40	42
6 anos	40	42	45	49
7 anos	44	47	50	56
10 anos	56	60	66	78
12 anos	64	69	77	93
15 anos	76	83	93	115
20 anos	96	105	120	

ANTECH Comparative Age Chart (ver Referências)
http://www.antechdiagnostics.com/petOwners/wellnessExams/howOld.htm

CÃES				GATOS	
Idade (Anos)	De pequeno porte	De médio porte	De grande porte	Idade (anos)	Equivalente humano
1	15	15	15	6 meses	10
2	24	24	24	1	15
3	28	28	28	2	24
4	32	32	32	3	28
5	36	36	36	4	32
6	40	42	45	5	36
7	44	47	50	6	40
8	48	51	55	7	44
9	52	56	61	8	48
10	56	60	66	9	52
11	60	65	72	10	56
12	64	69	77	11	60
13	68	74	82	12	64
14	72	78	88	13	68
15	76	83	93	14	72
16	80	87	120	15	76
17	84	92		16	82
18	88	96		17	84
19	92	101		18	88
20				19	92
21				20	96
				21	100

IDEXX Comparative Age Chart (Ver Referências)
http://www.idexx.com/animalhealth/education/diagnosticedge/200509.pdf

Quais são as cinco raças de cães mais inteligentes?

Stanley Coren, autor do livro *The Intelligence of Dogs*, avalia a inteligência dos cachorros com base em três tipos de inteligência: adaptativa, instintiva e funcional (obediência).[1] As inteligências adaptativa e instintiva baseiam-se no "QI" dos cachorros e em sua capacidade de aprender e solucionar problemas; elas são específicas a cada animal, enquanto a inteligência funcional ou obediência depende mais da raça. Independentemente disso, existem muitas raças e cães altamente inteligentes.

A seguinte lista de cachorros "mais inteligentes" está baseada em dois fatores: capacidade de entender novas ordens em menos de dez repetições e de obedecer a uma primeira ordem em 95 por cento ou mais das vezes. De maneira que, indiscutivelmente, os prêmios para os cinco cachorros mais inteligentes vão para:

1. Border Collie
2. Poodle (padrão)
3. Pastor Alemão
4. Golden Retriever
5. Pinscher

Quais são as cinco raças de cães "intelectualmente menos inteligentes"?

Se existem os melhores também deve haver os piores. Os cinco cachorros menos inteligentes são os seguintes:

1. Borzoi
2. Chow Chow
3. Buldogue
4. Basenji
5. Afghan Hound

Quais são as cinco piores raças para serem cães de guarda?

Stanley Coren também determinou quais os cinco tipos de cachorros "menos capazes para exercer a função de cão de guarda". É claro que esta lista também pode ser considerada como a dos cinco tipos de cachorros mais dóceis e tranquilos, daqueles que "deixam a gente à vontade".

Sabujo
Terra Nova
São-bernardo
Bassê Hound
Buldogue Inglês

Quais são as cinco raças que, por seus latidos, constituem os melhores cães de guarda?

Rottweiler
Pastor Alemão
Terrier Escocês
Terrier branco de West Highland
Schnauzer miniatura

Como os cães de três dessas cinco raças são muito pequenos e pesam em torno de 9 kg, provavelmente não servem para cães de guarda. Entretanto, Coren coloca essas cinco raças na lista, pois são os que mais tendem a latir em sinal de alerta quando está acontecendo algo incomum.[2] Então cabe a você usar os músculos para empunhar uma barra de ferro ou um bastão de beisebol – para não mencionar um excelente advogado para defendê-lo com a justificativa de legítima defesa. E boa sorte no litígio!

Quais são as dez raças mais eficientes como cães de guarda?

Bullmastiff
Pinscher
Rottweiler
Komondor
Puli
Schnauzer gigante
Pastor Alemão
Rhodesian Ridgeback
Kuvasz
Staffordshire Terrier (o Pit Bull)

Como você pode ver, essa lista é muito diferente da dos cinco cachorros que, por seus latidos, constituem os melhores cães de guarda.

Para que um cachorro seja qualificado como cão de guarda, ele tem de ser um cão que late e morde. Um Schnauzer miniatura de 7 kg pode alertar seu dono quanto à iminência de um assalto, mas sem capacidade para frustrá-lo, seu esforço pode ser em vão (mas muito obrigado, assim mesmo, por ter tentado, meu pequeno!). Fatores como tamanho, musculatura, força, agressividade, resistência para contra-atacar e fama de cruel, todos contam nessa lista.

Por que não posso dar ao meu cachorro o nome de "Sortudo"?

Porque eu estou pedindo, delicadamente, que não faça isso. Qualquer veterinário de bom coração faria o mesmo. Apesar de sua insignificância em termos estatísticos, cachorros chamados Sortudo são, na verdade, tremendamente azarados. Não importa que você o tenha resgatado da mais profunda miséria, de maus-tratos, saúde precária ou de simples negligência, acredite em mim quando digo que chamá-lo de Sortudo o condenará para sempre a ser um tremendo azarão. Em termos veterinários, sua má sorte pode chegar ao extremo e, em geral, ele será vítima da pior das piores doenças. (Por acaso, você já ouviu falar numa doença chamada "endometrigrossoflamitris"? Pois eu acabei de inventá-la, mas pode escrever que o Sortudo com certeza irá contraí-la.) Se você acha que sou supersticiosa, simplesmente pergunte a qualquer veterinário o que ele acha desse nome. E, se algum deles lhe disser que Sortudo é um nome como qualquer outro, eu o aconselho, meu camarada, a tomar cuidado com sua carteira...

Quais são os dez nomes de cachorro mais populares?

Com base num estudo realizado recentemente pela seguradora Veterinary Pet Insurance, os dez nomes de cachorro mais populares (faça rufar os tambores, por favor!):

Para fêmeas:
Molly
Maggie
Daisy
Lucy
Sadie
Ginger
Chloe
Bailey
Sophie
Zoe

Para machos:
Max
Buddy
Jake
Rocky
Bailey
Buster
Cody
Charlie
Bear
Jack

Se você quiser se livrar dos tradicionais nomes de pessoas, eis algumas sugestões úteis que você poderá levar em consideração no processo de escolha do nome para seu cachorro. Como regra, vale esperar alguns dias para conhecê-lo melhor antes de escolher um nome para ele. O comportamento do cachorro pode lhe dar uma sugestão do nome mais apropriado à sua personalidade depois de observá-lo por alguns dias (Lerdo? Amuado? Tímido? Dorminhoco?). Às vezes, as circunstâncias, a cidade, a rua ou o local de onde ele foi resgatado podem sugerir um bom nome. Dei à cachorra de um amigo o nome Essie porque ela foi encontrada abandonada no corredor do nosso "serviço de emergência", comumente chamado de "ES". Meu Pit Bull recebeu o nome JP em referência a Jamaica Plain, um gueto de Boston (ou seja, o lado deteriorado dos trilhos, onde eu morava e onde para andar na rua em segurança *precisava* da companhia de um Pit Bull).

Em seguida, escolha um nome que seja facilmente reconhecido por seu cachorro. Um nome de duas sílabas que termine em vogal (como Eco ou Fido) pode ajudar seu cachorro a identificar o nome. É importante também escolher um nome que não cause embaraço ao ser chamado em voz alta na sala de espera da clínica veterinária. "Rabo beijoqueiro", "Vagabunda" ou "Traste" (é verdade, alguns dos cachorros que tratei tinham esses nomes) são nomes um pouco embaraçosos para você ao serem chamados na sala de espera lotada de uma clínica veterinária (sim, eu sei). Finalmente, para que o seu cachorro não pense que você está sempre gritando com ele, escolha um nome que não soe como uma ordem. "Tostado", por exemplo, pode soar como "deitado" e não seria de surpreender se ele preferisse se deitar toda vez que você falasse com ele.

Como um cão consegue correr só com três patas?

Recentemente, fui procurada por um casal que queria adotar um cachorro com três patas. Eu tinha disponíveis para adoção dois hiperativos e perfeitamente saudáveis exemplares de Labrador, mas aquelas pessoas pareciam estar decididas a adquirir um cachorro deficiente. Elas não gostaram quando eu disse (de brincadeira) que poderia remover uma perna de um deles para satisfazer suas exigências. Tem gente sem nenhuma imaginação!

Quanto aos cães que sofreram alguma amputação médica legítima, em geral em consequência de algum traumatismo sofrido (tendo sido atropelado por um carro ou prendido a pata numa armadilha) ou de câncer, eles tendem a se virar surpreendentemente bem com apenas três membros. Costumo mostrar aos interessados uma fita de vídeo de um cachorro de três pernas correndo, simplesmente para acabar com o temor e o estigma de ter um animal "amputado". Na verdade, provavelmente você nem perceberia a deficiência de um cachorro correndo ao redor de um canil em alta velocidade, a não ser que o examinasse muito atentamente. E então, seu coração ficaria três vezes maior (uma para cada perna). É uma imagem muito comovente, embora em termos funcionais, provavelmente não tão impressionante quanto a das pessoas que pintam aquarelas com os dedos dos pés e as enviam com pedidos de ajuda.

As chances de mobilidade de um cachorro com apenas três membros dependem de vários fatores, como peso corporal, qual dos membros foi amputado, como também da existência ou não de algum problema ortopédico estrutural (como ruptura de algum ligamento, displasia coxofemoral ou deslocamento de patela). Quanto maior for o excesso de peso, mais peso recairá sobre as restantes três pernas. Como aproximadamente dois terços do peso do corpo recaem sobre os membros dianteiros, um cachorro que teve uma perna dianteira amputada costuma ter muito mais dificuldade para andar (ele pula muito mais) do que um que teve amputado um membro traseiro.

Para ajudar seu cachorro de três pernas a manter-se saudável e ativo, dê a ele medicamentos que protegem a cartilagem, como glucosamina e condroitina. Acredito sinceramente que tanto os seres humanos como os cães, amputados ou não, deveriam tomar esses protetores da cartilagem. A versão veterinária deles é o Cosequin da Nutramax ou o Glyco-Flex da Vetri-Science, mas existem genéricos para seres humanos adquiridos em qualquer drogaria que também podem ser usados. Apesar de não produzir nenhuma melhora imediata visível na condição do cachorro, a droga irá proteger as outras articulações por muitos anos. Finalmente, mantê-lo magro (você deve poder ver e sentir suas costelas ao apertá-lo contra o peito) é o melhor que você pode fazer por seu amigo de três patas.

É melhor adquirir um cão vira-lata ou um de raça pura?

Certa vez, numa caminhada, sem querer eu ofendi uma mulher ao perguntar se seu cachorro era uma cruza de dálmata. Irritada, ela respondeu que ele era um buldogue americano. Não tive coragem para contestá-la com o argumento de que manchas pretas e brancas por todo o corpo não são típicas dos buldogues, mas ora... Com certeza, ela o amava do mesmo jeito. Em outra circunstância, agradei muito a um casal ao corrigir a identificação que seu veterinário havia feito de seu cachorro como sendo uma cruza de Pit Bull com Terrier. Eu disse a eles que deveriam se sentir privilegiados (sou um pouco parcial com os Pit Bulls, lembra?), mas na verdade seu cachorro era um puro Blue Heeler. Eles foram embora sorrindo como os pais de uma criança que acabou de vencer um concurso de ortografia. Aquele vira-lata (quer dizer, cão de raça pura) vai me agradecer algum dia.

Em geral, eu recomendo a adoção de um cachorro resultante de um cruzamento de raças (como o vira-lata chamado Heinz 57), para quem não está à procura de um cão de raça pura para algum propósito específico. Não me interprete mal – eu tenho minhas preferências pessoais e adoraria ter alguns cachorros de raça pura. Entretanto, com o aumento do problema de superpopulação canina, eu prefiro salvar um cachorro mestiço de ser sacrificado a pagar o custo excessivo de um puro, ou inadvertidamente contribuir para a criação de cães de raça. E também, por seu vigor híbrido (uma outra maneira de dizer "material genético impressionante"), os cachorros resultantes do cruzamento de raças costumam ser mais saudáveis e estar menos sujeitos a doenças hereditárias do que os de raça pura. Cães de raça pura são como as antigas famílias reais da Europa, muita pompa e ostentação, acompanhada de muito definhamento. Falando sério, depois de sete gerações de "queixo dos Habsburgo", será que ninguém consegue ver que o casamento consanguíneo pode não ser uma boa ideia? Por outro lado, como até mesmo Darwin se casou com uma prima de primeiro grau, talvez essa opção por não se misturar tenha algum sentido. Considere apenas a seguinte possibilidade: acesso instantâneo a uma nova comunidade de relacionamentos (arrepios).

Ultimamente, com a ampliação dos grupos de resgate de raças específicas, se você quiser satisfazer seu desejo de ter um cão de raça pura e acumular pontos pela atitude altruísta, essa é a solução para o seu problema. Cães de raça pura são com frequência entregues aos grupos de resgate por problemas dos donos, problemas comportamentais ou de saúde. A organização que protege alguma raça específica trata então de encontrar novos lares para esses cachorros desamparados. Outra alternativa é a existência de muitos abrigos com animais de raça pura disponíveis para adoção. Alguns deles chegam a oferecer a possibilidade de você se inscrever numa lista de espera para adoção de um cachorro de uma raça específica. É sempre recomendável procurar conhecer as opções disponíveis.

O que é um "labradoodle"?

Mais recentemente, algumas novas misturas de raças tornaram-se moda entre os donos de cachorros, como a do Poodle com o Labrador (conhecido como *labradoodle*) ou o pug-beagle (conhecido como *puggle*). Enquanto dona de um Pit Bull, venho considerando a possibilidade de gerar um *pitoodle* (uma mistura de Pit Bull com Poodle) para entrar na onda. Embora esses cachorros de características singulares possam ser extravagantes, inteligentes e não soltem pelos, você terá de despender mais de mil dólares para obter um e ele provavelmente não terá o vigor híbrido de um vira-lata. "Você gosta de ter convulsões? Eu também gosto – vamos cruzar! Você tem problemas respiratórios? Eu tenho problemas crônicos numa válvula cardíaca – vamos acasalar! Nada me excita mais do que um DNA em condições de desvantagem."

Além disso, algumas misturas de raças são mais reconhecidas do que outras; por exemplo, o *cockapoo* é uma mistura bem conhecida do Cocker Spaniel com o Poodle miniatura. É difícil questionar quando se trata de séculos de cruzamentos; nesse caso, provavelmente você está em boas mãos. Apesar de o Kennel Club americano reconhecer o labradoodle como uma raça oficial que já tem vinte anos, assegure-se de que você mesmo está fazendo seu dever de casa. Tenho visto algumas "raças" de cães à venda que não têm nada a ver com as características típicas de suas raças. Embora eu considere esses fatores insignificantes em comparação com a alegria que um cachorrinho pode lhe trazer, é importante lembrar que você deve ter em mente o fato de poder estar promovendo a sua produção em série e, com isso, estimulando seus criadores a produzirem mais filhotes com material genético de baixa qualidade e, consequentemente, com vidas mais curtas e sujeitas a complicações.

Mas se você acabou de pagar 1.500 dólares por um labradoodle, não desanime – pois estou também convencida de que essa é uma raça de cães realmente atraente, combinando lealdade e inteligência, além de soltar menos pelos e ser menos hiperativa; além disso, esses cachorros crescem até terem um tamanho perfeito e pesarem por volta de 34 quilos. Sem mencionar o prazer em poder dizer, muitas e muitas vezes para seus amigos e vizinhos, que tem um cachorro de nome tão extravagante. No entanto, ele não terá menos problemas médicos do que um de raça pura; prepare-se, portanto, para desembolsar outro tanto por cada uma de suas preciosas sílabas.

Que raça é a melhor para mim?

Apesar de existir um número enorme de testes do tipo "qual o cachorro que tem a minha cara" na Internet, não acredite nas mentiras que alardeiam. (Se você é uma pessoa alta, magra, loira e dirige um conversível cor-de-rosa, gosta de usar saia cor-de-rosa, bronzeado artificial, bolsa de grife e mechas cor-de-rosa no cabelo, então seu cachorro só pode ser um Afghan.) *Mesmo*. Em vez de acreditar em tais orientações espúrias, você faria melhor se tirasse uma raça de cachorro da cartola. Depois de ter respondido a alguns desses testes disponíveis na Internet, descobri que meu tipo de cachorro é o Bassê ou o Boxer, enquanto todos que me conhecem sabem que não chego nem perto de um Bassê (estou mais para o tipo atlético portador de distúrbio obsessivo-compulsivo/distúrbio do déficit de atenção do terrier Jack Russell). Pessoalmente, eu gostaria que meu tipo tendesse mais para o de um Boxer... mas a grande coisa a respeito desses testes disponíveis na Internet é que você pode respondê-los de forma a obter as respostas que deseja.

Mas se você está em busca de algo mais concreto sobre o qual estabelecer uma relação duradoura, eu recomendo que você decida antes quais das muitas *categorias* existentes de raças caninas são melhores para você, incluindo a miniatura, o terrier, o cão esportista, de caça, pastor, funcional, não esportista ou misto. As raças que não cabem em nenhuma dessas categorias são comumente referidas como "mistas". Se esse rótulo não desencadear uma crise de identidade, não sei o que desencadearia, mas você sabe o que dizem... chamam uma rosa por qualquer outro nome... Mais informações sobre cada raça específica podem ser encontradas em sites confiáveis da Internet, como o do American Kennel Club.[3]

Entre os **cães esportistas**, temos os Retrievers, os Spaniels, os perdigueiros e Setters que, em geral, são cães hiperativos. São cães extremamente curiosos, ágeis, agradáveis e de boa constituição. Pense em Matthew McConaughey (pós-*Amistad*, mas pré- *Armações do amor*). São cachorros usados para caçar ou atuar no mato e na água e, portanto, precisam se exercitar muito e ter acesso à natureza. Para quem não tem tempo para correr, jogar ou caçar com eles, essa não é a raça apropriada. Esse grupo se dá bem com pessoas ativas, que gostam de correr, caçar e de praticar outras atividades ao ar livre.

Entre os **cães de caça**, temos desde o Irish wolfhound até o Dachshund, passando pelo Elkhound norueguês, o Beagle e o Afghan. Eles eram usados para caçar e são dotados de um faro extremamente apurado – em outras palavras, não dá para soltar a guia de um Beagle devido ao seu forte impulso de sair no rastro de um esquilo. Alguns desses cães podem também produzir "latidos" estranhos para acuar a caça. No início, você até pode gostar desses latidos, mas terá (como também seus vizinhos) de se acostumar a ouvi-los constantemente. Esse é o tipo de barulho que levou até mesmo Elvis Presley a se queixar. Afora isso, os cães de caça são extremamente leais, afetuosos e, em geral, custa pouco mantê-los. Como essas raças incluem muitas variações, converse antes com algum criador ou dono experiente. E invista num bom par de fones de ouvido.

Os **cães trabalhadores** fazem de tudo. Alguns são diligentes cães de guarda, cães policiais ou puxadores de trenó, embora atualmente muitos deles passem o tempo deitados no sofá. Alguns exemplos são o São-bernardo, o Pinscher, o Rottweiler, o Mastiff, o Husky Siberiano e o Dinamarquês. Por seu tamanho imponente, força e possivelmente natureza agressiva, esses cães não são recomendados para famílias que vivem em espaço apertado com crianças. Só pelo tamanho, eles podem ser intratáveis e, por isso, devem ser devidamente treinados.

E, ah, enfim, o **terrier**. Eles eram criados para caçar e matar insetos. Ótimo, não é mesmo? Yosemite Sam seria bem representado por um terrier – "Vou te pegar, seu peste!" Exemplos dessa raça incluem o terrier branco de West Highland, o Fox Terrier, o Norfolk Terrier, o Cairn Terrier (Totó), o Parson Russell (antigo Jack Russell) e o American Staffordshire (Pit Bull). Como já disse, minha personalidade já foi descrita por muitos como sendo do tipo terrier, mas não sei se devo tomar isso como um elogio ou uma ofensa. Essa é, em geral, uma raça de cachorros cheios de energia, irascíveis, espirituosos e pequenos. Napoleão poderia ter sido um ótimo terrier. Apesar de serem cachorros maravilhosos, muitos deles não agem de acordo com seu tamanho e podem apresentar uma personalidade controversa. O tamanho deles varia entre pequeno e médio e uma característica deles é ter pouca tolerância a outros animais domésticos e crianças. É o cachorro perfeito para casais hiperativos e sem filhos e, também, para velhos excêntricos e cheios de manias.

Os **cães miniatura** têm como função específica impressionar: apesar de pequenos, esses cães são conhecidos como "osso duro de roer".

São como poderosos agentes de cinema com milhares de contatos que não percebem que estão diante de nanicos usando topetes postiços. Entre eles, estão o Chihuahua, o Chin japonês, o Lulu-da-pomerânia, o Poodle miniatura, o Pug, o Papillon e o Yorkshire Terrier. Tipicamente, são essas raças miniaturas que vemos sendo transportadas em bolsas, em parte graças aos donos de bichinhos de estimação que ditam as tendências da moda, como as celebridades Paris Hilton e Britney Spears. São os bichos perfeitos para pessoas urbanas que vivem em pequenos espaços. Esses cães são extremamente afetuosos e podem se dar muito bem em apartamentos. Levando-se em conta apenas seu tamanho, é fácil lidar com eles e treiná-los. Mas como eles podem não ser muito amigos das crianças, é melhor você pensar bem antes de ter um, se pretende ter ou adotar uma criança no futuro próximo. Em geral, esses cães têm me servido para separar o joio do trigo entre os candidatos a namorado.

Os **cães não esportistas** constituem um grupo bem diversificado. Entre eles estão o Shiba Inu, o Poodle comum, o Terrier tibetano, o Chow Chow, o Buldogue, o Dálmata, o Bichon Frisé e o Keeshond. Esses cachorros são tipicamente mais raros e menos vistos; seus traços de personalidade, cordialidade, tamanho e pelagem variam muito de uma raça específica para outra.

O **grupo dos cães pastores** inclui raças como o Border Collie, o Corgi galês, o Pastor belga, o Bouvier de Flandres, o Briard e o Blue Heeler, que é a mais recente adição ao catálogo do Kennel Club americano. Esses cães já pertenceram ao grupo de cães trabalhadores e, por seu instinto de manada, são reconhecidos por sua capacidade de controlar os movimentos de outros animais. É importante considerar esses cães como sendo os corretores de valores dos caninos, sem contar que a maioria deles é extremamente inteligente. Os cães pastores requerem muito treinamento "cerebral" e provas como de agilidade, obediência e atividade grupal. Se você não tem condições de dar a ele o estímulo mental de que necessita, como lançar discos para ele durante trinta minutos diários, é melhor pensar em outro tipo de cachorro. Se você mora perto de um parquinho para crianças ou cachorros, tome cuidado – você pode pegá-lo se enroscando nas pernas ou lambendo os tornozelos para agradar alguma criança. Embora muitos solteiros e desabrigados apreciem esse tipo de atenção, ele pode incomodar as mães devotadas; portanto, procure sair sempre com a guia, para o caso de ter de puxar as rédeas, do cão, é claro, e não da mãe.

Qual o tipo de cachorro que cabe no meu bolso?

Não há nada mais doloroso para um veterinário do que ver alguém que acabou de pagar 1.500 dólares por seu novo cachorro não ter condições de pagar por uma castração ou por uma cirurgia que lhe salve a vida, e que pode ser tão comum como remover uma meia do estômago. Os cachorros são como aquelas iguanas que você vê na vitrine de uma *pet shop*. O preço de sua aquisição é em geral insignificante em comparação com o que você vai gastar nos primeiros anos de sua vida. Aquela iguana de 20 dólares vai lhe custar (se você prover o ambiente doméstico *realmente* necessário a ela) um tanque de quarenta galões, uma lâmpada de calor, comida, uma lâmpada ultravioleta, uma tela, material de limpeza, bolas de críquete, frutas, etc., chegando facilmente à ordem de 500 a 1.000 dólares. Também aquele filhote de cão que você acabou de comprar por 750 dólares vai precisar tomar quatro vacinas imediatamente e mais uma anual pelos próximos dez anos, remédios contra a dirofilariose (a cada 6 meses nos próximos dez anos), drogas preventivas contra pulgas e carrapatos (a cada quatro ou cinco meses nos próximos dez anos – está percebendo?), uma castração (entre 100 e 400 dólares), brinquedos, cirurgia de emergência (espera-se que apenas uma), ração, petiscos, coleiras, guias, custos com babá e taxas para registrá-lo!

Eu acho que *todos* deveriam poder se dar ao "luxo" – e a recompensa – de ter um cachorro. Ele nos oferece tanta lealdade, alegria e prazer que a amizade de uma criatura de quatro patas nos torna pessoas melhores. Enfim, se você não tem condições de arcar com o alto custo de manter um cachorro, abra uma caderneta de poupança com pequenos depósitos ao longo do tempo ou considere a possibilidade de pagar um seguro de saúde animal. Isso é importante para aquelas emergências que ocorrem quando você tem de correr para um pronto-socorro às duas horas da madrugada, porque seu Fido está vomitando sem parar. Se for essa a sua situação, é mais aconselhável resgatar um cachorro recolhido a um abrigo por 75 dólares do que pagar dez vezes esse valor por um de raça – a quantia economizada pode ser aplicada num fundo de reserva para ele.

O tamanho tem alguma importância?

Você quer mesmo saber? Porque, sim... é claro que tem! A escolha do tamanho certo depende de vários fatores, inclusive o tamanho do dono, o tamanho da sua casa, das suas posses, do quanto de atividade física você pode oferecer ao seu cachorro, do quanto ele necessita se exercitar, do clima de onde você mora e do tempo de vida que você quer que ele tenha. Se você é uma mulher de pequena estatura, controlar um Rottweiler de 70 kg, que está puxando seu braço para correr atrás de um esquilo, não é tarefa fácil. Além disso, se você mora num apartamento e não dispõe de quintal, um cachorro de grande porte provavelmente não condiz com seu estilo de vida. Cães ativos, como o Labrador e o Golden Retriever, devem ter donos ativos que gostem de correr, fazer exercícios e lançar discos (Ei, você aí, caro leitor, está entendendo?). Existem exceções, é claro, mas em geral recomendamos que o dono tenha condições de treinar devidamente seu cachorro e oferecer-lhe um ambiente que lhe seja apropriado. Por exemplo, não é apropriado fazer com que um peludo Husky Siberiano viva num pequeno apartamento na Flórida ou no Texas sem ar-condicionado. Como tampouco é justo submeter um Cão de Crista Chinês, desprovido de pelos, a um clima ártico, onde é mantido numa jaula fora de casa. Em vez disso, seus donos deveriam trocar de cães e investir em estilos de vida mais confortáveis. (Convenhamos, pessoal, a vida é uma só!)

A coisa mais importante a se ter em mente é que as raças de cães gigantes (como o Dinamarquês, o São-bernardo e o Irish Wolfhound) têm vida muito mais curta em comparação com as raças miniaturas e, portanto, podem chegar à velhice entre os cinco e oito anos de idade, em vez de entre dez e quinze. Os cachorros menores têm vida mais longa. Essa é uma boa notícia para quem quer ter um cachorro por toda a vida (como eu e você) e nem tão boa para quem só quer um prazer momentâneo (como Paris com Tinkerbell). Lembre-se apenas de que foi você mesmo quem quis, comprou-o e agora está preso a ele, por uma década ou mais. Sorte sua!

Quantos cachorros são demais?

Eu pessoalmente só tenho um e basta para a minha casa de aproximadamente 200 metros quadrados. Meu Pit Bull age como um típico "filhinho da mamãe". Ele tem ciúmes – se estou acariciando meu gato, ele vem correndo em busca de carinho. Para poupar o seu Fido da ciumeira, a não ser que você tenha um canil, uma fazenda ou esteja querendo procriá-lo, não recomendo a posse de mais de três animais em casa. Acima desse número fica difícil prover a atenção e o cuidado que cada um deles merece. São muitas as vantagens de se ter apenas um cachorro em lugar de muitos. Como único cachorro da casa, ele costuma ter uma relação mais próxima com você e é mais fácil encontrar alguém para ficar com ele. As despesas corriqueiras com veterinário são menos pesadas e você tem menos trabalho para manter a casa limpa do que teria com vários animais (dica para economizar tempo: tenha muitos capachos). Dito isso, é verdade que alguns donos dão conta do recado e eu posso atestar que muitos veterinários ou pessoas do mercado animal curtem a presença de diversos cachorros em casa. Tudo depende da sua personalidade, do tamanho do espaço de que você dispõe, da sua situação financeira, como também da sua disponibilidade de tempo para exercitar e cuidar de cada um deles. Em outras palavras, de você ser um super-herói! Tenho clientes que, apesar de parecerem pessoas normais, chegam às vezes com cheiro de urina. São os que em geral têm vergonha de dizer quantos cachorros eles têm. Portanto, fique à vontade – tenha sete se quiser. Só não venha depois dizer que eu não avisei! Embora secundários, os pequenos reveses, irritações e farras comuns em casas onde vivem muitos cachorros podem se agravar com o tempo e, portanto, devem ser levados em consideração.

Por quanto tempo a minha amiguinha Yorkie vai viver?

Bem, caro leitor, lamento informar que quanto menor o cachorro, maior o tempo de vida. E quanto maior o cachorro, menor o tempo de vida. Essa é uma das razões por que os cachorros tendem a viver menos do que os gatos – simplesmente por serem animais maiores. O tempo médio de vida de um cachorro depende de seu tamanho e peso. Cães pequenos, como o Poodle miniatura, o Chihuahua e o Shih Tzu entram na idade geriátrica aos oito anos, mas podem viver até quinze anos, enquanto cães de tamanho médio, como os mestiços, o Beagle e o Springer Spaniel ficam velhos aos oito anos, mas costumam viver em geral apenas de dez a quatorze anos. Cachorros de raças gigantes chegam à velhice entre cinco e oito anos de idade, mas raramente vivem mais do que dez anos. Lamentavelmente, muitos dos nossos amigos de quatro patas têm morte precoce devido a câncer e doenças metabólicas, como falência renal, problemas hepáticos ou diabetes.

Entretanto, eis um ótimo truque para aumentar um pouco o tempo de vida deles – deixar que durmam com fome! Um estudo recente da Purina avaliou cachorros submetidos a restrições alimentares em comparação com outros com a alimentação controlada e constatou que os primeiros pesavam menos e tinham menor quantidade de gordura no corpo, o que retardava o surgimento de doenças crônicas e os mantinha mais saudáveis através do tempo.[4] O estudo demonstrou que o tempo médio de vida dos cachorros submetidos a uma restrição alimentar da ordem de apenas 25 por cento era significativamente mais longo. Isso é importante se considerarmos que 40 por cento dos animais dos Estados Unidos são obesos.[5] Espera-se que os fabricantes de alimentos sigam as conclusões de seus próprios estudos e comecem a comercializar porções de acordo com o tamanho dos cachorros. Posso afirmar que provavelmente você já está dando comida demais ao seu cão – pare de estragar o pobre coitado!

Além de observar a quantidade de comida que ele ingere, uma assistência veterinária de rotina anual é o melhor que você pode oferecer para retardar o envelhecimento. Certos medicamentos veterinários podem ajudar a preservar a qualidade de vida do seu cachorro quando ele começa a sofrer de artrite ou urinar na cama. Se ele dorme na sua cama, a coisa com certeza lhe diz respeito. Finalmente, quando seu cão entra na idade geriátrica, consulte seu veterinário sobre a possibilidade de reavaliar as exigências de vacinação anual e, em vez disso, fazer exames de sangue para detectar antecipadamente qualquer problema médico.

Se mergulhado na água, um Shar-pei ficaria ainda mais enrugado?

O Shar-pei, cujo nome significa "pele arenosa" em chinês, teve sua origem na China e foi certa vez listado no *Guinness Book of World Records* como o "cachorro mais raro do mundo". O Shar-pei é famoso por seu pelo de "cavalo" ou "escovado", mas que infelizmente é uma das poucas pelagens que me causam urticária e coceira. Ele também é conhecido por sua cara de hipopótamo. Essa raça foi criada para ter aquelas dobras extras de pele para protegê-la de ferimentos graves durante uma briga de cães. Contrárias à opinião popular, as dobras extras de pele não se devem a nenhum problema de colágeno, defeito capilar, gordura ou excesso de horas no salão de bronzeamento. Mas não, se você enfiá-lo na água, ele não vai ficar mais murcho ou enrugado, a não ser pela irritação.

Existem leis que garantem a saúde dos filhotes?

Muitos estados americanos dispõem de leis que protegem o consumidor de adquirir um animal doente ou defeituoso; afinal, nunca se sabe se algum inescrupuloso comerciante de filhotes pode tê-lo enganado quanto ao Shetland que você comprou. (Dermatite? Nunca ouvi falar nisso.) Dependendo do estado, essas leis aplicam-se a pessoas que vendem animais domésticos com fins lucrativos e pagam impostos sobre a venda de animais, como donos de *pet shops* e criadores de fundo de quintal, de maneira que normalmente elas isentam as sociedades beneficentes e os abrigos de animais. De acordo com essas leis, você tem direito legal a pleno ressarcimento do preço de aquisição por certo período de tempo (comumente entre dez e quatorze dias), ou ao reembolso pelos gastos veterinários até no máximo o valor da compra. Alguns estados estendem a garantia para até um ano em casos de defeitos hereditários e, por isso, é importante que você conheça as leis do seu estado. Se você descobrir que um criador de fundo de quintal não está assumindo suas responsabilidades ou não está disposto a garantir a saúde do cãozinho que você acabou de adquirir, trate de encontrar outro mais responsável. De qualquer maneira, você não vai querer encher os bolsos desses comerciantes e permitir que eles continuem vendendo animais doentes ou defeituosos. Se em seu estado *não* existe nenhuma dessas leis, junte-se aos seus amigos protetores de animais para fazer com que seu vereador, senador ou deputado as promova. Defendo com veemência a existência de leis que garantam a saúde dos filhotes, pois acho que todo mundo deve poder adquirir cães saudáveis e felizes. Continue lendo para obter dicas sobre como evitar dar seu amor a um cão defeituoso.

Como é que eu posso saber se estou comprando um cachorro saudável?

Neste caso, devo de novo exaltar as vantagens do "vigor híbrido". Não tem nada a ver com animais resultantes de mutação nem com disfunção erétil, mas antes com a mistura otimizada de material genético "melhor" que ocorre em cães de raças mistas, que costumam ter menos problemas congênitos ou hereditários, como displasia coxofemoral, doenças cardíacas e câncer. Não é que esses problemas *nunca* ocorram em animais mestiços, mas a incidência é definitivamente menor. Mas, como as modelos que passam fome para manter a silhueta, os geneticamente frágeis cães de raça pura parecem ser muito solicitados. Levar a vida à "beira" do perigo é tão incrivelmente excitante!

Afora a saúde, um outro bom motivo para se adotar um cão mestiço é que com isso contribuímos para reduzir a superpopulação dos abrigos. A cada ano, surgem milhões de animais "indesejados" e, adotando um, você não apenas salva uma vida (a do seu adorável filhote adotivo), mas também contribui para a redução do número de cães e gatos que são sacrificados devido à superpopulação dos abrigos. Eu acho que deveria haver reduções fiscais para as pessoas de bom coração que adotam um animal dos abrigos. Afinal, elas estão prestando um serviço à comunidade. Como acho também que deveria haver reduções fiscais para os donos responsáveis que recolhem as fezes de seus animais. Vamos todos escrever a nossos congressistas!

Feitas todas essas considerações, não há nada de errado em se querer ter um cachorro de raça pura, se é esse o seu desejo. Algumas raças específicas têm realmente características maravilhosas e, para quem está atrás de uma cor específica, de um tipo de pelo ou de uma habilidade especial, um cachorro de raça pura pode ser exatamente o que você está procurando. Muitas raças diferentes têm sido meus objetos de desejo através dos anos (mas continuo economizando para uma). Se você quer ter um cachorro para levar a exposições ou apenas um cachorro para exibir a seus amigos, um cão de raça pura é a melhor opção em termos de cor exata, constituição ou modelo que você deseja. Antes de adquirir um, entretanto, seja um consumidor consciente e faça o dever de casa. É importante que você obtenha do criador o histórico clínico do animal antes de comprá-lo. Os pais ou irmãos de ninhada apresentam sintomas das doenças típicas da raça? Um criador responsável é aquele que oferece garantia ou apresenta sua certificação antes da compra para assegurar que está vendendo animais saudáveis – ele costuma fazer com que toda a ninhada seja examinada por cardiologistas ou oftalmologistas credenciados para ter a certeza de que não está reproduzindo animais com doenças hereditárias. Certos tipos de câncer também podem predominar em certas raças e um histórico completo da linhagem deve ser fornecido pelo criador se possível. Desconfie do criador cujos cachorros não apresentam nenhum defeito em toda a linhagem. Um criador responsável dispõe-se prontamente a prover todas essas informações, assim como um criador que ama sua profissão não joga fora o filhote com a banheira de água suja, só porque sua mãe teve uma verruga. Afinal, você não está atrás da futura *top model* dos Estados Unidos. Aprenda a amar os defeitos do seu cãozinho, mas previna-se de futuros incômodos, procurando comprar um que seja saudável!

    O próximo passo consiste em fazer uma visita ao criador e verificar as condições das instalações. Ver se as gaiolas são mantidas limpas e secas e se a iluminação e o ambiente são adequados. Se você encontrar gaiolas em porões ou garagens escuras, desista e vá embora correndo! Sem querer estereotipar, esses criadores estão definitivamente usando o seu dinheiro para comprar metanfetamina e pornografia. Saia correndo dali! Os pais do cachorro são disponibilizados para que você os examine? Foram ambos devidamente vacinados e examinados por um veterinário? Tomaram o remédio contra a dirofilariose, bem como os preventivos contra pulgas e carrapatos? Todos os membros da ninhada são saudáveis? O criador deve ter desverminado a todos, como também dado a primeira vacina (de uma série de três a quatro para filhotes). Se o criador não tem condições para providenciar a primeira vacina e o exame clínico, ele deveria mudar de ramo! Também neste caso, eu recomendo que você procure outro. Finalmente, o criador responsável deve prontificar-se a oferecer garantia pela saúde do filhote, para no caso de algum problema ser detectado, você receber seu dinheiro de volta ou ter o filhote trocado por outro. Quanto a problemas médicos, bem, lamento ter de dizer que a relutância do seu marido em recolher as fezes do filhote não conta. Isso é problema *seu*!

Se você não sabe por onde começar sua procura por um cachorro de raça pura, peça a um veterinário que lhe recomende um bom criador. Pergunte a seus amigos e familiares. Pesquise na Internet. Seja um consumidor consciente, se não quiser passar pela experiência dolorosa de se apegar a um cão para oito semanas depois descobrir que ele tem uma doença congênita. Eu tenho quase certeza de que você vai se apegar a ele (mesmo com os defeitos) e, por isso, vai querer um que seja saudável desde o início.

O que a raça do cachorro diz a respeito de seu dono?

É importante não esquecer que estas são amplas generalizações, mas se você quer realmente saber, é essa a ideia que seu veterinário faz de você quando o vê entrar com seu cachorro em sua clínica.

Labrador Retriever:
O dono desse cão é em geral uma pessoa boa, dedicada, propensa a atividades ao ar livre e fácil de se relacionar. Faz compras nas lojas Centauro. Dirige um Subaru.

Chihuahua:
Pode morder. E o cachorro também.

Vira-lata:
Em geral, uma boa pessoa, dedicada, leal e propensa a atividades ao

ar livre. Prefere cerveja a vinho. Compra brinquedos Old Navy para seu cachorro, mas também faz compras nas lojas Centauro. Dirige um Subaru.

Poodle miniatura:
Em geral, seu dono é uma pessoa idosa, grisalha e amável.

Golden Retriever:
Em geral, uma pessoa de fácil convívio e voltada para a família. Tem dois ou três bebês humanos.

Yorkshire Terrier:
Gosta de andar com uma bolsa YSL ou Gucci, muitas vezes levando seu bichinho de estimação dentro dela. Dá valor ao luxo. Toma vinho, não cerveja.

Terrier:
Tem potencial para ser uma pessoa leal e voltada para a família. Pode ser irritável e ter atitudes típicas dos habitantes da Costa Leste.

Rottweiler:
Pessoa arrogante. Leal. Protetora. Não tolera pressões.

Greyhound:
Pessoa amável e bem-educada. Tem tendências neuróticas. Gentil. Retraída. Bebe água engarrafada. É comum ela se parecer com o cachorro.

Cão Montanhês de Berna:
Pessoa financeiramente segura. Educada. Faz compras nas lojas Centauro, Fast Shop e no Shopping Iguatemi.

Beagle:
Pessoa voltada para a família. Com alto nível de tolerância a latidos.

Schnauzer miniatura:
Tipo voltado para a família. Em geral, seus donos são adultos mais velhos. Faz compras nas lojas L.L. Bean e Renner. Dirige um Volvo.

Maltês:
Seu dono quer ter filhos ou netos. Adora cuidar das pessoas queridas e carregá-las nos braços. Veste-se muito bem. Adora laços cor-de-rosa.

É possível se adquirir uma raposa domesticada?

O geneticista russo Dmitri Belyaev acompanhou dez gerações de raposas de origem selvagem em busca de traços "amistosos".[6] O que ele observou foi que à medida que as raposas ficavam mais amáveis, sua pelagem ficava mais feia. Elas começaram a apresentar uma pelagem multicolorida, falhada e desalinhada. O que esse experimento científico demonstrou é que o gene da cor do pelo pode ter ligação com hormônios do "stress", como a epinefrina (ou adrenalina). As raposas amistosas pareciam apresentar níveis mais baixos de epinefrina (o que resultava em níveis mais baixos de agressividade), mas também em menos beleza. Resumindo, o estudo de Belyaev provou que é possível domesticar animais selvagens, mas que, a não ser que você esteja querendo ter um bicho feio, por favor, não tente adotar uma raposa!

Qual é o cachorro de melhor "engenharia genética" que existe?

O Saluki (cão de caça árabe) é em geral considerado como o cão de melhor engenharia genética que existe.[7] Supõe-se que esse cachorro seja capaz de vencer qualquer mamífero numa corrida de 5 km. A mecânica de seu corpo é impressionante – ele é delgado, bem constituído, musculoso e ágil. Um Saluki pode cobrir três metros com um passo e tem o peito estreito e profundo, o que permite uma maior renovação de oxigênio, como também a expansão máxima de seus pulmões durante a corrida.

Quando os primeiros salukis foram gerados, as pessoas não procuravam ter cachorros com características específicas. Eles eram criados com base em suas habilidades – em outras palavras, se eram suficientemente rápidos para pegar coelhos ou se eram bons caçadores. O cruzamento de machos e fêmeas com essas características propagou a espécie e eis que surgiu o Saluki!

É verdade que todos os animais de pelo branco e olhos azuis são surdos?

Apesar de em geral se ver com maus olhos alguém que julgue um ser humano pela cor da pele, existem pessoas que parecem concordar com essa atitude para com os animais. Mas admito – é verdade –, o pelo do cachorro pode às vezes determinar suas características físicas. Neste caso, a surdez de gatos brancos com olhos azuis foi detectada já em 1828,[8] e foi documentada em *A Origem das Espécies*, de Darwin, em 1859. Quase quarenta anos depois, surgiu a comprovação de que os dálmatas de olhos azuis eram surdos. Desde então, têm-se provas mais definitivas da correlação entre a pigmentação branca, olhos azuis e surdez de cachorros e gatos.[9] É um fato genético ou, no mínimo, uma probabilidade.

Essa correlação deve-se provavelmente ao desenvolvimento dos melanócitos, as células responsáveis pela pigmentação da pele e dos pelos. Essas células são originárias do sulco neural, que é a origem de todas as células neurais (ou nervosas) do embrião. Daí, a relação entre a pigmentação e uma vasta série de problemas neurológicos nos animais – o que quer que afete o desenvolvimento de um provavelmente altera o outro. Eu não vou aqui aborrecê-lo me estendendo sobre grânulos de pigmentação nos melanócitos ou migração anormal de células no sulco neural (apesar de ser um assunto extremamente excitante, eu posso afirmar), mas dizer apenas o que você precisa saber, ou seja, que os geneticistas realmente comprovaram que muitos (mas não todos) animais com pelo branco e olhos azuis são surdos. Mas, misteriosamente, se o seu cachorro apresenta manchas escuras, ou de algum tom preto, ou um olho de cor diferente do outro, você pode se considerar com sorte, pois a probabilidade de ele ser surdo é *reduzida*. Está tudo nos genes! Se você tiver interesse em saber mais sobre isso, recomendo que faça quatro anos de faculdade de veterinária ou de medicina. Ela deve suprimir todos seus desejos por conhecer mais... e para sempre.

Os cães surdos precisam de cães-guias?

Se por acaso você tem um filhote de Dálmata de pelo branco e olhos azuis, não se desespere se ele não obedecer imediatamente às suas ordens. Você terá de esperar algumas semanas para ver se ele é realmente surdo. Por que isso? É óbvio que a surdez se revela como desatenção às ordens pronunciadas, mas nem toda desatenção é sinal de surdez. Seu cachorro pode estar demasiadamente ocupado em dominar o mundo ao redor para ouvir suas ordens. Na clínica, nós costumamos testar a audição num ambiente de pouca tensão, além de proporcionar a ele um período apropriado de aclimatação, para ter a certeza de que o Spot não está apenas aborrecido ou sob pressão. Antes de levá-lo para um exame formal, tente testar o comportamento do seu cachorro em casa. Como ele reage quando você abre uma lata de comida para cães ou sacode a embalagem de biscoitos? Tente fazer barulho fora do campo de visão dele ou quando ele estiver dormindo e observe a reação. Com alguns cachorros, é preciso tomar cuidado ao fazer isso, para não assustá-los e acabar levando uma mordida. Parece que o ditado "Deixe que o cachorro durma sossegado" contém algo de verdadeiro!

Mesmo que o seu cachorro seja completamente surdo, nem tudo está perdido. A maioria dos cães surdos adapta-se rapidamente a essa deficiência e faz uso de outros sentidos, como o da visão e do estímulo dos bigodes (provocado pelo movimento do ar) ou de vibrações para compensar. Você se surpreenderia ao saber a quantidade de donos que não têm ideia de quanto da acuidade auditiva Buffy, o Cocker Spaniel, perdeu em função de uma infecção crônica nos ouvidos. Os cachorros conseguem também se adaptar à surdez de um dos ouvidos; eles podem ouvir quando você abre uma lata de comida, mas virar-se na direção contrária para localizar de onde veio o som. Se o seu cão *continuar* virando a cabeça na direção contrária... ele não é surdo, mas está endemoninhado. Procure um exorcista!

Embora o cão surdo não necessite de um cão-guia ou coisa parecida, ter a companhia de outro cão em casa pode ajudar. Quando você dá a ordem "Comida!" para ambos os cães, o cachorro dotado de audição a ouve e corre em sua direção. Por força do hábito, instinto de manada ou por puro ciúme, o cão surdo pode notar que você está tentando atrair sua atenção.

Mas, infelizmente, ter um cachorro surdo impõe certas mudanças de hábitos. Você não poderá nunca soltá-lo da guia, nem mesmo no parque de cachorros, uma vez que não poderá chamá-lo de volta ou avisá-lo de um perigo iminente. Se você tem filhos pequenos, ter um cachorro surdo em casa pode não ser o ideal. Se a criança, por exemplo, se aproximar sorrateiramente da cachorra, gritando, ela pode ficar tão assustada a ponto de morder a criança.

Como atrair a atenção de um cachorro surdo é uma tarefa difícil, pode ser necessário o uso de outros sinais – um tapinha no ombro, uma batida com os pés para criar vibrações, bolas de papel lançadas na direção dos ouvidos... qualquer coisa que funcione. Alguns donos de cachorros surdos usam coleiras providas de descargas elétricas para treiná-los. Existem vários tipos, com choques de diferentes níveis de intensidade – desde choques capazes de provocar dor até os de vibrações suaves. Eu recomendo o tipo que provoca vibrações e que, ao usá-lo, você recompense o cachorro com um gesto das mãos (como levantar as mãos em sinal de "muito bem!"), ao mesmo tempo em que lhe dá um petisco ou afaga suas orelhas. Essa atitude vai acabar treinando-o para dar-lhe atenção toda vez que sentir uma vibração.

Provendo-o de respostas positivas e treinando-o com a ajuda de um especialista em comportamento animal ou treinador de cães, você acabará lidando bem com sua surdez. Existem muitos sites especializados na Internet que provêm excelentes informações sobre como lidar com cachorros surdos. Se você tem ânimo e compaixão para dedicar seu tempo livre ao treinamento da obediência de cães surdos, entre em contato com o abrigo de cães de sua localidade – eles vão adorar encontrar pessoas como você para adotá-los.

Os cães cegos precisam de cães-guias?

E os cães cegos? O que eu posso lhe dizer – a não ser que seu cão saiba ler em Braille – é que este livro não é para ele. Sorte dele ter em você seus olhos, ouvidos e, também, carteira.

Em muitos casos, a cegueira do cachorro deve-se a problemas genéticos, mas em outros a causa está relacionada à espécie ou à idade. Em filhotes, a causa da cegueira pode ser uma malformação da córnea ou até mesmo catarata precoce (que pode ser corrigida por cirurgia). Cachorros mais velhos podem ficar cegos e perder a visão em consequência de problemas subjacentes de catarata, glaucoma, descolamento da retina, neurite ótica, doença cerebral ou câncer de olhos ou do cérebro. Certas causas evitáveis de cegueira se devem a doenças metabólicas subjacentes. O diabetes, por exemplo, pode causar catarata crônica, enquanto a hipertensão grave causada por problema cardíaco ou renal pode levar à cegueira crônica. Até hoje, nenhuma conexão foi estabelecida entre a cegueira de um cachorro e sua mania de ficar lambendo "lá embaixo" (uma vez que eles já têm as palmas das patas peludas), mas continuamos investigando.

Portanto, supondo-se que não haja nenhum líder religioso ou espiritual morando em sua casa, o que deve fazer o dono incomodado de um cachorro cego? Bem, temos boas notícias. Você se surpreenderia ao saber quão bem a sua versão canina de Ray Charles consegue se adaptar ao ambiente circundante – desde que você não fique mudando a posição dos móveis. Ele não precisa de nenhum guia porque, francamente, ele só sai pela porta de casa em consideração a seu tapete. Tente criar um ambiente especialmente agradável e seguro para ele. Obstrua todas as passagens para escadas. Deixe a cama, tigelas, petiscos e brinquedos sempre no mesmo lugar. Use um sininho preso aos chinelos, um bracelete tilintante ou um par de calças que produzem aquele farfalhar irritante quando você anda pela casa, para que seu cão saiba sempre por onde você anda. Dê a ele sugestões verbais com mais frequência e fale mais com ele. Treine-o em novas ordens para ajudá-lo a evitar obstáculos, como "Olha o degrau!", "Atenção!", "Casca de banana!" e "Pegue o gato!" (essa é brincadeira, é claro). O Ray pode usar essas dicas para compensar sua deficiência visual. E não se preocupe – eu garanto que ele vai continuar entendendo quando você despejar comida em sua tigela.

É verdade que os Pit Bulls travam as mandíbulas?

Não, não é verdade. Os Pit Bulls não travam as mandíbulas. Vou repetir: os Pit Bulls não travam as mandíbulas. Não sei ao certo qual a origem dessa lenda urbana, mas nenhum cachorro tem condições anatômicas para cerrar as mandíbulas desse jeito. O Pit Bull tem os músculos do pescoço e dos ombros grandes (equivalentes aos do levantador de peso ou do zagueiro) e, portanto, não são suas "mandíbulas travadas" que o fazem morder com tanta força – mas sua tremenda musculatura. É importante lembrar que esse cachorro foi criado para enfrentar e deter touros pesando mais de uma tonelada, já no século XVIII, correndo o risco de ser esmagado. Os Pit Bulls que deixavam os touros passar eram provavelmente excluídos naturalmente por serem pisoteados (se é que você considera natural soltar um cachorro pesando aproximadamente 23 kg numa arena com um touro enfurecido).

Por que o Rhodesian Ridgeback tem aquela fileira de pelos salientes nas costas?

O Rhodesian Ridgeback é um cão de grande musculatura, cuja cor normalmente está entre o amarelo-claro e o amarelo-avermelhado e tem uma pelagem curta. Utilizados antigamente para caçar, esses cães se distinguem por uma fileira de pelos salientes que segue na direção contrária à dos outros pelos ao longo da coluna dorsal. Embora possa parecer curioso, o problema é na verdade resultante de um defeito congênito, como, por exemplo, o de uma menina com três mamilos. A presença desses pelos rebeldes deve-se a uma migração anormal das células do sulco neural; em outras palavras, no feto, as células embrionárias que normalmente migram para o sul no inverno, tomaram o rumo contrário, resultando numa pelagem do tipo "não sei para que lado ir". Aos donos de cães rodesianos, eu aconselho a, da próxima vez que alguém perguntar por que seus pelos são assim, impressionar com a seguinte resposta: "É por causa da migração anormal das células do sulco neural...", soltar um imponente suspiro e dar-lhe as costas.

Será que o Pastor Alemão entende alemão?

Sim, entende. Bem, alguns deles, pelo menos. Os cães criados na Alemanha foram com toda probabilidade treinados em sua língua materna e, portanto, sabem que um *achtung!* (Cuidado!) merece mais atenção do que um *gesundheit!* (Saúde!). É comum os veterinários descobrirem talentos bilíngues em cães importados que são usados para treinamento, para auxiliar a polícia ou como cães de guarda. O cachorro que eu tinha quando pequena entendia tanto chinês como inglês (ou o que chamávamos de "chinglês") e respondia às ordens numa mistura das duas línguas. Jamais subestime a capacidade canina de entender uma língua. Por mais estranho que pareça!

101 razões para não se ter um Dálmata

O Dálmata, muitas vezes chamado erroneamente de "dalmácio", é originário da Dalmácia, a província da Croácia – daí seu nome. Se você procurar por Dálmata na Internet, dispense os criadores que o chamam de "dalmácio". Se nem sabem dizer o nome, provavelmente tampouco são criadores responsáveis. Popularizado pelo filme de 1961 da Disney – *Os 101 Dálmatas* – esse é um cão de porte médio famoso por sua cor branca com manchas pretas ou marrons bem definidas. Branco ao nascer, aos poucos, no decorrer das primeiras semanas de vida, começam a surgir manchas no filhote dálmata, mas à medida que ele vai envelhecendo, elas vão diminuindo. Famoso por sua encarniçada lealdade a seu dono, o Dálmata pode às vezes tornar-se agressivo em seu afã de protegê-lo e não é um cachorro apropriado para famílias com crianças pequenas.

Também chamado de "cocheiro", esse cão foi considerado um importante acessório de ostentação das carruagens puxadas por cavalos na era vitoriana.[10] O dálmata corria ao lado ou à frente da carruagem, ajudando a abrir caminho para os cavalos. Ele também foi usado nas carruagens de fogo de antigamente e, por isso, tornaram-se "cães dos carros de bombeiros". Infelizmente, as razões médicas podem também ter feito deles mascotes dos bombeiros. A surdez hereditária predomina na raça e, provavelmente, é por isso que eles são mais tolerantes às sirenes lancinantes que enlouqueceriam qualquer outro cachorro. Eis uma dica: se você encontrar um dálmata com um olho azul, é bem provável que o ouvido do mesmo lado também seja surdo.

A Disney relançou o filme *Os 101 Dálmatas* em 1969, 1979, 1985, 1991 e, em vídeo, em 1992. Em 1996, ele foi lançado numa versão ao vivo (imagine treinar mais de duzentos filhotes para "atuar"!). Naquela época, alguns canais de notícias, abrigos, veterinários e canis chegaram a advertir as massas para que *não* se apressassem a comprar esses cães sem as devidas investigações e orientações de seus criadores. Embora não disponha de dados científicos para apresentar como suporte, eu diria que esses cães eram muito mais agressivos aos veterinários no final da década de oitenta e início da década de noventa. Como há muito tempo não vejo um que seja agressivo, é bem possível que estejam excluindo de sua procriação o gene responsável pelo ódio aos veterinários – ou, pelo menos, é o que se espera. O único aspecto positivo de seus ataques frequentes era que eles sempre os antecipavam com um sorriso: "Estou erguendo o lábio para rosnar para você e você tem dois segundos para recuar antes que eu arranque fora seu pescoço."

De fato, são cachorros *muy amigos*!

O São-bernardo realmente carrega uísque naquele barril de madeira que tem em volta do pescoço?

O São-bernardo surgiu no século XVII, quando era usado como pastor ou cão de guarda na Suíça.[11] Esses gigantes mansos têm de fato um temperamento calmo e afável, o que não deixa de ser algo positivo, uma vez que podem pesar entre 45 e 90 quilos. Essa raça peluda e desajeitada não precisa se exercitar muito, mas requer panos para secar sua baba (também com aqueles lábios grandes caídos, o que você esperava?).

A lenda do salvador São-bernardo refere-se a um cachorro chamado "Berry" ou "Barry", que viveu de 1800 a 1814. Você pode ver seu corpo empalhado no Museu de História Natural de Berna, na Suíça. Embora Barry não se pareça com o típico São-bernardo atual catalogado pelo Kennel Club americano, ele é o representante clássico da raça e é famoso por ter resgatado mais de quarenta pessoas da neve. Apesar de ele nunca ter carregado um barril de uísque em volta do pescoço, de certa maneira o estereótipo permaneceu com base num antigo retrato. Desde então, o São-bernardo é mostrado com o mesmo barril de madeira, resgatando pessoas a torto e a direito.

Esse famoso cão foi homenageado num filme para a TV chamado *Barry of the Great Saint Bernard*, de 1977, e mais tarde novamente no filme *Beethoven*. Atualmente, acho que não são lá grande coisa como cães de busca e resgate – eles preferem ficar em casa no conforto do ar condicionado, assistindo a filmes na televisão.

Será que a Lassie era mesmo uma cachorrinha tão inteligente?

É claro que Lassie era inteligente. Afinal, ela era uma fêmea!

Na verdade, de acordo com a avaliação de Stanley Coren, o autor de *A Inteligência dos Cães*,[12] a raça de Lassie não é uma das mais inteligentes. Portanto, mesmo correndo o risco de decepcioná-lo, uma outra maneira de formular a questão é a seguinte: Será que nós achamos que *todos* os cachorros têm capacidade para encontrar Timmy, que acabou (de novo) de cair no poço? Sim, é o que achamos! Enquanto alguns cachorros parecem ter um instinto inato para achar e resgatar, e outros têm uma necessidade instintiva de defender a propriedade, todos os cães têm o sentido do olfato extraordinariamente aguçado, o que lhes permite farejar os odores familiares de muito, muito longe. Embora eles possam não saber dizer formalmente que horas são (como Lassie sabia quando eram três horas em ponto e, portanto, hora de buscar Timmy no ponto de ônibus), não tire conclusões precipitadas quanto à capacidade mental dos cachorros. O pequinês que eu tinha quando pequena sabia distinguir o ruído do carro da minha família de qualquer outro carro que descesse a nossa rua e sabia quando era a vez de nos receber à porta.

Alguns cães têm realmente esse nível de inteligência. E como todo mundo adora aquele heroico cão de caça, vou deixar você acreditar que Lassie era um deles.

De que raça era Petey, o cachorro do filme "Os Batutinhas"?

Tenho uma surpresa para todos vocês que desprezam o Pit Bull. Pois o cachorro de "Os Batutinhas" era um Pit Bull! E, mais provavelmente, um American Staffordshire Terrier, um Staffordshire Bull Terrier ou um American Pit Bull Terrier, que são todos parentes próximos. O papel de "Pete", também conhecido como "Petey", "Pal, o Cão Prodígio" ou "Peter de Lucenay" foi na realidade representado por vários cachorros. Embora o círculo em volta do seu olho não fosse totalmente natural (foi pintado), o "Pal" original já tinha um círculo em volta do olho que foi retocado com pintura. Apresentado ao público americano como o "Demolidor Pardo", Pete ficou mundialmente famoso nas décadas de 1930 e 1940 com a popularidade de "Os Batutinhas". Seus quinze minutos duraram mais do que cinquenta anos, o que, na minha opinião, é algo tipicamente americano.

De que raça era Spuds MacKenzie, o mascote da Budweiser?

Spuds era um Bull Terrier, um cão de estatura média, com uma sólida constituição muscular e uma cara tão característica que apenas sua mãe era capaz de amar. Conhecido por sua cabeça triangular e pescoço grosso, o Bull Terrier era usado originalmente como cão de briga. Em consequência disso, essa raça pode ser extremamente agressiva com outros cães e, portanto, eu recomendo aos interessados que pesquisem antes de comprar um. Não me interpretem mal – já vi exemplares maravilhosos dessa raça com donos muito satisfeitos e que realmente apreciam todas as suas características, desde seu grande nariz romano até o volumoso traseiro. Entretanto, foi um cachorro dessa mesma raça que matou cruelmente o Corgi Pharos da Rainha Elizabeth II, no Palácio de Buckingham, no dia 24 de dezembro de 2003. No início, achou-se que o responsável fosse Dotty, o Bull Terrier da Princesa Anne (que já havia mordido duas crianças), mas as investigações revelaram que a culpada era a fêmea Florence, outro Bull Terrier da princesa. Logo após essa ocorrência, um outro Bull Terrier mordeu uma criada do palácio. Com isso ficou claro que essa raça não é para pessoas medrosas. Não sei ao certo por que a Budweiser escolheu esse tipo esquisito para ser seu mascote, mas tem-se que admitir que Spuds se parece com um tremendo leão-de-chácara disposto a jogar beisebol com qualquer bebedor de cerveja metido a besta que surja em seu caminho. Comentou-se que o papel de Spuds foi na realidade representado por uma fêmea (como Benji). Posteriormente, a Budweiser adotou o mais benigno sapo ou lagarto falante.

Quem é Balto e por que a Disney o transformou num filme?

No dia 20 de janeiro de 1925, um apelo desesperado vindo de Nome, no Alasca, foi feito pelo rádio, pedindo ajuda devido a um surto de difteria que estava atacando as crianças da aldeia. O ancoradouro permitia que o soro do antídoto chegasse de navio até Nenana, mas devido a uma forte nevasca, os restantes mais de mil quilômetros teriam que ser percorridos por trenós puxados por várias equipes de cães dedicados. Esses cães inuits e esquimós do Alasca trabalharam juntos para transportar os suprimentos de remédios e cumpriram a missão em aproximadamente 130 horas. Atualmente, a *Iditarod Trail Sled Dog Race* é realizada para prestar homenagem àquela empreitada para salvar vidas.

Balto foi o cão que guiou a equipe de puxadores de trenó que realizou o percurso final da famosa jornada empreendida em 1925. Seu corpo foi empalhado e encontra-se exposto no Museu de História Natural de Cleveland. Se você não assistiu a esse filme da Disney, vale a pena alugar a fita (mesmo que você não tenha filhos pequenos). Ele narra o evento monumental que foi "o milagre no gelo" ocorrido em 1925.

O escultor Frederick Roth também homenageou aqueles incríveis cães com uma estátua de bronze no Central Park (perto da East Sixty-seventh Street). A escultura de Balto é uma tremenda atração para as crianças e a placa que a acompanha traz a seguinte inscrição gravada:

DEDICADA AO ESPÍRITO INDOMÁVEL DOS CÃES QUE SE REVEZARAM PARA TRANSPORTAR ANTITOXINAS POR MAIS DE MIL QUILÔMETROS DE GELO, ATRAVESSANDO ÁGUAS PERIGOSAS E TEMPESTADES DE NEVE ATÉ NENANA PARA SALVAR A ALDEIA DE NOME ASSOLADA PELA DIFTERIA NO INVERNO DE 1925. UMA PROVA DE INTELIGÊNCIA E FIDELIDADE.[13]

Por que Uga, o adorado buldogue da Universidade da Geórgia, é o pior mascote que esse estado já teve?

"Uga" se tornou o mascote da Universidade da Geórgia em 1956, quando Sonny Seiler e Cecelia Gunn ganharam um buldogue inglês como presente de casamento.[14] Numa comemoração antecipada de uma partida de futebol, Uga caiu instantaneamente nas graças da elite universitária e logo se tornou seu mascote mais duradouro, vivendo uma década. Ele foi rapidamente substituído por seus sucessores, de Uga II a VI, todos descendentes do Uga original e também propriedades da família Seiler. O Uga II foi o mascote de vida mais breve – apenas cinco estações. Ele foi destituído quando sucumbiu a uma insolação e desmaiou num dia ensolarado de 1967. Felizmente, ele sobreviveu à insolação graças à administração de fluidos intravenosos e aos cuidados que recebeu naquela noite da faculdade de veterinária daquela universidade. Atualmente, o mascote da universidade é o Uga VI, que leva adiante uma tradição de cinquenta anos. Seu antecessor, o Uga V, chegou em 1997 a aparecer na capa da revista *Sports Illustrated*[15] e obteve o maior número de votos para ser o mascote da universidade naquele ano. Com sua cara de malvado, corpo compacto e ombros largos, ele com certeza cumpre seu papel. O pior de tudo é que ele gosta de atacar os jogadores de futebol do time visitante (inclusive em 1996, o receptor Robert Baker da Universidade de Auburn) que se aproximou demais de sua linha de demarcação!

Outro aspecto negativo é o fato de os buldogues ingleses serem propensos a terem problemas de saúde. Em primeiro lugar porque, apesar de darem lindos filhotes, o parto deles tem um alto custo, na maioria das vezes feito por cesárea, devido ao tamanho enorme de sua cabeça. Em segundo lugar, porque aquela cara amassada típica deles vem em geral acompanhada do que chamamos de síndrome braquicefálica.[16] Em outras palavras, a forma anormal do focinho e traqueia dificulta a respiração e, consequentemente, eles podem reter calor excessivo. Junte 92.746 pessoas num estádio de futebol sob um calor intenso e úmido, some a isso a tensão da torcida e toda a gritaria típica para ver do que um mascote Uga é capaz. Ele simplesmente não foi feito para isso. Felizmente, o casal Seiler cuida bem dele, provendo-o com uma casinha de cachorro equipada com ar-condicionado para protegê-lo das tensões e do calor durante os jogos. E o melhor de tudo é que uma das vinte e sete melhores faculdades de veterinária do país está bem ali do outro lado da rua.

CAPÍTULO 3

VIDA DE CACHORRO

Bem-vindos à rica e glamourosa vida de cachorro! Graças à fama hollywoodiana de Paris Hilton, que pela primeira vez exibiu sua Tinkerbell no *reality show The Simple Life*, é perfeitamente normal que as damas da alta sociedade andem com seu cãozinho na bolsa ou como acessório. É claro que ser rica, famosa e anoréxica traz também suas desvantagens. Em agosto de 2004, a preciosa cadelinha da garota desapareceu. Será que a Tinkerbell estava tentando escapar de toda aquela pompa de Louis Vuitton? Talvez por estar farta daquela vida na alta sociedade, ela tenha achado melhor andar nua por aí. Para recuperá-la, cartazes anônimos anunciando o "cão desaparecido" foram espalhados com a oferta de recompensa inicial de mil dólares para o sortudo que a encontrasse. Finalmente, Paris acabou aumentando a oferta, mas temeu que Tinkerbell pudesse ser feita refém de seus muitos milhões. Provavelmente, ela estava certa, pois os cartazes que espalhou pelas ruas, anunciando a "Recompensa de cinco mil dólares pelo cão extraviado" acabaram sendo vendidos nas lojas eBay. Apesar de tudo, Tinkerbell foi devolvida sã e salva apenas seis dias depois. Moral da história: mime sua cadelinha e trate-a como realeza enquanto ela estiver com você!

Neste capítulo, vamos aprender a cuidar de nossos cachorros da mesma maneira que as estrelas de Hollywood cuidam dos seus. Você deve matricular seu filhote na creche para cachorros? As redes hoteleiras Four Seasons ou Fairmont permitem que ele se hospede em seus hotéis cinco estrelas? Você pode levá-lo com você nas férias? Pode levá-lo em seu avião particular? O resto de nós, que não dispõe de avião particular, pode levar o cachorro num voo comercial? Qual é a melhor maneira de viajar com ele? E se você for com ele para um spa, ele também pode ser tratado por um pedicuro? Descubra como mimar seu filhote, qual é a melhor marca de esmalte para unhas, se pode tingir o pelo e se pode tatuar sua pata. Ao mesmo tempo, você também vai saber que a vida ao lado de um cão nem sempre é como se alardeia. Há também a parte suja do trabalho – chamada *cocô*! Como recolher as fezes – existe alguma técnica apropriada? Essas são dicas importantes que tenho para revelar, já que seu veterinário supõe que você já saiba como recolher as fezes e, portanto, não vai ajudá-lo. Como a vida é curta (e ainda mais curta para os cachorros), procure mimar o máximo possível seu cachorro de estimação.

O que é afinal uma creche para cachorros?

Uma creche para cachorros é exatamente como uma creche para crianças pequenas – um lugar onde você pode deixar seu cãozinho para se socializar e brincar com outros cães, em vez de deixá-lo o dia todo preso, enquanto você está trabalhando. E exatamente como numa creche para crianças, certas precauções devem ser tomadas. Você sabia que as crianças tendem mais a contrair germes e andar com o nariz escorrendo quando vivem em grupos? Pois o mesmo acontece com os cachorrinhos. Trate de encontrar uma creche que cumpra as exigências de vacinação, incluindo a vacina contra tosse do canil. Tome as providências necessárias para que seu filhote tome pelo menos três séries de vacinas ou que seu cachorro adulto seja devidamente vacinado todos os anos e não apenas nos últimos dias. É importante que as vacinas sejam dadas *antes* de expor seu cachorro a todos os vírus e bactérias que circulam por aí.

Outra cautela que deve ser tomada a respeito desses locais diz respeito à hierarquia natural que existe entre os cães. Se o seu cachorro é dominador ou agressivo, você deve consultar o veterinário ou um especialista em comportamento animal antes de levá-lo a uma creche ou parque para cachorros. Em geral, não recomendo que se leve um cão agressivo ou dominador a esses lugares, pois ele pode provocar brigas e você vai acabar sendo responsabilizado financeiramente pelos ferimentos, que podem lhe custar centenas ou milhares de dólares. Por outro lado, se o seu cachorro for pequeno ou submisso, ele pode ser mordido nesses locais. Procure uma creche onde os cães tenham horários separados para brincar, de acordo com o tamanho (um horário para os cachorros com menos de 10 kg, outro para os cães que pesam entre 10 e 25 kg e outro ainda para os cães maiores).

É importante que o local seja limpo, conte com vários supervisores, que cada cachorro tenha sua própria tigela para beber água e que se levem a sério as exigências de vacinação e vigilância sanitária. Visite-o algumas vezes antes de decidir levar seu cachorro para lá. Observe se há algum cachorro briguento. Informe-se quanto às diretrizes em casos de danos causados por agressões e procure saber quem é o veterinário que atende às emergências. O seu cachorro tem direito a um documento, no qual você expressa sua vontade quanto ao que deve ser feito numa emergência? Em outras palavras, eles exigem um documento contendo um número de telefone de emergência, cartão de crédito e instruções claras quanto aos procedimentos médicos a serem seguidos? No caso de ocorrer algo, e você querer que ele tenha o melhor tratamento médico, é importante que o pessoal da creche saiba: "Só o melhor para o Precioso!" Em geral, para os cães afáveis, a creche oferece uma excelente possibilidade de poderem brincar com seus amigos num ambiente seguro. Mas assegure-se de que o lugar escolhido responda a todas as exigências que você quer para seu filhote.

Os cachorros namoram nesses locais?

Será que o Cliffy vai encontrar a fêmea dos seus sonhos lá na creche? É bem possível! Meu cachorro não tem muitos amigos, mas tem uma paixão recolhida por Aggie, a primeira cadelinha que conheceu. Talvez você descubra que o Cliffy prefere a companhia de um ou dois amigos.

Outra vantagem desses locais é a chance para as pessoas se conhecerem. São ocasiões perfeitas para os donos de cachorros que estejam à procura de parceiros que não sejam alérgicos nem contrários à posse de animais. E não existe nada mais inofensivo do que uma paquera inocente fora do horário da creche...

Devo terminar com meu namorado só porque ele não gosta do meu cachorro?

Sim. Se não acredita em mim ou precisa de mais provas, continue lendo este livro.

Como era de se esperar, as mulheres tendem a mimar mais seus animais de estimação do que os homens. De acordo com uma pesquisa realizada pela Harris Interactive para a empresa Hartz (bem conhecida por fabricar produtos contra pulgas e carrapatos), 31 por cento das mulheres parecem ter vínculos mais fortes e dedicar mais tempo a seus amigos de quatro patas; apenas 15 por cento dos homens têm essa mesma disposição para com seus animais de estimação.[1] Como essa mesma proporção ocorre nas relações entre os sexos, talvez a intuição feminina seja realmente algo a se levar em conta. Pelo que se constatou, um número três vezes maior de mulheres (16 por cento) mostrou disposição para dispensar seu namorado se ele não agradar a seu cachorro, contra apenas 6 por cento dos homens.[2] Isso pode, obviamente, indicar que os homens sejam mais equilibrados e recorram a motivos mais concretos para nos dispensar. Mas pode também indicar que os homens sejam mais insensíveis e levianos, dividindo seu tempo entre seus dois grandes "amores" para acabar dispensando ambos. Algo para refletir, senhoritas!

Devo dar presentes em datas especiais ao cachorro da minha namorada?

Acabou de conhecer "aquela garota especial"? Acha que ela espera que você dê um presente ao amiguinho de quatro patas que ela carrega na bolsa? Adivinhou! Apesar de não ser obrigatória, essa atitude irá conquistar o coração de ambos. Procure nos sites da Internet especializados em parafernália para cães (existe uma verdadeira enxurrada deles). Só não faça isso no trabalho, pois se seus colegas o pegarem olhando para bolsas acolchoadas cor-de-rosa, você se tornará o alvo de chacota daquele ambiente.

Mas nas horas vagas, você vai poder encontrar uma imensa variedade de presentes para cachorros, inclusive calendários com regimes do tipo "doze dias de petiscos", tiaras de ouro ou prata, colares de pérolas que são inofensivas a cachorros, o brinquedo do mês oferecido por certos clubes (de maneira que em vez das peras de Harry e David, a Princesinha vai receber um brinquedo na porta de casa uma vez por mês por todo um ano!), meias ou cobertores personalizados, candelabros para brincadeiras interativas, capacetes Zoomer Gear (para o caso de ele gostar de passear com seu dono motociclista), carrinhos para cachorros, biscoitinhos da sorte e vídeos ou CDs calmantes, para que seu cachorro privilegiado possa ficar assistindo a TV ou ouvindo miados de gatos enquanto você está no trabalho. Você pode também tentar dar presentes de celebridades como o livro *Tricô para Cachorros* de Anna Tillman,[3] que ensina as pessoas viciadas em tricô a fazer meias para aquecer as pernas (ei, vocês aí com mais de oitenta anos!), casacos e blusões para cachorros mimados. Entre outras opções, você tem os objetos esféricos da marca Orbee-Tuff, que vêm com cheiro de hortelã-pimenta e são mastigáveis e de sabor delicioso.

Você acha tais presentes demasiadamente "femininos"? Se você acha que o Skippy prefere uma cerveja com sabor de bife depois de passar o dia se refestelando na cama lambendo suas partes íntimas, dê-lhe uma caixa de cervejas para cachorros. Ela contém seis cervejas e custa o mesmo que a sua cerveja preferida. Experimente – a cerveja contém substâncias que protegem a cartilagem, como a glicosamina.

Posso deixar o Fido num hotel para cachorros?

Não só pode como deve. Como mais uma prova de que Wall Street está de olho em nós, Tom Sullivan anunciou recentemente na revista *Barron's*[4] um aumento de 35 por cento nos gastos com nossos queridos amigos de quatro patas nos últimos cinco anos. Os jovens profissionais estão percebendo que o Fido preenche o lugar de uma criança e alguns coroas vivendo sozinhos acham que ele é mais confiável do que seus filhos humanos. Em consequência disso, os mais importantes comerciantes de suprimentos para cachorros começaram a incrementar seus serviços para seus donos de cães, e empresas como a PetSmart também aumentaram a disponibilidade de hotéis para cachorros (PetsHotels). Pelo preço de 26 a 36 dólares por noite, o Fido pode desfrutar confortos como creche, horas de lazer, sete babás para 24 cachorros, atendimento veterinário de emergência, passeios ao ar livre, camas especiais e até cobertores antialérgicos de pele de cordeiro. Ventilação própria, ar-condicionado, controle de temperatura, manicures (bem, corte de unhas) e programas de TV próprios para cachorros também estão disponíveis, além de salas com janelas amplas para o caso de o Fido querer ver o que está acontecendo lá fora. Alguns pacotes incluem objetos para morder, sorvetes sem gordura ou lactose e até mesmo "um telefone de osso" – pelo qual você pode falar com o Fido que aguarda ansiosamente por poder ouvir a sua voz. Portanto, embora não seja permitido hospedá-lo num dos hotéis da rede Four Seasons, saiba que ele pode viver no luxo enquanto você estiver longe! Se você não suporta a ideia de ficar longe de seu cachorro enquanto estiver viajando, procure encontrar um hotel que aceite cães. Apesar de não ter toda essa mordomia, ele provavelmente prefere ficar com *você* a assistir àqueles programas de TV para cachorro.

Devo levar meu cachorro comigo ao sair de férias?

De acordo com a pesquisa da Hartz sobre a relação entre pessoas e animais, 45 por cento dos donos de animais consideram a possibilidade de levar seus cães ao saírem de férias.[5] Até mesmo o escritor John Steinbeck percebeu a importância de viajar com seu cachorro e descreveu-a magistralmente em seu livro *Travels with Charley: In Search of America*,[6] em que conta suas viagens através do continente em busca de aventura acompanhado de seu Poodle Charley. Nada de novo sob o sol, pessoal! Todos vocês que são trabalhadores compulsivos ou corretores de valores casados, prestem atenção nestes números: 31 por cento das mulheres donas de animais de estimação declararam que passam mais tempo com seu animal do que com seu marido.[7] Se seu marido ou esposa não pode sair de férias com você, talvez valha a pena considerar uma saidinha rápida com seu bicho de estimação.

Seu cachorro gosta de ficar estirado na praia, observando as amigas de quatro patas, recolhendo conchas e pedaços de madeira flutuantes? O Hilton Morumbi de São Paulo oferece um pacote para agradar a todas as seis de suas pernas! *Você* não apenas tem direito ao café da manhã e a dois tratamentos de spa por dia (só para os humanos), mas seu cachorro poderá gozar de cuidados especiais e muitos passeios por todo o Brasil. Outras opções de férias incluem acampamentos para cachorros, onde vocês estão livres da imaculada folhagem de outono da Nova Inglaterra enquanto brincam e encontram outros turistas amantes de cachorros. O *Camp Gone to the Dogs* oferece cursos de agilidade e de arremesso de discos a qualquer hora do dia e, até mesmo, lições que ensinam a pastorear cabras (um Pug chamado Muggles foi o pastor vencedor alguns anos atrás; ver Referências). Se você pessoalmente não estiver a fim de chafurdar nas fezes e na lama, correndo atrás do seu cachorro, o acampamento oferece palestras para as criaturas de duas pernas, tais como sobre nutrição, ressuscitação cardiorrespiratória e primeiros socorros a cães, além de prevenção e solução de problemas comportamentais. Esse acampamento oferece ainda demonstrações práticas ou *workshops* de "massagem canina", técnicas Tellington de toque e comunicação, e sobre como alisar o pelo dos cachorros.

Se você não é do tipo que curte um spa e prefere se aventurar na natureza, consulte o site http://www.dogpaddlingadventures.com, onde você vai encontrar atividades para seu cachorro o ano inteiro, inclusive esquiar na neve, fazer longas caminhadas, canoagem, andar na neve com raquete e nadar. Esse pode também ser um lugar perfeito para seu cachorro encontrar "companhia" (e, convenientemente, para você também!). Há uma grande abundância de ofertas de férias com muita mordomia na Internet. Com oportunidades incríveis para você desfrutar umas férias inesquecíveis com seu querido amigo. E é claro que seus filhos e cônjuge também podem participar.

Posso levar meu cachorro junto para o trabalho?

De acordo com a pesquisa da Hartz sobre a relação entre humanos e animais,[8] além de um estudo recente realizado pela *American Pet Products Manufacturers Association* (APPMA),[9] e enquetes on-line feitas pelos sites *Dogster.com* e *SimplyHired.com* (ferramenta para procurar emprego), entre 30 e 60 por cento das pessoas demonstraram interesse em levar seus animais de estimação junto com elas para o trabalho. Esses estudos demonstraram que as pessoas são realmente mais eficientes e têm mais disposição para trabalhar mais horas se sabem que não precisam voltar para casa correndo porque está na hora de levar o cachorro para urinar.[10] Ei, vocês aí, que são presidentes de empresas: vocês querem equipes eficientes e dispostas a dar duro, mas não podem pagar a todos o mesmo salário de seis cifras que vocês mesmos recebem? Então, deem a eles um osso, deixando-os que levem seus bichos de estimação ao trabalho. Além do mais, nossos cachorros demonstram afinal ser melhor companhia do que a maioria de nossos colegas!

Estima-se que 10 mil empresas americanas permitem que os cães acompanhem seus donos ao trabalho.[11] Por que será? Porque pesquisas demonstraram que a presença de animais no trabalho ajuda a aliviar o stress, melhora as relações de trabalho entre colegas e contribui para a satisfação das equipes ou de todo o pessoal. Os empregados que responderam à pesquisa acreditam que a presença de seus cachorros no trabalho também contribui para reduzir as faltas, melhorar a relação entre os executivos e seus subordinados (sic, Fido, sic!) e estimular os trabalhadores a serem mais criativos e trabalharem mais horas. No seu escritório, vocês têm permissão para na sexta-feira usar roupas casuais? Que tal instituir uma sexta-feira com entrada franca para cães?

É claro que isso seria um pesadelo para as pessoas que são alérgicas. Se a empresa em que você trabalha dispõe de vários andares, sugira a seu chefe que todas as pessoas alérgicas ou avessas a cães ocupem um andar ou uma seção separada. É imperativo que haja uma regulamentação com respeito à presença de animais nos locais de trabalho. Eu, pessoalmente, acredito em regras que sejam justas para todos: se o seu cão é demasiadamente ativo, saliva demais, destrói objetos, é inconveniente ou late demais, não é justo submeter seus colegas a tais comportamentos incômodos. Regras devem ser aplicadas ao ambiente de trabalho, como a proibição de que os cachorros subam nos sofás, entrem nas salas de reuniões ou nos locais reservados para alimentação – regras severas aplicadas com rédeas firmes. E nem é preciso dizer que o não recolhimento das fezes de seus cachorros resulta na perda imediata dos privilégios dos donos. Finalmente, respeite aqueles que não curtem filhotes de quatro patas. Se fosse instituído o direito de "levar bebês de duas pernas" para o trabalho, eu também pediria demissão.

Posso levar meu cachorro comigo numa viagem de avião?

Muitos cachorros ficam inquietos com os ruídos e vibrações fortes, como também nauseados quando viajam de avião. Se a viagem for apenas por um fim de semana ou por, no máximo, uma semana, considere se vale a pena submetê-lo a todo esse stress. Talvez ele prefira dormir em casa a passar horas tremendo de pavor diante de ruídos ensurdecedores. É claro que se você vai viajar para o seu chalé à beira do lago e se o seu cachorro adora nadar, então pode valer a pena. Em geral, você deve considerar as seguintes medidas seguras antes de decidir levá-lo junto.

A primeira é marcar uma hora com seu veterinário para um exame de rotina. Seu cachorro vai precisar de um atestado de saúde atualizado para provar que não é portador de nenhum parasita externo ou interno e está com as vacinas em dia. O atestado deve ser datado dentro do prazo máximo de dez dias antes da viagem. Lembre-se de levar o atestado de saúde todas as vezes que viajar, para o caso de ser exigido pela polícia ou controle alfandegário. Enquanto estiver no veterinário, peça ao auxiliar que corte as unhas de seu cachorro, para que elas não se enganchem nas roupas, amedrontem os empregados da companhia aérea nem arranhem a porta da gaiola quando, em desespero, o cão gemer e suplicar para que o tirem dali.

Se você tiver que viajar de avião com seu cachorro, comunique seus planos à companhia aérea. Cada empresa tem suas próprias exigências, inclusive restrições a certas raças (por exemplo, a Continental não transporta Rottweiler nem Pit Bull; e eu tenho que morder a língua para não promover um boicote), restrições quanto ao tamanho, tipo ou marca de gaiola, temperatura, procedimentos para a identificação e etiquetação, além de exigências com respeito a água e alimentação. Confira tudo isso com a empresa aérea semanas antes para não se atrapalhar na última hora. Algumas companhias aéreas permitem o transporte de cachorros minúsculos a bordo, em sacolas especiais. Para isso, costuma ser cobrada uma taxa entre 50 e 100 dólares e o cachorro tem que permanecer *o tempo todo* debaixo do assento (o que pode requerer algum tipo de sedação); tudo isso em respeito àqueles passageiros que torcem o nariz por não gostarem ou por serem alérgicos a animais. Às vezes, você consegue agradar a essas pessoas, oferecendo-lhes algum presente que comprova a utilidade dos animais, como um suéter tecido com pelo de cachorro que acabou de ser lançado. Dessa maneira, elas ganham algo em troca do sacrifício de suportar sua presença. E todo mundo sai ganhando!

Ao fazer as reservas, escolha um voo direto para poupar seu cachorro de ter de enfrentar o calor sufocante devido a possíveis atrasos ou longas esperas no aeroporto. Se viajar durante o verão, escolha um voo cedo pela manhã ou tarde da noite para evitar as temperaturas máximas. No inverno, escolha o voo mais curto possível e leve um cobertor aconchegante para mantê-lo aquecido (mas que você tenha a certeza de que ele não vai comê-lo, já que a maioria das empresas aéreas não dá nada para ele, nem para você, comer, se não se mostrarem visivelmente esfomeados).

Em seguida, compre (ou tome emprestado) uma gaiola de tamanho apropriado e acostume-o aos poucos a ficar nela. Em outras palavras, não na noite anterior à viagem. Veja o tópico sobre como treinar seu cachorro a ficar na gaiola para obter dicas importantes. A não ser que seu cachorro seja diabético ou tenha algum problema metabólico que o impeça de passar horas sem comer, dê a ele comida de quatro a seis horas antes de viajar; isso é para impedi-lo de vomitar e contrair uma pneumonia se sentir enjoo na parte de trás do avião. Curta a experiência de levar a gaiola para casa!

Finalmente, saia de casa com bastante antecedência para ter tempo de encontrar uma área onde seu cão possa defecar e você também possa lidar com a própria crise de histeria que precede as viagens. Lembre-se de que seu cachorro pressente sua ansiedade e, portanto, trate de se acalmar. Vocês vão superar essa... e, no pior dos casos, se acabarem numa horripilante ilha deserta, você o terá como último meio de sobrevivência. Estou brincando, é claro. Ninguém sobrevive à queda de um avião. E boa sorte!

Vou viajar de avião pelo país com a Fifi. Posso dar a ela um de meus comprimidos de Valium?

Sedar ou não sedar? ... Eis a questão. Se seu cachorro enlouquece quando vocês estão prestes a viajar a ponto de começar a ofegar, salivar e se arremessar contra as janelas do carro, procure conversar com seu veterinário sobre a possibilidade de ele lhe receitar um sedativo fraco (como acepromazina ou benadryl em gotas) para mantê-lo calmo durante o voo. Eu sou a favor da sedação, desde que você o tenha submetido a um período de experiência em casa por alguns dias ou semanas antes de viajar. No entanto, não aconselho a sedação da Fifi sem antes consultar o veterinário. E enquanto ela estiver sob o efeito da sedação, não permita que ela faça qualquer esforço.

O esmalte para cachorro pode ressecar as unhas da Phoebe?

Caramba, depois de treze anos estudando veterinária, e oito deles como membro da associação acadêmica, adoro ter de responder a perguntas sobre esmalte para unhas de cachorro! Não é de admirar que meus pais preferissem que eu fizesse a faculdade de medicina...

Não há nada de errado em pintar as unhas da Phoebe. É divertido, bonito e faz com que ambas se sintam paparicadas. A marca Color Paw oferece 27 diferentes cores, como "azul-bebê", "azul-perolado", "verde-arbusto", "hortelã-perolado" e "preto-azeviche" para satisfazer a gótica que existe em você. Você precisa passar só uma camada de esmalte para cachorro, que seca rapidamente, é à prova d'água, dura e não solta lascas. Por que não se dar esse paparico? É possível até mesmo fazer um pré-tratamento das unhas com um spray desinfetante e outro que ajuda a secar rapidamente. Se a Phoebe tem algum problema como unhas ressecadas, lascadas e quebradiças, provavelmente é mais saudável não pintá-las com esmalte. Do contrário, siga em frente. Consulte seu veterinário para saber se as unhas dela são saudáveis e, seus filhos, para que indiquem a melhor cor.

Posso furar as orelhas do meu cachorro?

Já me fizeram essa mesma pergunta outras vezes e, embora eu tenha respondido que sim, que é possível do ponto de vista físico, em geral eu não recomendo esse procedimento. Os cachorros são criaturas maravilhosas justamente por não serem vaidosos e egoístas. Muitas vezes, nós projetamos nossas vaidades humanas em nossos cães. Como esse seria um procedimento doloroso (embora rápido), os cachorros não entenderiam o propósito disso e poderiam arranhar a orelha, resultando num oto-hematoma (como a orelha deformada por ferimento dos pugilistas). Embora um penduricalho na orelha possa até parecer bonitinho, uma orelha inchada e deformada não tem graça nenhuma. Se o seu cachorro tiver de usar um brinco – ele não para de perseguir você, certo? – compre um grampo barato, ou ainda melhor, todo um pacote. Mas não deixe que ele os coma para se vingar!

Posso fazer uma tatuagem no meu cachorro?

Alguns cães são tatuados por seus criadores ou veterinários. Os cachorros criados em pistas de corridas também costumam ser tatuados. Essa prática é mais comum entre os cães galgos de corrida, por viajarem muito e terem de ser prontamente identificados. Com o advento do microchip (que carrega os dados do dono e do veterinário numa placa minúscula introduzida sob a pele), a prática da tatuagem perdeu força. Em geral, a tatuagem deve ser feita sob anestesia geral ou forte sedação, pois o procedimento pode causar muita dor. Assim como não recomendo a perfuração das orelhas, tampouco recomendo a tatuagem, a não ser para propósitos de identificação. A ideia de que "os cães são criaturas maravilhosas por serem desprovidos de vaidade e egoísmo" torna difícil para você justificar o uso da pele do cachorro para promover a própria ideologia. Por favor, anote isto: um cachorro não é um acessório de beleza. Tatuá-lo é um procedimento doloroso e totalmente sem sentido para ele. E, por favor, nenhuma tatuagem do tipo "Eu amo a mamãe".

Posso tingir o pelo do meu Poodle?

Apesar de algumas pessoas, inclusive certos veterinários, serem contra essa prática, por questões filosóficas e éticas, a boa notícia é que ela em geral não é nociva. Os pelos dos caninos e felinos não são, entretanto, como os humanos e, por isso, trate de usar um produto apropriado e recomendado por um dermatologista veterinário, se quiser tingir o pelo da Fluffy. Na minha opinião, os cachorros e gatos já são lindos em sua forma natural, e essa filosofia vale também para os seres humanos (um mínimo de maquiagem, você só mostra o que tem!). Já tive alguns pacientes com os pelos tingidos, especialmente por ocasião do Halloween, e alguns deles ficaram bem bonitos. Qual é o problema de se ter um Poodle cor-de-rosa que faz as fêmeas de todo o país arreganharem os dentes e soltar guinchos?

Se cortar a cauda do meu cachorro, ela vai voltar a crescer?

A cauda é formada pelos ossos do sacro e do cóccix. Todo mundo tem, inclusive você e eu, só que as nossas caudas são muito, mas muito mais curtas. A evolução da cauda ocorreu por uma série de razões: em algumas espécies, ela teve a ver com a necessidade de balançá-la para expressar desagrado com o tédio de seus donos (gatos); em outras, com a soltura de veneno (escorpiões); para prender-se aos galhos ou locomover-se (macacos); para nadar (peixes e outras espécies marinhas); para sinalizar perigo (veados); ou para exibir-se diante de uma fêmea (pavões). Seu cachorro usa a cauda como meio de comunicação e expressão de emoções (porque é divertido derrubar com ela sua taça de vinho da mesa para mostrar o quanto está feliz!). Certos lagartos podem soltar a cauda como meio de se defender dos predadores; mas, como esse não é o caso do seu cachorro, por favor, não a arranque!

Considera-se que certas raças (particularmente o Boxer, o Corgi e o pastor australiano) tenham a cauda cortada com propósitos estéticos. Atualmente, o Kennel Club americano reconhece o corte da cauda como "prática aceitável como meio de definir e preservar a característica da raça e/ou promover a sua saúde".[12] Entretanto, por questões éticas, alguns países proibiram essa prática e muitos veterinários se recusam a realizar esse procedimento.[13] Converse com seu veterinário para saber sua opinião. Além do mais, se você insiste na ideia de querer cortar a cauda do seu cachorro, o procedimento deve ser realizado o mais cedo possível, de preferência enquanto ele tem apenas por volta de uma semana de idade, quando é menos doloroso para o filhote. Não, a cauda não vai voltar a crescer, exatamente como não ocorreria se você tivesse um dedo ou um membro amputado. Às vezes, ocorrem acidentes (como a dona prender a cauda de seu cachorro ao fechar a porta do carro) e é necessária uma amputação parcial da cauda por razões médicas. Afora isso, não há nenhuma razão física que justifique o corte da cauda. Eu particularmente adoro ver o JP balançar a cauda, pois ele não tem nenhum jeito mais eficaz de demonstrar o quanto está feliz!

Será que a Fluffy gosta de andar vestida?

Embora *você* possa achar lindo, a Fluffy pode não gostar de andar com aqueles trajes, saiotes, chapéus ou óculos. Se você notar que ela: (a) está tentando arrancar a roupa que você fez; (b) rolando no chão; ou (c) fugindo de você, é sinal de que ela não está valorizando sua criatividade. Em geral, é raro um cachorro gostar de usar roupa; e a Fluffy costuma detestar.

Por sorte, muitos cachorros adoram usar paletó ou suéter, especialmente se associam o uso de roupas com uma saída para passear. Já vi cachorros que se apressam a sentar sobre as patas traseiras para vestir um suéter. Só experimentando, você poderá constatar se ele tolera ou odeia andar vestido. Se pudesse escolher, você andaria por aí sem roupa ou restringiria seus movimentos dentro de roupas apertadas? Viva o nudismo!

Os cachorros precisam ser treinados para serem carregados em bolsas?

Tem gente que gosta de andar por aí carregando seu bichinho de estimação dentro de uma bolsa, mochila ou mesmo num carrinho de bebê. Mas infelizmente, o simples fato de você ter um bichinho peludo que fica lindo dentro de uma bolsa Gucci não significa que ele automaticamente também goste disso. Alguns podem precisar ser treinados. Acredite ou não, é realmente importante treinar seu cãozinho para ser transportado dentro de uma bolsa, pois ele pode saltar para fora e se machucar.

Se for possível, procure treiná-lo enquanto ainda for filhote. Recompense-o com o petisco de sua preferência ou com um simples elogio acompanhado de uma carícia na cabeça, quando ele ficar sentadinho bem-comportado na bolsa. Comece com períodos curtos de tempo; por exemplo, coloque-o na bolsa por apenas alguns minutos, recompense-o com um petisco e remova-o prontamente se ele se mostrar bem-comportado. Se você removê-lo assim que começar a ganir ou tentar saltar para fora da bolsa, você estará recompensando o seu mau comportamento e ele vai achar que sempre que fizer isso será recompensado com atenção imediata. Não se preocupe, pois com o tempo ele vai aprender a gostar de entrar na bolsa, pois vai associá-la com passeios pela cidade (ou com a saída de vocês para pintar suas unhas de vermelho)!

Será que meu cachorro entende a fala de bebê (ou qualquer outra fala)?

Acredite você ou não, seu cão entende o que você lhe diz, apesar de nem sempre querer ouvir. Quase ninguém acredita quando eu digo que meu cachorro entende o que eu lhe digo, mas é verdade. Ele entende perfeitamente o que significa "sair" e algumas outras palavras aleatórias. Alguns cachorros têm um repertório de palavras mais extenso do que outros, mas é raro o cachorro que não responde ao que você diz.

Quanto mais você "falar" com ele enquanto lhe dá ordens, mais dificuldade ele terá para entendê-las. Pense na clássica tira de Gary Larson, onde tudo que o cachorro ouve é uma comprida lengalenga. Por isso, recomendo que as ordens sejam curtas e grossas (de preferência com uma só palavra, como "Sentado!"). Ao falar com seu cachorro, leve em conta o efeito de sua entonação e tom de voz. Independentemente da ordem, seu cachorro poderá interpretar mal a inflexão ou tom da voz e reagir da mesma maneira que reage ao ouvir uma lata sendo aberta.

Eu pessoalmente acredito que os cachorros reconhecem a voz do dono, que para seus ouvidos soa como música. Embora eu mesma não use "fala de bebê" com meu cachorro e gatos, conheço muitas pessoas que fazem isso. Como meu cachorro é um Pit Bull, imagina a doideira que seria! Mas me divirto ligando para a babá e pedindo para "falar" com meu cachorro pelo telefone – pode não ser uma fala de bebê, mas é um consolo saber que ele curte ouvir minha voz. Portanto, vá em frente, eu não vou achar que você pirou.

É verdade que o meu cachorro tem a minha cara?

Bem, já que você quer saber... Certa vez, quando eu estava passeando com meu Pit Bull ao redor da faculdade de veterinária, um estudante me disse: "Este é o tipo perfeito de cachorro que imaginei para você." Bem, se aquele comentário tinha a ver com personalidades e semelhanças físicas, eu não sei se quero saber. Dito isso, estou mais para a cor de couro cru e olhos pretos, muito semelhante a meu Pit Bull castanho-amarelado (que também tem olhos pretos). Além disso, como ele é bem musculoso e eu sou do tipo atlético, talvez aquele estudante estivesse certo. Espero que sim, porque, do contrário, ele poderia estar insinuando que somos maus e intimidadores (com um interior delicado). Estamos falando de uma faculdade de veterinária, não de *Mentes Perigosas*!

Se alguém dissesse que você se parece com seu cachorro, em seu lugar, eu não tomaria isso como ofensa pessoal (a não ser que você seja realmente peludo). Como todos nós sabemos, existem muitos cachorros que realmente se parecem com seus donos. A questão é, se eles *realmente* se parecem com os donos ou se estamos simplesmente humanizando-os e buscando neles semelhanças, da mesma maneira que vemos faces humanas nas nuvens e na Lua? Isso é profundo. Por outro lado, se dizem que casais que envelhecem juntos tendem a ficar parecidos, por que o mesmo não ocorreria com você e seu cachorro? Espero que, se isso for verdade, você pense duas vezes antes de comprar aquele Shar-pei. Só Deus sabe que a última coisa de que você precisa é uma dúzia de dobras extras na pele.

Por que os cachorros aparecem com os olhos vermelhos nas fotos?

O *tapetum lucidium* é a camada membranosa de tecido no fundo do olho (especialmente da coroide) responsável pela vermelhidão dos olhos nas fotos. Essa é uma camada de tecido iridescente que reflete a luz e faz com que os olhos pareçam brilhar no escuro. Ela permite que os cachorros vejam melhor quando há menos luz e, por isso, eles não apenas parecem mais horripilantes quando espreitam na escuridão, como também mais perigosos – na selva. Em seu apartamento, no entanto, esse efeito avermelhado serve apenas para dar a seu pobre cachorrinho inocente um ar misterioso. Quando você tira fotos do seu cachorro, o *flash* da câmera reflete essa membrana e faz com que os olhos pareçam vermelhos. Lamento dizer que afinal não tem nada a ver com uma possível aparição do espírito de sua avó amante do flamenco. Esse efeito é mais proeminente em certas raças de cachorros:

por exemplo, os cães de olhos azuis têm muitas vezes essa membrana vermelha, enquanto nos cães de olhos castanhos, essa membrana é verde. Graças a certos recursos digitais, você pode reduzir esse efeito. É só usar o aplicativo Adobe Photoshop!

Com que frequência eu devo cortar as unhas do meu cachorro?

Depende. Do valor que você dá ao seu sofá de couro, por exemplo. É sempre mais seguro manter as unhas bem cortadas, pois dessa maneira o sabugo (o vaso sanguíneo que atravessa as unhas) também é mantido curto. Quanto mais ele crescer mais difícil será cortar as unhas no futuro. É também importante mantê-las curtas se você tem filhos pequenos ou outros animais, para que não sofram arranhões ao brincar com o cachorro.

Além de levar em consideração o quanto é traumática para você essa operação de cortar as unhas, é importante que você considere também a frequência com que você o leva a andar sobre superfícies de concreto ou cimento. Eu tento lembrar de cortar as unhas do meu cachorro uma vez por mês e essa necessidade torna-se mais premente quando JP salta para cima de mim, me deixando marcada por seus arranhões. Na realidade, porém, eu acabo cortando suas unhas apenas algumas vezes por ano (Que mãe mais relapsa!), porque ele se comporta como um bebê chorão e por ser uma operação extremamente desagradável para ambos. O que mais posso dizer? Faça o que eu digo, mas não faça o que eu faço.

Como devo cortar as unhas pretas das patas de meu cachorro?

Você tocou na terrível maldição das unhas pretas. É mais fácil cortar as unhas claras, pois nelas você consegue enxergar a linha rosada onde o sabugo termina, enquanto nas unhas pretas é mais difícil vê-lo e isso torna a operação extremamente arriscada. Lamentavelmente, você tem apenas duas opções: (a) adotar um cão com unhas rosadas; ou

(b) adivinhar. Não parece inspirar muita confiança, não é mesmo? Bem, não se preocupe – a intuição vem com a prática. Quando tiver dúvida sobre quanto de unha cortar, comece removendo pequenas lascas devagar. Isso pode demorar, mas o cachorro vai gostar, pois o livra da dor terrível de ter o sabugo cortado. Observando a base da unha, você vai notar o surgimento de um círculo branco ao se aproximar do sabugo. Ao notá-lo, pare de cortar e satisfaça-se com o pouco de unha que conseguiu remover. Lembre-se também de que quanto maior for o intervalo entre um corte de unhas e outro, menor será a quantidade possível de ser removida. O hábito de cortá-las uma ou duas vezes por mês mantém o sabugo curto e saudável.

Antes de embarcar nessa empreitada, peça a um veterinário ou tratador que lhe ensine a fazer o corte de unhas. Não importa se você é um zagueiro com dois metros de altura ou um rapaz que pilota uma Harley – os donos de ambos os sexos economizam tempo e dinheiro aprendendo a fazer isso por conta própria. Pratique tocar as patas do seu cachorro desde pequeno, fazendo com elas um show de marionetes, pois assim ele se habituará a ter os pés tocados e manipulados (Olalá!). Corte uma ou duas unhas enquanto ele estiver dormindo e, imediatamente, recompense-o com um petisco, para que ele associe o corte de unhas com algo positivo. Coloque as lascas de unha embaixo do travesseiro e veja se produzem algum efeito mágico! O procedimento fica mais fácil se você usar o instrumento adequado; cortadores de unhas sem fio são traumáticos para ele, por motivos que não é preciso explicar.

Finalmente, se provocar algum sangramento, não se desespere. Vomite com calma antes de colocar uma toalha seca ou um pedaço de gaze sobre a área afetada para fazer parar o sangramento. Kwik Stop é um pó amarelo comercialmente disponível que faz parar de sangrar imediatamente; despeje um pouco do pó na tampa do frasco e coloque delicadamente a unha machucada sobre ele. Numa emergência, você pode também usar farinha ou maisena ou ainda enfiar a unha machucada num pedaço de sabão mole (embora, devido à dor causada pelo corte do nervo, o cachorro provavelmente reclame). Em caso de dúvida, não entre em pânico. É apenas uma pequena quantidade de sangue que logo vai parar.

Meu cachorro detesta que eu lhe corte as unhas, apesar de tê-lo devidamente treinado desde filhote a associar esse procedimento com algo positivo. Tentei aplicar as técnicas de reforço positivo, cortando apenas uma unha a um intervalo de alguns dias, dando-lhe petiscos no final do procedimento e tocando suas patas com frequência para que ele se acostumasse a tê-las manipuladas; mesmo assim, ele se encolhe de medo e começa a resmungar quando me vê com a tesoura em punho. Hoje, eu só ando com ele sobre superfícies pavimentadas que desgastam naturalmente as unhas – um ótimo truque para quem tem um verdadeiro Scooby-Doo.

Meu cachorro pode doar sangue?

Sim, por favor, e muito obrigada! Exatamente como os pacientes humanos, os animais que sofrem de anemia, têm algum problema de coagulação ou que tiveram uma perda de sangue causada por algum ferimento também podem necessitar de transfusão. Os cachorros doadores de sangue devem ser jovens ou de meia-idade (de um a sete anos), ter boa constituição física, pesar mais de 20 kg (de carne magra), ser saudáveis, vacinados e devidamente medicados contra pulgas, carrapatos e parasitas. Não devem ter sido submetidos a nenhuma transfusão de sangue e idealmente tampouco terem parido ou estado prenhes. O candidato a doador é submetido a vários exames para excluir a possibilidade de ser portador de alguma doença infecciosa ou metabólica, como também para medir seus níveis de hemoglobina (que custam em média de 700 a 1.000 dólares por doador). Como os donos recebem todos os resultados dos exames de sangue, essa é uma ótima oportunidade para checar "de graça" a saúde geral de seus cães!

Se existe alguma escola de veterinária perto de sua casa, ligue para saber se pode ajudar algum cachorro necessitado com a doação de sangue de seu filhote. Dos donos, costuma-se exigir o compromisso de levar os cachorros para doarem sangue de quatro a seis vezes por ano, em troca de alimentação gratuita, exames físicos rotineiros, resultados dos exames de sangue e prevenção gratuita contra parasitas. Obrigue seu cachorro preguiçoso a fazer algo para pagar o custo de sua manutenção!

O procedimento não é doloroso e, em geral, o cachorro não precisa ser sedado. Ele só precisa ficar ali deitado de lado enquanto é submetido a muitos exames, muitas carícias e muita mordomia durante os quinze ou vinte minutos que dura o procedimento. No final, ele tem direito a pegar um brinquedo ou osso de sua preferência e, normalmente, também ganha alguns petiscos por ser um doador tão assíduo.

Os cachorros podem ser submetidos a procedimentos de cirurgia plástica?

Existem três ou quatro diferentes tipos de "cirurgia plástica" disponíveis para cachorros com as seguintes finalidades: remover as garras, aparar as orelhas e a cauda, bem como para deixar de latir. Eu não realizo nenhum desses procedimentos com base na visão ética que tenho a respeito deles, mas dou a cada um o direito de decidir por conta própria. O Kennel Club americano reconhece que "aparar as orelhas e a cauda e remover as garras, conforme descritos em certos manuais de criação, sejam práticas integrais aceitáveis para definir e preservar as características de uma raça e/ou melhorar a saúde".[14]

Por outro lado, a American Veterinary Medical Association (AVMA) publicou recentemente uma declaração ressaltando que gostaria que tais procedimentos realizados apenas por razões cosméticas fossem suspensos.[15] Em última instância, a decisão é sua. Seu cão de guarda Doberman parece muito menos agressivo com orelhas longas e caídas, mas você o poupa de sofrimento desnecessário com uma cirurgia. Procure um veterinário que possa ajudá-lo a tomar essa decisão. Não vou meter o bedelho nesta questão, a não ser para dizer que os cães submetidos ao botox ficam parecendo uns idiotas. Simplesmente, diga não.

Qual é a melhor maneira de recolher fezes de cachorro?

Tem vergonha de fazer essa pergunta ao seu veterinário? (Eis uma dica: mantenha-as longe do seu nariz.) Não se intimide – nós queremos incentivar a existência de donos responsáveis que não tenham nojo de recolher as fezes de seu cachorro! Essa atitude não é apenas mais saudável para a própria Fluffy, para as crianças, outros cachorros e gatos da vizinhança e para a pressão sanguínea da velhinha excêntrica, mas também é sua *responsabilidade social* enquanto dono de cachorro. As pessoas que não têm cachorro não estão dispostas a ver as calçadas ou parques cobertos de fezes e os donos responsáveis rejeitam a má fama que lhes é imposta por tais atitudes desprezíveis. Sendo uma pessoa que sofre de prisão de ventre, eu acabo recolhendo fezes que não são de meu cachorro quando ando por aí. Não, eu não sou paga para fazer isso e tampouco vou me mudar para o seu bairro (A não ser que você me faça uma proposta irrecusável. Todas as propostas devem ser enviadas para a Dra. Justine Lee, em nome do Fundo de Reserva para Mudança, aos cuidados desta editora).

Em primeiro lugar, a atitude de recolher as fezes num saquinho plástico e jogá-lo à beira do caminho ou da rua é uma desconsideração com o meio ambiente. Se é você que anda fazendo isso, trate de criar vergonha na cara! Eu tenho a imagem gravada no meu celular – você quer que eu a envie para sua mãe? Com certeza, não. Portanto, não me obrigue a fazê-lo. É mais ecologicamente correto empurrar as fezes para fora da trilha com um pedaço de pau do que agredir o meio ambiente com material plástico não degradável. A ideia é usar as lixeiras para colocar os detritos e não despejá-los na rua. Estamos combinados? Então, vá para o seu quarto!

Para você que é um dono exemplar e responsável, a melhor maneira de recolher as fezes de seu cachorro é apanhá-las com as mãos.

Enfie a mão, como se fosse uma luva, num saco plástico de supermercado, numa embalagem de sanduíche ou algo apropriado para as fezes de cachorro. Pegue as fezes com os dedos encobertos, dê um nó no saco e pronto – você as recolheu sem sujar as mãos. É claro que o saco não pode estar furado... De qualquer maneira, muito obrigada por recolher as fezes do seu cachorro e encher uma veterinária de orgulho. Você é incrível! Isto não basta como recompensa? Recolher imediatamente as fezes do seu cachorro pode ser por si só gratificante num dia frio de Minnesota. Acredite no que estou dizendo.

Como sou uma fervorosa ambientalista, guardo todos os tipos de sacolas plásticas para esta finalidade. Num recente torneio de arremesso de discos, eu fui designada para a função de vender os discos; enquanto fazia isso, eu retirava as embalagens de plástico e as separava para esse propósito. As pessoas me olhavam de lado, mas quando se tem um cachorro que defeca duas vezes por dia, precisa-se ter uma grande reserva de sacos. Se você que está lendo este livro não tem nenhum cachorro, doe seus sacos plásticos para alguém que tenha – essa pessoa vai ficar muito feliz com sua surpreendente doação. (Para sua informação, não vale como presente de aniversário ou outra data especial.)

Quais as cidades que são consideradas as mais responsáveis em termos de recolhimento de fezes de cachorro?

As cidades de San Francisco, Los Angeles, Chicago, Filadélfia e Minneapolis-St. Paul são consideradas as cinco mais responsáveis pelo recolhimento de fezes![16] É claro que por sua consciência sanitária, a Califórnia provavelmente põe todos os outros no chinelo. Tenho certeza de que lá as fezes são recolhidas em sacolas de fibra de cânhamo, recicladas, orgânicas, desodorizadas e especialmente criadas para esta finalidade por cientologistas, já que na Califórnia o uso de sacolas plásticas foi recentemente proibido por lei!

Quais as cidades de pior reputação por causa da presença de fezes de cachorro?

Houston deveria se envergonhar por ser a campeã em fedentina de cachorro! Atlanta, Dallas, Phoenix e Seattle são as que estão entre as cinco piores.[17] Ei, vocês aí do sul... como vocês sabem, o calor não acelera a decomposição. Portanto, tratem de recolher as fezes dos seus cachorros.

CAPÍTULO 4

Sensibilidade Canina

As pessoas vivem me perguntando se, na minha opinião, os cachorros são dotados de um "sexto sentido". Talvez as outras criaturas não acreditem, mas é verdade... os cachorros são, sim, dotados de um sexto sentido. JP tem um faro extremamente apurado para perceber quando acabei de levar o fora de um namorado. Embora ele seja o primeiro e único homem da minha vida (seguido de perto pelos números dois e três, que são Ben e Jerry), nas raras ocasiões em que fico arrasada por alguém ter me dado o fora, ele toca o fundo do meu coração com seu focinho frio e molhado, se enfiando entre meus braços para me abraçar e me confortar. Acho que é o seu jeito de querer me assegurar que nunca deixará de ser fiel a mim. Como um Pit Bull tosco e metido a valente (sim, é o que ele é), ele não costuma ser tão afetuoso, mas parece ter um sexto sentido que lhe diz quando estou realmente me sentindo carente.

Você acha que seu cachorro tem essa mesma capacidade de saber o que está acontecendo com você? Quer saber no que ele realmente está pensando? Muitas pessoas me perguntam se os cachorros têm mesmo sentimentos ou se somos nós que projetamos neles o que sentimos. Por exemplo, quando o Fido põe a casa de pernas para o ar na sua ausência, ele faz isso intencionalmente para se vingar? Ele é capaz de chorar, sofrer e se alegrar? Como o dono responsável que é, você quer saber se pode deixar seu cachorro sozinho em casa (especialmente se ele for um dos cinco tipos "intelectualmente menos inteligentes")? Continue lendo para saber tudo sobre o comportamento dos cães e ficar por dentro da psicologia canina.

Existem psicólogos ou "encantadores" de cachorros?

É claro! A psicologia não é algo apenas para pequenos salafrários ou donas de casa que não sabem o que fazer com o dinheiro que têm. Você também pode analisar seu animal de estimação – ou, pelo menos seu comportamento, com a ajuda de um especialista em comportamento. O American College of Veterinary Behaviorists (ACVB) é composto de veterinários especializados que se submeteram a um programa de residência de dois a três anos depois de concluírem a faculdade de veterinária. Apesar de provavelmente esses profissionais licenciados pelo ACVB não gostarem de serem vistos como psicólogos de animais, a função deles é garantir que seu cachorro tenha o devido treinamento, medicação e descondicionamento para ajudá-lo a lidar com seus problemas psicológicos. Entre as queixas mais comuns que justificam a procura pela ajuda desses profissionais, estão os seguintes tipos de agressão: medo, dominação, defesa de território, dor, possessividade, punição, comportamento predatório e maternal, e agressividade entre cachorros ou redirecionada.[1] Uma coisa é o seu cachorro estar furioso porque o gato o arranhou ou roubou sua comida, mas se foi ele que partiu o gato ao meio, você terá de tomar providências. Talvez você mesmo precise de algum apoio emocional. Caramba! Os psicólogos comportamentais costumam avaliar os cachorros também em termos de medo da separação, medo de raios e trovões, fobias a ruídos, agitação noturna e excesso de latidos.[2] Se necessário, eles chegam a prescrever a versão canina do Prozac.

Além desses profissionais, existem também encantadores de cães entre os treinadores, criadores e pessoas com vasta experiência em lidar com animais, que prestam serviços autônomos. Eles costumam usar técnicas adaptadas dos especialistas em comportamento animal, mas cada um tem seu próprio método e visão das técnicas para promover a mudança de comportamento. O que não quer dizer que eles estejam errados. Veja o sucesso de Cesar Millan! É importante consultar seu veterinário ou pesquisar todas as possibilidades antes de decidir qual é a melhor maneira de tratar seu cão.

Será que o minuto desses profissionais vale US$2,99?

Provavelmente não. Não me interpretem mal. Eu acredito realmente que existem profissionais que são verdadeiros encantadores de cachorros e cavalos com capacidade inata para se comunicar com eles e acalmá-los. Richard Webster descreve como você também pode desenvolver esse dom para se comunicar com seu animal de estimação, em seu livro *Is Your Pet Psychic?*[3] Mas como sou cientista, enquanto não tiver provas concretas ou fundamentação numa vasta experiência pessoal, eu continuo cética. Esses supostos entendidos de animais ganham uma fortuna divulgando informações que podem ou não dizer respeito ao seu animal de estimação, particularmente se nunca o viram. ("Vejo muitas perspectivas em seu futuro. Oh, mas o que é isso? Fezes? Quem sabe um ou dois montes de biscoitos.") Guarde seu dinheiro, pesquise na Internet, visite sites especializados em veterinária ou consulte gratuitamente o veterinário que encontrou casualmente numa festa. Se confiar desconfiando, envie-me US$ 2,99 que eu respondo à sua dúvida com muito mais fundamento científico! E, por mais 99 centavos, eu me abstenho de rir da sua cara!

Meu cachorro tem um relógio interno?

Você sabia que existem pessoas que despertam dez minutos antes de soar o alarme do despertador? Costuma-se atribuir isso à precisão de seu "relógio interno" e a boa notícia é que os animais também dispõem desse mecanismo (embora eu não consiga imaginar para o que eles poderiam se atrasar). Um de meus gatos costuma me despertar para uma sessão de chamego às seis horas da manhã e Lassie sabia exatamente quando era hora de buscar Timmy no ponto de ônibus. Na natureza, alguns animais sabem exatamente o dia e a hora de migrar ou de começar a caçar. Você já notou que seu cachorro pode não latir quando você chega em casa, mas latir desesperadamente quando alguma outra pessoa entra pelo portão? Agora, você já sabe por quê.

Os animais são vingativos?

A maioria dos veterinários especialistas em comportamento animal não acredita nisso. No entanto, como dona, eu diria que meus animais de estimação parecem saber como me dar o troco. Meus gatos fazem de propósito tudo que não devem na primeira noite do meu retorno de longas viagens a trabalho. Eles destroem a casa e fazem cocô fora da caixa de areia. Meu cachorro não me olha nos olhos por várias horas e me ignora quase totalmente por todo o primeiro dia. Apesar de ficar extasiado quando me vê chegar à casa de sua babá, já em casa, JP recusa-se a comer e me ignora totalmente. Seria preferível que me lançasse seu mau-olhado!

    O importante a ser considerado é que o medo da separação não é a mesma coisa que "espírito vingativo". O comportamento destrutivo do seu cachorro (como destruir sua casa quando você não está) não é uma retaliação proposital; é antes um sinal de que ele fica ansioso e aborrecido quando você sai e trata de encontrar outras maneiras de se entreter. Como a sua reação à bagunça pode significar uma recompensa para ele, preste atenção em como age. Por exemplo, se você está saindo por algumas horas e o afaga para que ele se sinta seguro, ele pode captar seus gestos (você pegando as chaves, vestindo o casaco, calçando os sapatos) como sinais de que é "hora da bagunça!" Se ao voltar para casa e encontrar tudo destroçado, você o reconfortar com palavras como: "tudo bem, filhote, a mamãe está aqui", você estará reforçando positivamente o comportamento e ele vai concluir que "foi boa essa de eu ter destroçado a casa inteira!" Mas lembre-se de que tampouco vai ajudar se gritar com ele por ter emporcalhado o tapete três horas antes. Ele não entende alemão e não vai associar a repreensão com as fezes. Na verdade, ele vai associar sua repreensão com o que fez por último (saudar a sua entrada em casa). Em casos de dúvida, deixe-o preso ao sair para passar o dia fora. E se ele ficar feito louco batendo com a cabeça e se jogando contra a porta da gaiola, essa não é uma atitude de autodestruição, mas de amor. Mamãe chegou!

Os cachorros sofrem de claustrofobia?

Para ser franca, não sabemos se os cachorros sofrem realmente de claustrofobia. Seus ancestrais, os cachorros selvagens ou lobos, viviam em tocas realmente pequenas e muito aconchegantes. Mas também os humanos viveram em pequenas cavernas ou tocas e nem por isso deixaram de ser totalmente neuróticos! Em geral, o treinamento para acostumá-los à gaiola imita a toca original do lobo, que deve ser um abrigo seguro para a espécie canina. Ao adquirir uma gaiola, escolha uma que seja suficientemente grande para seu cachorro poder ficar em pé e andar dentro dela, mas não grande demais para ele urinar ou defecar em parte dela. O cachorro devidamente treinado para permanecer na gaiola a vê como sua toca e não a quer emporcalhada. No entanto, se um cachorro adulto não foi devidamente treinado, ele pode ficar ansioso e se sentir "aprisionado" e, portanto, mais propenso a atacar. Os sinais dessa ansiedade, como uivos e arranhões na porta, podem ser interpretados erroneamente como claustrofobia, mas neste caso, a patologia provém de uma origem totalmente diferente, ou seja, o medo de ter a cauda extirpada! Mas com o tempo e algumas experiências "tranquilizadoras", essa ansiedade deve desaparecer.

Devo deixar o rádio e a TV ligados para o Cliffy quando sair de casa?

Não sei se por sentimento de culpa por deixar o animal sozinho em casa, mas pelo visto muitas pessoas, inclusive eu mesma, deixam o rádio ou o aparelho de TV ligado quando saem. No meu caso, como eu curto estar com um deles ligado, acho que o mesmo acontece com os animais.

Como nossos animais de estimação gostam muito que falemos com eles, é bem provável que curtam ouvir a voz tranquilizadora de alguém quebrando o silêncio do ambiente; talvez achem que há alguém em casa. Entretanto, embora ouvir Mozart possa tornar os filhotes mais sensíveis, duvido seriamente que o Cliffy tire algum proveito desses aparelhos ligados. Além disso, como o ouvido dos cachorros é muito mais aguçado, é bem possível que ouvir os ruídos corriqueiros da casa lhes seja igualmente reconfortante – para não mencionar as telenovelas ou as conversas sussurradas dos vizinhos (Ah... se o meu cachorro falasse!).

Será que o Fido sonha?

O ditado "deixe o cachorro dormir em paz" contém várias verdades. A primeira é não alarmá-lo ou surpreendê-lo em seu sono, já que seu instinto pode levá-lo a se defender se despertado subitamente. A segunda é que talvez você interrompa um de seus sonhos preferidos! O meu cachorro sonha quase todos os dias; ele gosta de resmungar e correr enquanto dorme. Só posso imaginar que seu sonho preferido seja perseguir um esquilo ou coelho, seguido de uma bela esfregada de seu corpo no sofá. A evidência clara de que os cachorros sonham demonstra o pouco que sabemos a respeito de como eles pensam. Que eles têm consciência, é evidente, mas quem poderia dizer até onde vão suas capacidades mentais de ironia, imaginação, senso de ridículo e emoções?

Os cachorros têm memória?

Você já se perguntou por que seu cachorro tenta desesperadamente fugir da clínica veterinária toda... e cada... vez que você o leva lá? Ele tem, sim, memória e pode estar recordando algum incidente traumático ocorrido ali ("Não! Não o corte de unhas nem o exame de toque retal!"). Alguns cães que vivem em abrigos chegam ali com uma "bagagem" de memórias passadas; o cão agredido por uma criança ou por um homem pode se mostrar assustado e arredio diante de crianças ou homens (ou, pelo contrário, pode se tornar agressivo).

 A capacidade de lembrar ou não de você tê-lo abandonado por alguns meses depende do cachorro. Quanto mais ele estiver com você, quanto mais tempo você passar com ele e quanto mais a vida dele depender da sua (não estou me referindo ao fato de ser você que paga alguém para ficar com ele), mais forte será o vínculo entre vocês. Se esse vínculo for forte, ele não esquecerá. As pessoas que não têm bichos de estimação em geral subestimam a força desse vínculo, ou que ele funcione para ambas as partes; elas simplesmente não entendem como os cachorros se tornam vitais para seus donos. Pois bem, nossos amigos de quatro patas com certeza se apegam tanto a nós como nós nos apegamos a eles. Eu deixo meu cachorro e meus gatos para passar semanas fora e, quando volto, eles lembram perfeitamente de mim. Se você os deixar por anos, entretanto, a coisa pode ser totalmente diferente. Seu cachorro pode ainda lembrar de quem você é, mas quando retornar, ele pode já estar apegado à outra pessoa e não perder a cabeça ao ver você entrar pela porta. Mas não se preocupe, pois você com certeza vai perder a sua e logo vocês voltarão a ser os velhos amigos de sempre.

Por que os cachorros tentam agarrar a própria cauda?

Nem todos os cães fazem isso, mas alguns mais neuróticos, do tipo que gosta de chamar a atenção, fazem. Do ponto de vista médico ou lógico, não existe nenhuma explicação para isso. Eles simplesmente adoram curtir a vida e a cauda é um brinquedo disponível que lhes provê horas de entretenimento. Se o seu cachorro gosta de fazer isso, procure passar mais tempo com ele no parque, rolar com ele no chão como dois idiotas ou comprar alguns brinquedos novos para ele. Pelo menos, é essa a minha opinião como profissional.

Existem animais que são *gays*?

Na natureza, algumas espécies revelam de fato tendências homossexuais. Bois, pinguins de barba, ovelhas, morcegos frugívoros, orangotangos, golfinhos e macacos, todos têm atitudes homossexuais.[4] Tome, por exemplo, o gado doméstico. O boi (que é um macho castrado) ou o touro monta em qualquer coisa, inclusive em outros machos, vacas ou até nos postes da cerca. Roy e Silo provocaram um tremendo debate no zoológico do Central Park, quando se constatou que esses dois pinguins da Antártica eram "gays". Eles não apenas eram inseparáveis, mas também exibiam as atitudes típicas de acasalamento (como emissão de sons e entrelaçamento de pescoços) e ignoravam todas as fêmeas de sua espécie.[5] Não sabemos ao certo se isso quer dizer que sejam naturalmente "homossexuais", mas sabemos que isso ocorre na natureza. Apesar de eu não saber se existem cães *gays*, é importante lembrar que o ato de montar é um sinal de dominação e já vi cachorros castrados tentando montar outros machos para provar que estão "por cima", que mandam no pedaço. Isso não quer dizer que sejam necessariamente *gays*. É claro que, como certas espécies devoram seus próprios filhotes, certas fêmeas engolem a placenta depois de parir, como também suas próprias fezes, você pode tirar suas conclusões com base nas próprias experiências.

Meu cachorro seria capaz de reconhecer seus irmãos?

É duvidoso. Apesar de irmãos separados se mostrarem felizes quando se veem, o mesmo pode acontecer quando encontram qualquer outro cachorro e farejam pela primeira vez um traseiro. Por outro lado, os filhotes que cresceram juntos e com a mãe devem ser capazes de identificar uns aos outros pelo cheiro (ou gosto). Quando separados por muito tempo, entretanto, é pouco provável que sejam capazes de se reconhecer como membros da mesma ninhada – a não ser com a ajuda de Montel Williams.

A cauda do meu cachorro expressa uma linguagem própria?

A cauda, as orelhas, o corpo e os latidos de um cão são seus principais meios de comunicação; de todos eles, entretanto, a cauda é a expressão mais *visível* de como ele está se sentindo. Por exemplo, se as orelhas estão dobradas para trás, a ponta da cauda está balançando lentamente e ele está rosnando, é porque acabou de urinar. Se as orelhas estão em pé e viradas para um lado e a cauda está erguida, ele pode estar curioso ou atento. Se está agachado em posição de saltar e com a cauda erguida, ele pode estar comunicando a outro cachorro que está disposto a brincar. Por outro lado, encolher a cauda pode ser sua forma de demonstrar submissão. No entanto, tome cuidado quando ele estiver balançando a cauda, pois isso nem sempre é sinal de que está feliz. Se a cauda estiver erguida com a ponta balançando levemente, esse pode ser um sinal de agressividade. Assim como quando a cauda está agitada a ponto de "virar a mesa com tudo que estiver nela" é sinal de que realmente está feliz. Esse é o sinal que mais agrada a seu dono!

Recentemente, um estudo intitulado "Asymmetric tail-wagging responses by dogs to different emotive stimuli" [respostas de movimentos assimétricos da cauda de cães a diferentes estímulos emocionantes] foi publicado na revista *Current Biology*.[6] Nele, neurocientistas e veterinários observaram que as diferentes direções para as quais eles balançam a cauda correspondem na realidade ao nível de satisfação que estão sentindo naquele dia. Eles concluíram que a maior propensão a mover a cauda para o lado direito indicava que ele estava mais feliz e satisfeito, enquanto a maior propensão a movê-la para o lado esquerdo era um indício de sua insatisfação. Os cientistas também observaram que os animais usam um lado do cérebro (ou seja, o olho esquerdo e o lado direito do cérebro) para a busca de alimento, enquanto o outro lado (olho direito e hemisfério esquerdo do cérebro) mantém-se atento à presença de predadores, maximizando dessa maneira os potenciais de seu cérebro. Posso estar errada, mas como veterinária tenho observado que a maioria dos cachorros movimenta a cauda na linha do meio e ainda estou por ver JP movê-la mais para um lado do que para o outro. É claro que, quando deitado no chão, a cauda dele move-se para o lado de "cima", mas não acho que é a isso que esses cientistas se referiram. Portanto, da próxima vez que você olhar seu cachorro de trás, observe o movimento da cauda – se ela estiver balançando para a direita, você pode se considerar um bom dono. Pelo menos, é o que dizem.

Meu cachorro reconhece minha voz no telefone?

Admita que você também faz isso! Afinal, não devo ser a única dona maluca a ligar para a babá, pedir para ela colocar o telefone no viva-voz e falar com meu cachorro! Apesar de considerar um pouco atordoante para o cão ouvir a voz do dono sem vê-lo, é bem provável que ele se sinta consolado ao reconhecê-la. Embora não existam muitos estudos veterinários sobre a capacidade dos cachorros de reconhecerem a voz de seus donos, eu acredito que JP reconhece a minha. Dizem que quando falo com ele pelo telefone, ele gira a cabeça para um lado, escuta e parece se perguntar: "Onde ela está?"

É possível que um cachorro morra de tristeza?

A clássica história infanto-juvenil *Where the Red Fern Grows*, de Wilson Rawls, é leitura obrigatória para todos os donos de cachorros que se prezem. Como não quero estragar o prazer de sua leitura, se você ainda não a leu, pule esta parte e passe diretamente para a outra pergunta. Mas se você a leu, talvez na infância, releia. A comovente história de Billy e seus dois companheiros de quatro patas nos faz lembrar do quanto nos apegamos a nossos bichos de estimação e do quanto eles se apegam uns aos outros. Quando no final a Pequena Ann morre, o Velho Dan deita-se sobre seu túmulo e fica ali até morrer de tristeza, dispensando todo afeto humano e alimento. Portanto, resta a pergunta que não quer calar: É possível que um cão morra de tristeza?

Apesar de essa ser uma história fictícia, muitos estudos têm demonstrado que os animais sofrem a perda de seus entes queridos. Eles não "morrem" fisiologicamente de tristeza; em outras palavras, eles não são acometidos de infarto ou ataque cardíaco, mas o sofrimento emocional ou mental a que são submetidos pode fazer com que seu corpo reaja de forma estranha, resultando em anormalidades fisiológicas como um aumento dos níveis de hormônios do stress, e isso provoque distúrbios em seu organismo.

Cachorros também choram?

O sensível Stoli é capaz de produzir lágrimas como a maioria das outras espécies para proteger suas córneas, mas não de chorar como reação emocional. Mesmo acreditando que os cachorros têm sentimentos, chorar é um ato humano resultante de um cérebro mais desenvolvido que não vemos em nenhum outro animal. Se você notar que seu cachorro está chorando, provavelmente não é por ter assistido ao filme *Beaches*, que deixa os humanos, inclusive você, se debulhando em lágrimas. Considere levá-lo ao veterinário, pois pode ter sofrido um arranhão na córnea, que provocou um lacrimejamento excessivo, ou mesmo estar com uma obstrução do canal nasolacrimal; não tem nada de romântico, mas faz com que suas lágrimas transbordem e escorram pelas pálpebras em vez de descerem por seu nariz.

Cachorros também sofrem a dor da perda?

Muitos donos observam mudanças no comportamento de seu cachorro quando morre um membro da família, seja uma pessoa ou outro cachorro. Ele pode mostrar-se mais retraído, perder o apetite ou deixar-se abater pelo sofrimento. Pode começar a dormir em lugares incomuns ou apegar-se mais à companhia humana. Como "o tempo cura todos os males", ele pode voltar a seu normal após semanas ou meses.

Em 1996, foi realizado um estudo pela ASPCA (a sociedade americana de prevenção contra os maus-tratos a animais) intitulado Companion Animal Mourning Project.[7] Esse estudo avaliou a reação dos animais que sobreviveram à perda de um companheiro de quatro patas e revelou que 63 por cento dos cachorros ou se tornaram mais quietos ou mais barulhentos. Mais de 50 por cento dos animais tornaram-se mais afetuosos com seus donos e, na maioria das vezes, passaram a dormir em lugares diferentes e por diferentes períodos de tempo. Dos cachorros avaliados, 36 por cento passaram a comer menos do que costumavam, enquanto 11 por cento tornaram-se totalmente anoréxicos. O mesmo estudo também revelou que 66 por cento dos cachorros apresentaram quatro ou mais mudanças comportamentais em consequência da perda de um companheiro de quatro patas.[8]

Com base nesse estudo, e também nos relatos de donos que passaram por essa experiência, eu sei que os cachorros sofrem a dor da perda e lamentam a ausência de seus melhores amigos tanto de duas como de quatro pernas. Se você perdeu um animal de estimação, não adote outro imediatamente; isso não só causaria muita tensão tanto para você como para seu cachorro, mas também uma ansiedade desnecessária em hora imprópria. Assim como nós precisamos de um tempo para curar as feridas, seu cãozinho entristecido também precisa.

Cachorros têm personalidade ou sentimentos?

Se você está querendo saber se os cães podem ficar irritados, impacientes, insolentes, tristes ou mal-humorados, sou obrigada a perguntar: você nunca antes teve um cachorro? A maioria dos donos consegue adivinhar instintivamente quando seu cachorro está de "mau humor". Alguns cães evitam as crianças e demonstram afeto apenas para com um membro da família, enquanto outros gostam igualmente de todos os membros da família. Esses traços particulares variam de acordo com a raça, a idade e também outros fatores, como o vínculo humano-animal, o grau de socialização, a predisposição emocional inata ou o treinamento. Os cachorros podem também ter "sentimentos humanos", como de tristeza, mágoa, ciúme, lealdade e ansiedade.

Um exemplo de emoção animal foi o que ocorreu na metade da década de 1980 com Koko, a famosa gorila que entendia o Código Americano de Sinais. Koko tinha um filhote, o famoso All Ball que foi morto por um carro depois de ter fugido da jaula. Koko demonstrou ter sentimento humano ao emitir sinais de que queria "chorar" depois de saber que All Ball estava morto. Outro exemplo de emoção animal foi extraído do trabalho da Dra. Jane Goodall com primatas. Ela acompanhou a dor da perda pela qual passou o chimpanzé Flint após a morte de sua mãe, Flo; a Dra. Goodall notou sinais como de letargia, perda de apetite, reclusão, lamúria, indiferença, lamentos e evitação de outros animais até Flint acabar morrendo. Apesar de exemplos como esses estimularem o debate quanto a se os animais têm ou não sentimentos, a maioria das pessoas que conviveram com animais não tem dúvidas quanto a isso, pois viram de perto toda a gama de emoções que os animais podem expressar.

Cachorros também sorriem?

Qualquer dono de cachorro pode confirmar que sim, os cães sorriem! Se perguntar a um estudioso de comportamento animal, no entanto, a resposta pode ser outra. Seu cachorro pode estar forçando a abertura dos lábios como um gesto de submissão ou mesmo de um rosnado pela metade. Embora na escola de veterinária se ensine a não projetar os sentimentos humanos nos animais, eu continuo achando que falar de emoções caninas não deixa de conter alguma verdade. Eles podem não ter necessariamente senso de humor, mas podem ser maliciosos e brincalhões, o que dá quase no mesmo. Quando começo a dar atenção a um de meus gatos, JP mais que depressa enfia a cabeça por baixo da minha mão, deixando claro para mim que está com ciúme. E por tê-lo deixado com a babá, eu também tenho certeza de que é capaz de sentir as emoções de preocupação e ansiedade. E o melhor de tudo, depois de uma bela, divertida e relaxante caminhada de 15 quilômetros, sou capaz de jurar que ele olha para mim todo sorridente. É claro que ele pode estar ofegando ou soltando gases depois de todo esse esforço, mas para mim ele está sorrindo!

CAPÍTULO 5

Treinando a fera de quatro patas

Quando adotei JP, com apenas seis semanas de idade, comecei imediatamente um treinamento básico de obediência (iniciando com ordens simples, como "senta!", "levanta!" e "deita!"). Pode me chamar de mãe exemplar se quiser (você está me dizendo que não tirei a nota máxima no vestibular?), mas comecei a treiná-lo antes mesmo das lições básicas de obediência. Eu queria que ele soubesse: (a) que sou eu o cão que manda; (b) que ele tem de me obedecer; (c) que ele tem de fazer por merecer (sentar-se para receber comida); e (d) que uns cachorrinhos-quentes tornam o treinamento mais divertido. Ah, como seria maravilhoso se o meu namorado também fosse capaz de aprender tudo isso – tem sido *muito* mais difícil treiná-lo (mas talvez eu recorra a picolés de cerveja para oferecer-lhe na próxima sessão de treinamento). Na sua primeira aula de obediência, JP parecia o brilhante orador da turma diante dos outros filhotes. Eu acho que aquilo incomodou muito algumas mães (por que você o trouxe ao treinamento em obediência?), mas ora, treinar o próprio animal é um passo importante quando se tem um cão. Dominada esta primeira etapa de aprendizado em obediência, passamos para a etapa intermediária. Considerei essa uma divertida oportunidade para treinar a mente de JP, reforçar o treinamento anterior e ensiná-lo algumas ordens mais complicadas (para empolgar todos os meus amigos nas festas).

Não sabe como treinar seu cachorro? Comprou uma coleira de choque e não sabe como usá-la? Nunca usou uma gaiola? Descubra se é capaz de realmente ensinar novos truques ao seu velho cachorro e também o quanto é importante treiná-lo. Não é tão fácil como parece.

É crueldade usar coleiras de choque?

Se você perguntar a dez veterinários, terá dez respostas diferentes. A maioria dos veterinários abomina essa prática, mas em geral eu sou a favor de se usar essas coleiras em cães teimosos e desobedientes, com os quais você já tentou todos os outros métodos de treinamento e técnicas para mudar seu comportamento. Se nenhum deles funcionou, eu acho que tudo bem recorrer ao uso dessas coleiras. Com alguns cachorros, essa é a única maneira de ensiná-los a parar de latir ou de impedi-los que corram para o meio da rua. Apesar de não ser agradável, o choque pode salvar a vida do seu cachorro. Se você esgotou todos os outros métodos e está preparado para tentar esta abordagem, peça ajuda a um veterinário ou treinador para que o uso dessa coleira seja uma ferramenta eficaz de treinamento e não um mero tratamento de choque para castigar seu cachorro desobediente.

Como funcionam aquelas coleiras com spray de citronela?

O spray de citronela é usado como um substituto benigno das coleiras de choque. A citronela é segura, não prejudica a camada de ozônio e é, em geral, não tóxica. Além disso, seu cachorro não sofre nenhum risco de ser eletrocutado durante o treinamento. Quando ele late, o microfone detecta o som e solta um jato de citronela diante do focinho. Embora esse spray cítrico não cause irritação em você (talvez você até goste do seu efeito purificador de ar), os cachorros o acham desagradável e costumam parar de latir. Assim, o treinamento funciona pelo desprazer! É incrível que a CIA não tenha pensado nisso. Também existe uma versão dessas coleiras que vem com controle remoto, para que você possa regular o jato de citronela (usado apenas em cachorros adultos, já que a cara que eles fazem é terrivelmente engraçada). Essas coleiras podem não funcionar com todos os cachorros e, em especial, com os de pelagem muito espessa. O cheiro da citronela é absorvido pela pelagem. E sim, provavelmente ela também repele os mosquitos, mas o benefício é maior para o cachorro do que para você.

É possível ocorrer um acidente com seu cachorro quando você liga a TV pelo controle remoto?

Sim, é possível e não é algo tão incomum. Por isso, por favor, remova a coleira de choque quando seu cachorro entra em casa ou quando você estiver atravessando de carro o portão de casa. Como a maioria dos sistemas de abertura de portão ou coleiras de choque é acionada por controle remoto, de vez em quando pode ocorrer um curto-circuito. Se isso acontecer, entre imediatamente em contato com o fabricante da coleira e, se for o caso, peça a sua substituição. Isso não apenas vai fazer com que seu cachorro comece a odiar a televisão, mas também confundir os hábitos que você está tentando impor-lhe com o treinamento, porque ele não saberá por que está sendo punido (se por assistir à telenovela ou ao programa de Jerry Springer?).

Como treinar meu cachorro para ficar em sua gaiola?

Tanto os veterinários como os treinadores e especialistas em comportamento animal defendem que você deve treinar seu cachorro a ficar na gaiola quando ele ainda é filhote, mesmo que você não pretenda mantê-lo preso pelo resto da vida. Isso é importante para prevenir acidentes domésticos e ingestão de corpos estranhos (uma necessidade se seu cão é um Labrador Retriever e você queira preservar suas meias e roupas íntimas), como também para impedir que ele se exponha a toxinas quando estiver sozinho em casa. Lembre-se de que o cachorro doméstico descende do lobo, acostumado a viver em pequenas tocas. A gaiola deve ter altura e largura suficientes para ele poder se espreguiçar e se levantar, mas não ser grande a ponto de ele achar que pode defecar ou urinar dentro dela. Procure ajudar seu cachorro a se acostumar à gaiola e considerá-la como sua "casa" e "lugar seguro". Tanto brinquedos como petiscos e refeições devem ser dados dentro da gaiola. Durante as primeiras semanas, deixe a porta da gaiola aberta, para que ele possa entrar e sair à vontade. Faça dela um lugar aconchegante, colocando um cobertor e o brinquedo preferido, desde que ele não tenha o hábito de destruir, roer e engolir pedaços do cobertor. Não esqueça de colocar água dentro da gaiola, para que nunca lhe falte.

Ficar dentro da gaiola não deve ser tomado como castigo, uma vez que isso seria contraproducente no sentido de acostumá-lo. No começo, vá aumentando aos poucos o tempo de permanência nela. Não o solte quando ele começar a reclamar, pois estará sem querer incentivando o mau comportamento. Abra a porta quando ele estiver dormindo ou tranquilo e faça um elogio que reforce o seu bom comportamento, como: "Aí, bom garoto! Muito bem!" Vá aumentando aos poucos o tempo de permanência para que ele vá se adaptando de forma segura. Em seus primeiros seis meses de vida, eu prendia JP todos os dias e, aos poucos fui permitindo que ele saísse por períodos cada vez maiores, até sentir que podia deixá-lo solto pela casa. Atualmente, ele vai comigo para o trabalho (privilégio dos veterinários), mas a porta da gaiola fica sempre aberta para o caso de ele querer descansar nela quando está em casa.

Treinar um cachorro adulto que não foi acostumado desde filhote a ficar na gaiola é mais difícil (em outras palavras, dá uma tremenda trabalheira, pelo menos no início). Mas se você tiver paciência para continuar lhe ensinando a estabelecer uma associação positiva, ele vai acabar aprendendo. Se tiver alguma dificuldade, peça a ajuda de um veterinário ou treinador.

É *realmente* necessário que meu cachorrinho seja submetido a um treinamento de obediência?

Depois de páginas falando sobre coleiras de choque, métodos para acostumá-lo a ficar na gaiola e técnicas de reforço positivo ou negativo, o que você acha que posso dizer? Lamento, mas só posso dizer que o treinamento de obediência é necessário, mesmo que você tenha este livro. Esse treinamento é altamente recomendado por todos os profissionais que trabalham com cachorros. Ele não apenas facilita a sua vida, mas também assegura a volta de Ginger para você quando estiver diante de algum perigo (como um carro em alta velocidade ou o ataque de um zumbi). A obediência também ajuda *você* a treinar *apropriadamente* seu cachorro. O uso de ordens prolixas como "Venha cá, Ginger, minha queridinha, sente-se aqui e seja boazinha" não passa a mensagem apropriada. Tudo que Ginger ouve é aquela comprida lengalenga da tira de Gary Larson. Ordens curtas e grossas (como "sentada", "em pé", "aqui", "sobre as patas", "vamos", "saia", "minha perna") são as primeiras que você (e Ginger) devem treinar. Seu cachorro se acostuma rapidamente a entender e também a obedecer suas ordens, o que a longo prazo será bom para ambos. Os cachorros mostram muita disposição para seguir ordens ou treinar sua agilidade, pois é algo que os estimula tanto mental como fisicamente. Por último, seu veterinário vai gostar de tratar de um cachorro obediente, e não de um que requeira a força de quatro auxiliares para detê-lo. Portanto, por mim, se não por você mesmo, por seu cachorro ou por qualquer visita que não goste de ser cheirada nas virilhas, por favor, submeta-o ao treinamento de obediência. Muito obrigada e seja bem-vindo.

As coleiras do tipo enforcador enforcam de fato o cachorro e as coleiras com garras vão machucá-lo?

Os enforcadores, apesar do nome, não foram criados para enforcar os cachorros. Assim como os revólveres não foram criados para serem manuseados por maníacos suicidas de quatro anos de idade nem por Dick Cheney. Usadas indevidamente, essas coleiras podem causar muita dor, além de doenças raras e potencialmente fatais como o edema pulmonar não cardiogênico (quando há um acúmulo de líquido nos pulmões). Se você achar que aplicou demasiada força (dono malvado!) e perceber que ele está com dificuldade para respirar, ofegando sem parar, tossindo ou expectorando uma secreção cor-de-rosa, leve-o imediatamente a um veterinário.

A coisa mais importante que você deve saber sobre essas coleiras é como usá-las corretamente. O propósito delas é fazer com que o cachorro concentre sua atenção em você. O movimento rápido do pulso que balança a correia serve como lembrete para ele focar a atenção na pessoa que está na outra ponta. Como ela não foi feita para mantê-lo em estado de tensão constante, puxe o laço apenas quando tiver de salvá-lo de algum perigo iminente. Consulte um treinador de cães para saber como usar corretamente esse tipo de coleira.

As coleiras com garras parecem coisas sádicas; elas vêm com garras, grampos e pontas que parecem feitas para machucar. A boa notícia é que elas não são tão terríveis quanto parecem, embora seu efeito seja exatamente o tencionado, ou seja, beliscam. Se a sensação de ser beliscado não lhe agrada, porque o faz lembrar dos beliscões de sua avó italiana, saiba que provavelmente ela tampouco agrada ao seu cachorro. No caso de você gostar, saiba que ela ainda assim não agrada ao seu cachorro e que você provavelmente está precisando de ajuda. Mas é importante lembrar que os beliscões são mais irritantes do que torturantes e que se nenhuma outra medida o mantém na linha, eles podem ser usados como último recurso. Eu sempre recomendo aos donos que coloquem a coleira com garras na própria coxa e a puxem.

Que experimentem o efeito na própria pele antes de submetê-la ao seu cachorro.

Eu pessoalmente recomendo o uso das coleiras Promise, Halti ou Gentle Leaders. Consulte um treinador de cães ou veterinário antes de decidir que tipo usar, sem deixar de levar em consideração o nível de atenção e hiperatividade do seu cachorro, como também o tamanho do pescoço e o grau de teimosia.

O que é uma guia Gentle Leader e como ela funciona?

Tanto a Gentle Leader como a Promise e a Halti são guias adaptadas que parecem mordaças, mas cujo propósito é muito mais brando e eficaz em termos de mudança de comportamento. Elas permitem que o Wiley continue latindo, bebendo água, comendo e abrindo a boca para ofegar ou morder. Elas vêm com duas tiras, uma em volta do pescoço e outra por cima do focinho. Essa segunda alça é a parte mais eficaz desse tipo de guia e basicamente imita o que acontece naturalmente na hierarquia dos lobos. Sempre há um líder dominante que exerce a sua superioridade agarrando a focinheira do animal vencido. Por isso, o puxão dessa alça reproduz o ato de agarrar a focinheira e basicamente mostra ao seu atrevido coiote quem está no comando, numa linguagem que ele entende. A alça em volta do pescoço é para impedir que Wiley puxe a correia e imita uma mãe carregando seu filhote pelo pescoço. Isso costuma fazer com que o filhote relaxe instintivamente. Da mesma maneira, quando Wiley está usando a guia Gentle Leader, ela detém seu impulso de puxá-la.

Esse tipo de guia é altamente recomendado para o treinamento de filhotes e facilita muito a vida de todos os envolvidos. Use-a para ensinar Wiley a não puxar a guia e a se comportar adequadamente em vez de deixar que ele arranque seu braço da articulação enquanto você o conduz em meio a um parque apinhado de cachorros. É uma das maneiras mais fáceis de impedir que seu cachorro se comporte mal.

Posso contratar alguém para treinar o Fido para mim?

Existem muitas escolas de treinamento para cachorros que aceitam o Fido como aluno, onde ele pode receber treinamento intensivo por muitos dias ou semanas e só voltar para você quando estiver preparado para obedecer. Mas esse tipo de treinamento também traz um grande problema. Ali, os cachorros aprendem a ouvir e obedecer apenas às ordens do treinador. Do contrário, seu cachorro ficaria girando a cabeça de um lado para outro para dar atenção a todo mundo que chamasse seu nome quando estivesse correndo no parque. Quando volta do treinamento, é bem possível que ele não obedeça às suas ordens, mas apenas as do treinador.

Por isso, é importante que *todos* os membros da família participem do treinamento. Sua obediência a apenas um adulto da casa pode ser perigosa, caso ele passe a dominar uma criança ou outro adulto ou ainda ignorar totalmente as crianças (então quem vai levar o cachorro para passear?). Todos os membros da família devem participar ativamente do treinamento, para que ele faça por merecer, obedecendo a todos; em outras palavras, que o mandem levantar ou deitar antes de abrir a porta ou de dar-lhe comida. Isso o obriga a respeitar todos os membros da família.

Contratar alguém para treinar o Fido pode parecer simples, mas tem um alto custo e, como não envolve a sua participação direta no processo, acaba não tendo a mesma eficácia. Não me interpretem mal – afinal, é melhor do que nada. Ensina-o a ficar longe do perigo, estimula sua mente e o incentiva a fazer parte da família. Mas a minha opinião é que, se ninguém da família tem tempo para treinar o Fido, seus membros precisam parar para pensar se afinal dispõem de tempo para ter um cachorro em casa. É um trabalho por tempo integral. Felizmente para a maioria de nós, é um trabalho que fazemos por amor.

Como funciona o treinamento com sons?

Essa modalidade surgiu no contexto do treinamento animal na década passada com base na associação de um determinado som com um reforço positivo. Lembra da buzina que anunciava a passagem do sorveteiro quando você era criança? É mais ou menos a mesma coisa. Nesse treinamento, o cachorro aprende a associar o som com um petisco e logo descobre que o som tem a ver com o fato de ter se comportado bem, como obedecido às suas ordens de sentar, abaixar o assento do toalete e lavar a louça (quem dera!). Quando ele não faz o que é mandado, nenhum som é emitido e ele não é recompensado com um petisco. Ele logo descobre que o som é seu amigo. O melhor dessa técnica está em ela não envolver nenhuma repreensão (nenhum puxão no enforcador em resposta a algo de errado que ele tenha feito).

Se você fez alguma visita ao zoológico ultimamente, é bem possível que tenha notado os tratadores produzindo determinados sons enquanto alimentam os animais. Há pouco tempo, eu vi dois tratadores apontando com varas para a margem onde queriam que os pelicanos ficassem. Se eles obedeciam, um som positivo era emitido (e um pouco de peixe era dado como recompensa). Eles podem usar esse treinamento no zoológico por diversas razões. A primeira é por ele ser mentalmente estimulante para os animais, o que significa que terão vida mais longa e feliz. Isso faz com que treinadores do zoológico queiram abraçar uns aos outros. Além disso, esse treinamento facilita a inspeção dos veterinários e o controle da alimentação. E é claro, os animais treinados a ouvir sons são indispensáveis para atrair as multidões quando é hora de se exibirem.

Embora eu pessoalmente nunca tenha usado essa técnica, muitos especialistas em comportamento animal a recomendam. Para você que tem mania de controlar tudo, use-a apenas com seu cachorro. Sei que os resultados podem parecer impressionantes, mas a professora do seu filho consideraria você uma pessoa muito excêntrica.

É possível ensinar novos truques a um cachorro velho?

Adivinhou. Embora possa ser difícil quebrar hábitos antigos em velhos cães, a maioria deles traz a capacidade inata de agradar seu dono (seja como resposta a seus agrados ou meramente ao tom de súplica em sua voz). Com alguma persistência e trabalho árduo, você pode chegar a ensinar novos truques a um cachorro velho, pois ele tem a predisposição de aprender tudo que possa fazer você feliz! Se você está encontrando dificuldade para treinar seu velho cachorro, um veterinário, especialista em comportamento animal ou treinador poderá lhe dar sugestões quanto a que recompensas ou respostas são recomendáveis. E ao preço de US$ 2,99 por minuto, estou sempre à disposição.

Tenho que ensinar meu cachorro a andar preso a uma guia?

Acredite você ou não, mas ensinar um cachorro a andar preso a uma guia é muito mais difícil do que parece. Não faz parte de sua natureza lupina andar preso a uma correia e puxado por um ser humano; portanto, tenha paciência para iniciar seu filhote nesta prática. Em primeiro lugar, veja se a coleira é confortável e possível de ser reajustada ao tamanho do pescoço em crescimento. Já tive muitos clientes donos de cachorro que chegavam reclamando de um "cheiro estranho" e, ao examiná-los, eu podia constatar que a coleira apertava o pescoço a ponto de machucar a pele que se cobria de vermes. Suponho que você não gostaria de sentir esse cheiro. Examine a coleira uma vez por semana e veja se consegue enfiar dois ou três dedos, de maneira que ela não fique nem apertada demais nem solta a ponto de ele poder escapar (e ser atropelado por um carro!). Em segundo lugar, procuro fazer com que meu cachorro ande o tempo todo com alguma forma de identidade. Se acontecer de ele escapar pela porta da casa, você não tem tempo para colocar na coleira seu comprovante de vacina contra a raiva e documento de identidade. Obviamente é mais seguro fazer com que ele ande devidamente identificado o tempo todo, para algum caso de emergência. Mas, consulte antes seu veterinário, pois nem todos os cachorros podem usar coleira o tempo todo. Cachorros de raça pequena com a traqueia frágil, ou com histórico de problemas no pescoço ou coluna causados pelo deslocamento de algum disco intervertebral, não devem forçar o pescoço. Seu veterinário poderá lhe dizer se é o caso de, em lugar de coleira no pescoço, ele ter de usar uma coleira peitoral.

Quando seu cachorro já tiver sido treinado a andar preso à coleira devidamente ajustada, vem a questão da guia propriamente dita. Filhotes que respondem a comandos de voz ou a ofertas de comida (esses são capazes de qualquer coisa em troca de elogios ou de um cachorro-quente) são mais fáceis de serem treinados. Faça com que ele sente-se e levante-se antes de colocar a guia e retribua a sua obediência com algo positivo. Com a guia devidamente colocada, dê a ele uma ordem do tipo "Muito bem!" (que dê a ele permissão de erguer-se da ordem "sentado"). O próximo passo é ensiná-lo a andar calmamente ao seu lado. Não vou detalhar aqui os aspectos torpes e aborrecidos dessa tarefa, mas procure encontrar o treinamento adequado para ele, seja colocando-o num curso ou consultando um treinador. Os cem dólares que você pagar por suas aulas são um investimento do qual você nunca vai se arrepender. Se você ensiná-lo aos poucos a andar calmamente acompanhando o seu ritmo, acabará tendo um cachorro bem comportado ao seu lado.

Por que os cachorros são treinados para andar do nosso lado esquerdo?

Se levar o seu cachorro a um treinamento de obediência, como já mencionei, você descobrirá que eles são tradicionalmente adestrados a andar do seu lado esquerdo, seguindo o seu ritmo, e não correndo lá na frente. Ele deve sentar-se assim que você para de andar e ficar olhando para você à espera da próxima ordem. Se ele não seguir esses três procedimentos, provavelmente é porque você não o está ensinando corretamente. (Mas não desista. Lembre-se de que nunca é tarde demais para ensinar novos truques a um cachorro velho.)

Os cachorros são treinados a seguir do lado esquerdo porque é o que se espera deles nas competições de obediência ou exposições. Nessas ocasiões, os cachorros correm no sentido anti-horário e do lado esquerdo do dono, para que o juiz (que costuma ficar no centro) nunca os perca de vista. Essa prática está baseada no costume tradicional de conduzir os cavalos pelo lado esquerdo, que é o seu lado *direito*. Dessa maneira, a sua mão direita segura as rédeas do cavalo, enquanto, com a esquerda, você segura a guia do cachorro. Tudo de acordo com regras muito estritas. Mas é uma boa ideia o cão seguir à sua esquerda (ou do lado mais afastado dos carros) quando estiverem andando na rua, uma vez que os pedestres supostamente andam pelo lado esquerdo. Ah, isso é viver num mundo perfeito!

Tudo bem deixar o Cliffy dormir na minha cama?

Não se preocupe – você não é a única pessoa no mundo que deixa seu monstro de patas enlameadas saltar para cima de sua cama. Mais de trinta milhões de americanos fazem a mesma coisa. São quase 50 por cento dos donos de animais domésticos![1] Portanto, é de se perguntar por que tantas pessoas consideradas normais e esclarecidas dão essa liberdade a seus cães? Bem, apesar de ter de suportar os cobertores cheios de pelos e lambuzados de saliva, de o seu cachorro sonhar e roncar na sua cama, a recompensa certa é que você nunca será traído nem abandonado por ele! E devo também dizer que dormir com um cachorro pode ser extremamente confortável, como um cobertor de orelha com um aquecedor embutido, o que é um consolo nas longas noites de inverno do Minnesota. Estou falando por experiência própria.

Como impedir que o Wolfie mate pequenas criaturas inocentes?

Certos cachorros são dotados de um talento inato para caçar e, independentemente do que você faça, além de mantê-los presos num cercado ou vigiados o tempo todo, você não consegue impedir que o Wolfie, o perdigueiro assassino, persiga os esquilos e outros roedores (espera-se que não os gatos) do vizinho. Mas você deve continuar tentando. Apesar de nem sempre ser possível refrear esse instinto natural, você *pode* treinar seu cachorro a obedecer suas ordens, fazendo-o parar de correr atrás daqueles esquilos ou roedores (ou mesmo de gatos). Com tempo e paciência, eu finalmente consegui ensinar JP a deixar os veados em paz e voltar para mim quando o chamo. Em geral, prefiro usar comandos verbais, como "largue!" num tom firme de voz. Essa abordagem, além de funcionar com os esquilos que passam correndo, também funciona quando ele encontra um cachorro novo no parque (e você quer que ele o ignore) ou quer comer uma casquinha de sorvete que encontra no chão. Não esqueça de recompensá-lo toda vez que ele responde a seu chamado – para que ele saiba que se comportou bem. Use alguma forma de reforço positivo (como uma palavra amável ou uma batidinha nas costas) como recompensa por ele ter obedecido. Diferentemente de quando se educa um filho, o suborno é algo que estimulamos, especialmente quando se tem um Labrador Retriever louco por comida. Embora a lavanderia que você usa possa não gostar, levar nos bolsos da calça petiscos de fígado congelado ou pequenos pedaços de salsicha aquecidos no micro-ondas pode ser um meio apetitoso de treinar e recompensar seu cachorro.

Com os cães mais difíceis de adestrar, como o perdigueiro alemão de pelo curto ("Estou ignorando totalmente você; portanto, boa sorte na sua tentativa de me chamar de volta"), talvez você só consiga apelando para as coleiras de choque. Apesar de odiar ter de reconhecer isso, e achar que o treinamento deve ser feito por meio de ordens verbais, é verdade que certos cachorros simplesmente não aprendem. Em outras palavras, depois de cansar de tanto chamar (ou gritar) para que o seu cachorro volte, uma rápida descarga de choque ("Alô, você está me ouvindo!?") para fazê-lo parar (ou "lembrá-lo") pode resolver o problema. Se com essa medida se consegue impedir que um gato ou outro animal seja morto, ou que seu cachorro atravesse uma rua de tráfego intenso, eu estou de acordo. Mas só quando você tem certeza de ter esgotado todos os outros recursos para detê-lo.

O que é um colar elisabetano e por que não existe um que seja transparente?

Como disse certa vez David Letterman em sua lista dos "Dez mais", você sabe que escolheu o veterinário errado quando ele entra na sala de exame com um colar elisabetano em volta do próprio pescoço...

O colar elisabetano recebeu esse nome por causa dos colarinhos de tecido branco engomado que eram comumente usados pelas pessoas no século XVI. Essas golas de tecido engomado eram usadas para dar a aparência de pescoço ereto. Ainda bem que as pessoas finalmente criaram juízo e hoje o colar elisabetano só é usado em cachorros em situações críticas. Estamos falando aqui daquele funil de ponta-cabeça ou abajur que seu cachorro tem de usar e que o deixa parecendo como se tivesse enfiado a cabeça num gramofone.

Os veterinários colocam esses colares em seus pacientes para impedir que roam os pontos (também chamados de suturas), arranhem as orelhas ou lambam a pele ou feridas. Apesar de parecer uma forma de tortura, acredite em mim quando digo que nós só fazemos isso pelo bem do próprio animal. É melhor ser aplicado e suportar esse período de pancadas nos joelhos e golpes na parede com a coleira por alguns dias (confie em mim, ele acaba se acostumando) do que submetê-lo a uma cirurgia desnecessária sob anestesia geral por ele ter roído os pontos e devorado os próprios intestinos.

Por muito tempo, esses colares só eram feitos na cor branca e opacos, e o cachorro tinha dificuldade para enxergar a largura de uma porta ou encontrar sua tigela de comida. Mas hoje existem modelos transparentes, feitos com tiras macias de velcro (muito obrigada a vocês da 3M!). Apesar de nem você nem seu cão gostarem do colar elisabetano, confie em seu veterinário e siga a sua recomendação. E se você pretende continuar com seu cachorro e possivelmente ter outros no futuro, não o jogue fora... Ele vai lhe proporcionar uma economia de 20 dólares a cada visita ao veterinário.

CAPÍTULO 6

Um mundo em que os cães se devoram

Sendo tão obcecados por comida e dieta como todos os americanos, os donos de cachorros estão sempre à procura do que é melhor para alimentá-los. Depois do pânico que assolou o mercado de alimentos para animais em março de 2007, a *Menu Foods*, empresa que produz quase uma centena de diferentes tipos de comida para cachorros e gatos, noticiou que quinze animais – um cachorro e catorze gatos – tinham sido mortos. Mais de sessenta milhões de latas e pacotes de comida para animais foram recolhidos do mercado, juntamente com muitos milhões de quilos de ração seca. A recolha se deveu ao uso do "ingrediente" melamina, uma substância química usada em produtos de plástico, cola, fertilizantes e produtos de limpeza.[1] O que mais me assustou como veterinária *e* dona de animais foi o fato de a FDA [órgão do governo americano que controla medicamentos e alimentos] acrescentar a cada dia novas marcas de produtos à lista. Até *eu* fiquei com medo de dar comida aos meus animais.

Acabou se revelando que o glúten do trigo usado na produção dos alimentos (juntamente com proteína do arroz e possivelmente o glúten do milho proveniente da África do Sul) estava "contaminado", ou será que deveríamos dizer "adulterado" pela melamina? Depois de analisarem cientificamente os produtos, a preocupação da FDA e dos nutricionistas veterinários foi com o fato de a melamina ter sido adicionada pelos fabricantes de glúten da China com o propósito de simular um maior "conteúdo proteico" nos alimentos. Na análise dos níveis de proteína, a quantidade de nitrogênio deve equivaler à quantidade de proteína contida e, infelizmente, a adição de melamina foi um meio barato, porém fatal, de adicionar nitrogênio sem qualquer valor proteico. A melamina, juntamente com o ácido cianúrico, provocou a formação de cristais nos túbulos renais, resultando em falência renal.[2]

Depois daquele pânico, os donos passaram a recear dar a seus cachorros alimentos industrializados, temendo que pudessem morrer de falência renal. Desde então, nós veterinários passamos a ser procurados por uma enxurrada de donos querendo preparar eles mesmos a comida para seus cães ou querendo mudar completamente sua alimentação. Será que essa é a melhor alternativa? Afinal, o que contêm exatamente os alimentos para cachorros? Este capítulo vai ajudar você a decidir qual a melhor marca de comida para dar a seu cachorro e se é recomendável dar a ele comida vegetariana.

Ao mesmo tempo, se você acha que seu cachorro está gordo, o que fazer? Existem animais bulímicos ou anoréxicos? Seu cachorro gosta de comer as próprias fezes (ou de outros)? Por que, ah, por que diabos ele tem esse hábito nojento? Continue lendo para saber por que este é de fato um mundo em que um cão devora o outro...

Eu também posso beber a água do vaso sanitário?

Só porque seu cão gosta de beber água do vaso sanitário, isso não quer dizer que você deva fazer o mesmo. De acordo com o órgão de assistência aos produtores agrícolas, você pode beber a água do aquecedor e da caixa da descarga (não do vaso sanitário) em situações de emergência, mas recomenda que você a ferva ou use pastilhas efervescentes ou de cloro para purificá-la.[3] Mas ironicamente, o governo diz o contrário: a FEMA[4] [agência federal americana para lidar com situações de emergência] recomenda que se fique bem longe dessa água. Vale a pena esclarecer que a água da caixa de descarga é em geral a mesma que sai da torneira, dependendo do estado em que você mora.

Eu não recomendo que as pessoas tomem a água da caixa de descarga (e, por favor, de maneira alguma, a água do vaso sanitário), mas e seu cachorro, ele pode enfiar a cabeça no vaso e bebê-la? Em geral, isso não deve constituir nenhum problema, a não ser que: (a) você vomite de nojo; ou (b) ela contenha excesso de substâncias químicas. As pastilhas alvejantes de dissolução lenta, como também os detergentes e anticongelantes podem ser extremamente tóxicos e até fatais.

É claro que existe uma maneira simples e segura de acabar de vez com o hábito de seu cachorro beber a água do vaso sanitário: é só manter a tampa abaixada!

Posso comer os biscoitos do meu cachorro?

Bem, talvez seja melhor você perguntar ao Mel Gibson. Em *Máquina Mortífera*, ele causa uma forte impressão ao mastigar alguns Milk-Bones para conquistar um Rottweiler. Dito isso, nós não costumamos recomendar a nossos clientes que comam os biscoitos de seus cães. Com certeza, eles são feitos com ingredientes relativamente seguros, incluindo carboidratos, proteínas vegetais e animais e alguns conservantes, além de algumas vitaminas (e espera-se que não tenham melamina). Mas se você gosta ou não do sabor de toicinho defumado ou de fígado num gel de propileno glicol é uma questão completamente diferente. Não é exatamente a tentação que tenho em mente depois de um longo dia de trabalho, especialmente se comparada ao sabor de um biscoito de trigo integral.

Os produtos Milk-Bone são realmente feitos de leite?

Eles são basicamente feitos de trigo e contêm alguns minerais e vitaminas, mas sim, eles contêm também um pouco de leite. A ordem dos ingredientes é listada de acordo com seu conteúdo e o leite aparece em quinto lugar. Embora a maioria dos cachorros seja tolerante à lactose, alguns deles podem sofrer de inflamação intestinal ou serem sensíveis ao glúten; portanto, siga as instruções de seu veterinário ao dar Milk-Bones a seu cachorro.

Os produtos mais caros são realmente melhores?

Em geral, se você se atém ao uso de produtos de uma grande e reputada marca de alimentos, que se baseia em amplas pesquisas, a saúde do seu cachorro está em boas mãos. Entre as melhores marcas estão a Science Diet, a Iams ou Eukanuba e a Purina. A AAFCO [associação americana de controle dos alimentos] controla o conteúdo nutricional dos alimentos para animais com o intuito de assegurar que as dietas sejam adequadamente balanceadas para cada espécie. Entre os ingredientes usados pela indústria de alimentos para animais (e que acabam presentes na embalagem de comida ingerida por seu cachorro) estão tanto subprodutos não consumidos pelo ser humano (as partes dos animais que em geral não comemos, como tendões, cartilagens e vísceras) quanto os ingredientes classificados como próprios para o consumo humano (seu filé mignon).

Lamentavelmente, a devastadora contaminação de alimentos para animais com a melamina fez com que muitos veterinários, donos de animais e o público em geral perdessem a confiança nos fabricantes. A presença de melamina foi encontrada em produtos como glúten de trigo e milho, como também em concentrados de proteína de arroz. Foi uma grande decepção saber que empresas americanas estavam importando ingredientes de países que não seguem as mesmas normas para o controle de qualidade e que eu, como veterinária e dona de animais, nem sabia que isso estava ocorrendo até surgir a tal calamidade. Depois de tratar de um animal com grave insuficiência renal e de passar quase uma hora tentando convencer sua dona de que a culpa não era dela, eu fui para casa chorando e joguei fora dúzias de latas de comida para gatos. Mas é importante deixar claro que 90 por cento das indústrias de alimentos para animais não foram afetados por essa irresponsabilidade... são apenas algumas maçãs podres que estragam todo o balaio. Foi muito triste ver alguns donos passarem a alimentar seus animais com comida feita em casa ou alimentos crus, que acabaram matando-os em consequência de sérias complicações (como ossos presos no esôfago e pancreatite severa).

Tenha isso tudo em mente ao explorar a melhor opção de comida para seu cachorro. Existem muitos fóruns de debate sobre cachorros na Internet que exploram temas como raças, dietas, terapias holísticas, opiniões médicas e propagandas de alimentos. É importante lembrar que existem diferentes opiniões, algumas das quais são absurdas e, também, que alguns desses sites divulgam informações inexatas (nenhum alimento para cachorros contém formaldeído!) Procure se informar bem sobre o assunto e quando tiver alguma dúvida, consulte um nutricionista veterinário.

Posso acostumar meu cachorro a uma dieta vegetariana?

Na natureza, os cachorros são onívoros, se alimentando tanto de vegetais como de carne e, com isso, assegurando-se de uma ampla variedade de proteínas. No entanto, as fórmulas dos alimentos para cachorros podem ser mais flexíveis em suas fontes de proteínas (por exemplo, baseadas em vegetais *versus* carne) e, por isso, é importante examinar atentamente a lista de ingredientes. Em geral, os cachorros preferem a proteína animal, por ser mais palatável, mas o ideal é uma mistura de ambas e, se você insistir, existem no mercado alimentos vegetarianos para cachorros. Procure por aqueles produtos que incluem ovo e leite, porque asseguram uma mistura balanceada de proteínas. Os produtos vegetarianos podem ser deficientes em importantes aminoácidos (como a metionina, a taurina, a lisina e a arginina), como também de ferro, zinco, vitamina A, cálcio e algumas vitaminas do complexo B, e em geral não devem ser dados a cachorros sem a recomendação de um nutricionista veterinário.

Existe carne de cachorro na comida para cães?

A comida pode ser para cachorro, mas com certeza não há nada de carne de cachorro nela. Ainda bem! A maioria dos fabricantes de comida para cães usa carne ou derivados de carne da indústria agropecuária, que são em geral carne de boi ou de vaca, de cordeiro, peru, frango e vitela. Nada de cavalo, gente, nem de cachorro. Existem novas receitas de comida para cachorro que incluem carnes como de salmão, veado, coelho, pato e canguru. Se o seu cachorro tem alguma alergia específica ou sofre de inflamação intestinal, *não* dê a ele nenhuma receita que inclua esses novos tipos de carne só para variar. Elas só são prescritas em determinados casos. Se você der aleatoriamente a ele todos esses diferentes tipos de carne, ele poderá desenvolver alergia a todos eles, o que dificultaria o tratamento de doenças, como a inflamação intestinal.

A comida para cachorros contém formaldeído?

Se eu ganhasse uma moeda toda vez que me fazem essa pergunta, eu a usaria para enviar uma mensagem a todos os donos de cachorros em início de carreira para nunca mais ter de respondê-la! (Para dizer a verdade, eu faria uma viagem ao Disney World. Mas para salvar a minha reputação profissional, vamos fingir.). É evidente que alguns boatos que se espalham pela Internet são totalmente falsos. Quem ganharia com isso? Tanto os veterinários como os fabricantes de alimentos para cachorros têm interesse em que a Fluffy viva o máximo de tempo possível (quanto mais longa for sua vida, mais comida ela vai consumir!) e esse propósito não seria alcançado com a adição de formaldeído à sua comida. O formaldeído constitui um ótimo meio de preservar os tecidos, mas não o melhor meio de preservar a vida de sua cachorrinha esperta. Portanto, você pode respirar aliviado, e ela também.

Cães com excesso de peso precisam de uma dieta pobre em carboidratos?

A cintura do seu cachorro é motivo de chacota? Acha maçante ter que prendê-lo toda vez que faz comida ou trancá-lo em outro quarto quando o entregador chega com a pizza? Bem, situações drásticas exigem medidas drásticas e talvez esteja na hora de impor um regime ao balofo de seu Charlie. Mas devo acrescentar que as dietas de Atkins e South Beach em geral não são apropriadas para cachorros.

Os veterinários recomendam dietas com alto teor de fibras para ajudar o gorducho a se sentir mais saciado (tente dizer isso três vezes rapidamente). A ingestão de fibras faz com que seu Charlie se sinta mais saciado, mas também o enche de calorias sem qualquer valor nutritivo. Apesar de ajudar seu glutão a perder peso, essa dieta tem um preço alto, pois faz com que o cocô dele fique três vezes maior! Para recolher as fezes, você terá que usar uma pá, pois como efeito, o gorducho terá mais energia para saltar de um lado para outro enquanto você se arrasta atrás para recolhê-las.

A dieta Atkins inclui muita proteína e funciona para as pessoas porque, para metabolizá-la, precisamos de mais energia (de maneira que queimamos mais calorias no processo de digestão). Apesar de serem naturalmente onívoros e preferirem refeições com alto teor de proteínas (tanto de fonte vegetal como animal), para começar, os cachorros têm pouca necessidade de carboidratos e, portanto, reduzir essa quantidade já pequena provavelmente não vai ajudar muito. Siga as recomendações da AAFCO, pois elas ajudam a regular o que os cachorros precisam para ter supridas suas necessidades alimentares. Submeter seu cachorro a uma dieta do tipo Atkins sem consultar seu veterinário pode prejudicar sua saúde, especialmente se ele já teve algum problema renal ou hepático.

Posso preparar comida em casa para o meu cachorro?

Claro que pode! Certos donos adoram cozinhar para seus cães. Como eu pessoalmente mal consigo preparar algo para mim mesma, provavelmente alguns de meus pacientes têm uma alimentação muito melhor do que a minha. Estou sempre dando indiretas para meus clientes, insinuando que morro de inveja de seus cachorros e que eles bem que poderiam me surpreender com um bife de filé mignon alguma noite em que estou de plantão no serviço de emergência. Mas infelizmente, isso nunca aconteceu.

A comida feita em casa pode ser ajustada às necessidades especiais de cada cachorro (especialmente daqueles que têm problemas de rins, intestinos, fígado, câncer ou excesso de peso). Entretanto, alguns dos problemas nutricionais mais comuns da comida preparada em casa estão em sua deficiência de calorias, minerais, vitaminas e cálcio, bem como em seu excesso de proteínas. Outro problema é que as carnes comumente usadas podem conter mais fósforo do que cálcio e esse desequilíbrio nutricional pode resultar em problemas ósseos e em hiperparatireoidismo nutricional secundário; essa não é uma canção de Mary Poppins, mas uma doença degenerativa dolorosa resultante de nutrição inadequada que foi descoberta em animais de zoológico há algumas décadas.

Alguns criadores e donos de cachorros são a favor de uma dieta baseada em ossos e alimentos crus, que inclui carne, fígado e ovos crus. Na minha opinião, esse tipo de comida não conta exatamente como trabalho de "cozinha", mas... vamos deixar pra lá! Como essa dieta não é balanceada e tampouco aprovada pela AAFCO, minha preocupação é com suas deficiências de minerais e vitaminas. Além disso, essa dieta restrita a ossos e alimentos crus pode correr o risco de conter bactérias (como as bactérias *E. coli* e *Salmonella*) presentes nos ingredientes animais não submetidos ao cozimento. E, por causa do risco que o manuseio de carne crua oferece, a implementação dessa dieta não é recomendada para famílias com crianças pequenas, idosos ou pessoas com deficiência imunológica.[5] Já presenciei algumas complicações sérias, e até fatalidades, causadas por esse tipo de dieta no trato intestinal despreparado para receber esses alimentos, além de poder causar pancreatite (inflamação do pâncreas) e diarreia severa com sangramento. Mesmo depois de saberem de tudo isso, alguns clientes meus continuaram defendendo-a. Antes de considerar a possibilidade de adotar essa dieta, faça seu dever de casa e consulte um nutricionista veterinário para ter a certeza de dar ao seu cachorro uma alimentação balanceada. Para sua informação, posso adiantar que a maioria dos veterinários e nutricionistas veterinários, por todas as razões acima mencionadas, não recomendam essa dieta.

Se você está a fim de cozinhar para seu cachorro, uma boa ajuda é o livro *Home-Prepared Dog and Cat Diets: The Healthful Alternative*, escrito pelo Dr. David Strombeck,[6] gastroenterologista veterinário aposentado da Universidade da Califórnia em Davis, que ensina a maneira correta de fazer isso!

Será que o Fido é gordo?

Ah, a obesidade crescente entre os americanos! Exatamente como seus companheiros de duas pernas, de 40 a 70 por cento dos animais americanos são obesos[7] e, portanto, predispostos aos mesmos problemas resultantes do excesso de peso dos humanos: diabetes, osteoartrite e sobrecarga para o coração, pulmões e estrutura óssea. Por essa razão, o Charlie gorducho deve ser submetido a um teste de avaliação física por um veterinário.[8] Alguns veterinários estão tão acostumados a ver pacientes obesos que podem achar que o peso de Charlie é o "ideal" para seu tamanho. Muitas vezes, eu sou levada a gritar com meus alunos de veterinária quando consideram um paciente "normal", quando de fato ele é obeso. A maioria dos estudantes de veterinária não está acostumada a lidar com cães ativos, como os puxadores de trenós ou cães de caça e, portanto, não faz a menor ideia do que seja o corpo de um cachorro sarado e atlético.

Como saber se seu Charlie é obeso? Para começar, você deve poder *sentir* suas costelas ao apalpá-lo. Isso não é possível se elas estiverem encobertas por uma camada de gordura. Você deve também poder *ver* suas costelas quando ele está correndo ou se espreguiçando. Ao olhar para ele de lado, você deve poder ver uma dobra abdominal (Por favor, nada de pança. Queremos ver sua cintura!) e, olhando de cima, a região lombar deve parecer a figura bem torneada de uma ampulheta. A base da cauda deve ter um contorno bem liso (sem nenhuma "polpa" para apertar) e a estrutura óssea dos quadris e da pélvis deve ser palpável sob uma camada fina de pele.

A quantidade de comida que você deve dar a seu cachorro depende de sua condição física geral. Provavelmente, eu deveria dizer a todos os leitores deste livro que reduzam a um terço a quantidade de comida que estão dando a seus cães, com base apenas na incidência de obesidade entre os animais. Com exceção do Pastor Alemão, do Dinamarquês e de cães de caça (como o Afghan e o Italian Greyhound), a maioria dos cachorros está acima do peso. Lembre-se de que estou dizendo isso por amor, mas não aquele amor que passa a mão na cabeça. Afinal, você não quer que o fofinho do seu macaquinho tenha uma vida mais longa e com menos chance de sofrer de osteoartrite, hérnia de disco e diabetes? Então, faça o favor de reduzir a quantidade de ração!

Certos cachorros desenvolvem hábitos alimentares vorazes, enquanto outros parecem ter capacidade de autorregulação. Alguns cães se alimentam "livremente", o que implica terem comida à disposição o tempo todo. Acostumá-los com esse hábito desde filhotes pode facilitar seu treinamento mais tarde. Entretanto, como alguns cachorros comem constantemente, essa medida só é recomendada para aqueles que conseguem exercer o autocontrole sem ganharem sobrepeso (não com o Labrador, é claro). Por algum motivo, o Labrador carrega o gene de glutão que lhe dá força para balançar a cauda! Todos os meus animais comem quando querem e têm o peso "ideal". É verdade. Se não acreditar, veja a foto na contracapa.

Se o seu cachorro é guloso, ou está com excesso de peso, alimente-o uma ou duas vezes por dia, de acordo com o grau de sua fome. Se está sempre pedindo para comer, você pode dar-lhe duas ou três refeições pequenas por dia, para que ele se sinta mais saciado. Isso não significa duas ou três refeições extras por dia. Eu disse para dividir as refeições em porções menores. O passo seguinte, como já disse, é reduzir a quantidade habitual a um terço. Considere a possibilidade de acostumar seu cachorro a uma dieta própria para cães obesos ou idosos, independentemente de sua idade; ela contém tudo que requer uma nutrição balanceada, menos calorias e gorduras. Por conter muita fibra, com essa dieta mais leve, seu cachorro vai se sentir mais saciado (e também encher mais o saco de fezes). Consulte seu veterinário para saber o valor "real" dos conteúdos indicados nos rótulos de comida para cachorros. Se você dá a seu cachorro a quantidade de comida que os fabricantes querem, ele vai ficar obeso. Dê a quantidade adequada para ele chegar ao peso *ideal*, e não manter o peso atual. Use um copo para medir a ração (em vez de um punhado tirado de uma lata de café ou de uma vasilha grande). Ajude seu cachorro a ficar em boa forma e vocês dois poderão se divertir juntos por muito mais tempo.

Existem comprimidos para controlar o apetite dos cachorros?

A primeira droga para controlar o apetite dos cachorros foi lançada pela Pfizer (por quem mais poderia ser?), a fabricante do Viagra e de quase todas as outras drogas que existem. Em 5 de janeiro de 2007, a droga Slentrol foi aprovada pelo centro de controle veterinário da FDA. Essa droga vendida apenas sob prescrição de um veterinário ajuda a controlar o apetite do Gorducho, reduzindo a fome e ajudando-o com isso a perder peso. Se a mudança da dieta e o aumento do nível de atividade física não funcionarem, pergunte ao seu veterinário sobre a possibilidade de dar-lhe Slentrol. Pessoalmente, acho que a maioria das pessoas não leva suficientemente a sério as duas primeiras medidas para fazê-lo perder peso e receio que a pílula se torne uma solução "fácil" para muitos. Mas considerando-se a existência de mais de 17 milhões de cães obesos, talvez esse seja um passo à frente. Como os efeitos a longo prazo da droga ainda não foram bem avaliados, use-a com cautela (até agora, não foi constatada nenhuma diarreia). É possível que em breve a Pfizer coloque no mercado a pílula combinada Slentrol-Rimadyl-Viagra, para que o Fido não apenas perca peso, tenha uma aparência melhor e mais agilidade, mas também se torne mais ativo!

Existem cachorros bulímicos?

Embora alguns cães gostem realmente de se empanturrar, a doença da bulimia não é reconhecida pela medicina veterinária. Se o seu cachorro come rapidamente e, em seguida, vomita tudo (para voltar a comer), pode ter a certeza de que ele não é bulímico. É mais provável que ele tenha alguma doença inflamatória dos intestinos que provoque vômito e diarreia, ou algum problema de motilidade no esôfago (uma fina membrana muscular que ajuda a empurrar a comida para o estômago) que o impeça de funcionar adequadamente. Se perceber que ele está vomitando com frequência, leve-o ao veterinário para ser examinado, pois, com certeza, ele não vomita com a intenção de ficar parecendo a atriz Calista Flockhart.

E cachorros anoréxicos?

Sim e não. Os veterinários às vezes usam o termo "anorexia" para designar a "falta ou perda de apetite".[9] O apetite é definido como "psicológico, relacionado com a memória e associações, e diferente da fome, que é fisiológica e se manifesta pela necessidade de comida do organismo". Nos animais, a anorexia pode ocorrer por diversas razões, inclusive por algum distúrbio metabólico subjacente (como insuficiência renal ou hepática), câncer, comida insípida, fatores ambientais ou presença de outros animais. O sintoma clínico manifesto pelas pessoas anoréxicas é a falta de apetite, que pode se dever à doença anorexia nervosa. Em medicina veterinária, o termo é usado de forma mais livre. Para sermos mais precisos, acho que deveríamos usar o termo "afagia" ou "anofagia", mas convenhamos, o que importa é que as pessoas entendam. Além disso, são termos de ortografia complicada. Portanto, não se ofenda se seu veterinário perguntar se o seu cão esquelético é anoréxico. Não estamos nos referindo às dietas de fome de Hollywood, mas antes à perda de apetite por razões patológicas. Os cachorros não têm vaidade (e Deus os ama por isso!).

Comida enlatada faz mal para cachorros?

Eu garanto que se você der a seus filhos salgadinhos Twinkies e cachorro-quente todos os dias, tudo que eles vão querer comer é Twinkies e cachorro-quente. O mesmo acontece com os cachorros. Ao começar a alimentar seu filhote, a sua atitude desde cedo deveria ser estritamente de "amor que não passa a mão na cabeça", pois se começar dando a ele comida enlatada, úmida ou restos da comida servida à mesa, fica cada vez mais difícil fazê-lo comer a ração. Embora possa parecer um castigo cruel, nós recomendamos que você comece dando a ele apenas ração. Quer acredite ou não, ele vai acabar comendo quando tiver fome. Portanto, você pode deixar a tigela cheia de ração por alguns dias até ele aceitar a sua nova dieta. No entanto, nem tente fazer isso com os gatos, pois não vai funcionar. Para saber por quê, você vai ter que esperar pelo segundo volume desta série!

Embora a comida enlatada não seja "nociva" para os cachorros, é importante lembrar o preço que você paga por seus 70 por cento de água. Para dizer a verdade, eu misturo duas colheres das de chá (bem, talvez três) de comida enlatada à ração que dou ao meu cachorro. Mas devo acrescentar que só faço isso para ele ingerir seus remédios. (É verdade, eu não acostumo mal meu cachorro. Aquele brinquedinho de mastigar que custou 30 dólares foi mais um instrumento de barganha.) Os veterinários também recomendam o uso de ração por seus efeitos de raspagem e limpeza dos dentes, que ajudam a reduzir a formação de placa e tártaro. Não sou contra a se dar ocasionalmente pequenas quantidades de comida enlatada, mas ela não deve jamais ser a principal fonte de alimentação, a não ser sob recomendação de um veterinário.

Se comer chocolate, o cachorro vai ter espinhas?

Independentemente de seu cachorro ter a idade de um velho ou de um adolescente, ele não vai ter espinhas, por mais chocolate que você dê a ele. Como vou explicar no Capítulo 8 ("Quando Cachorros Bem-Comportados Fazem o que Não Devem"), grandes quantidades de chocolate podem ter efeitos tóxicos ou, embora raramente, até fatais. Portanto, deixe o chocolate fora do alcance de seu cachorro. Mas, se por acaso ele o comer, não vai ter espinhas, mas diarreia, que lhe custará uma fortuna por ter de procurar um veterinário de emergência às duas horas da madrugada.

Por que os cachorros comem suas próprias fezes?

Bem que eu gostaria de poder dar uma explicação médica para isso, mas lamento não haver nenhuma. É verdade. Não há nada que justifique esse hábito nojento. Em seu lugar, eu procuraria treiná-lo a não fazer isso, nem que fosse apenas para evitar esse constrangimento. Acostumando-o a ouvir a ordem "Largue isso!", talvez ele aprenda a ignorar suas fezes. Se você não conseguir arrancar esse hábito dele, existem alguns produtos feitos para tornar as fezes ainda mais repulsivas; mas como normalmente não há necessidade de recorrer a um veterinário para determinar o grau de repulsividade das fezes, esses produtos podem ou não ajudar. Você pode também usar pó de chili vermelho; simplesmente espalhe-o sobre as fezes assim que ele defecar. Em geral, o melhor meio de impedir que ele as coma é recolhendo-as imediatamente, reduzindo com isso a probabilidade de ele se apegar a esse hábito nojento.

Alguns cachorros, embora muito poucos, desenvolvem o hábito da pica, que é o termo científico para designar perversão do apetite. Vi cachorros anêmicos que, de repente, começavam a comer fraldas ou tampões usados que encontravam no lixo. Alguns deles chegam a comer excrementos de gatos. Pode ser que sejam movidos pela necessidade de ingerir ferro. Embora a pica como doença seja mais comum nos cavalos, gado e ovelhas, a probabilidade de nos cães ela ser causada por deficiências de minerais e vitaminas é bem pequena. Se o seu cachorro tem o hábito de enfiar a boca onde não deve, acho que sua melhor defesa é não se deixar beijar por ele.

A comida servida à mesa é realmente nociva para os cachorros?

Tenho certeza de que seu cachorro adoraria passar o dia comendo os restos deixados à mesa, mas duvido que seu veterinário concordasse com tal permissividade. Sua mãe permitia que você se alimentasse apenas de salgadinhos e refrigerante? Bem, lamento muito, mas nem por isso você tem que passar esse mau hábito para seu cachorro. Antes de serem domesticados, os cães selvagens comiam tudo que encontravam pela frente, fosse vegetal, carne ou lixo. Atualmente, um cachorro saudável, atlético e de boa forma (ou seja, não obeso) pode comer pequenas quantidades de comida servida à mesa sem problemas. Entretanto, a maioria dos cachorros domésticos é hoje obesa por excesso de comida e falta de exercícios (exatamente como a maioria das pessoas). A vítima é comumente o cachorro obeso de dez anos de idade que come tudo que seu dono come. O pobre animal já tem predisposição a sofrer de doenças como problemas dentários, cardíacos e pulmonares, bem como diabetes, problemas ortopédicos, musculoesqueléticos e gastrintestinais resultantes da obesidade, e permitir que ele passe o dia comendo os restos deixados à mesa só faz agravar o desequilíbrio alimentar. O maior problema causado por esse hábito alimentar desordenado é a pancreatite, que é uma inflamação do pâncreas. A pancreatite (acompanhada de vômito e diarreia) pode ser branda, mas também chegar ao ponto de ameaçar a vida, além de seu tratamento custar uma fortuna. Você pode fazer o que bem entender de sua vida, como não comer gordura, louvar os benefícios da soja ou cultivar alimentos naturais, mas guarde suas tortas de alfarroba para seus amigos comunistas.

Se você *insiste* em dar a seu cachorro os restos da mesa, consulte seu veterinário para saber qual é a melhor maneira de controlar seu peso. Entre os restos de mesa que você pode adicionar a uma dieta balanceada para seu cachorro estão *pequenas* quantidades de carne de frango cozida (sem gordura, pele ou ossos) ou hambúrguer cozido (sem gordura). Os restos de arroz ou de outras comidas chinesas com pouca gordura em geral também não oferecem problemas, assim como certas massas com pouca gordura. Em caso de dúvida, jogue-os fora. (Se você quer realmente saber, às vezes eu dou as sobras da mesa para o meu cachorro. E sim, às vezes, ele lambe o que resta nas travessas depois que terminei de comer. Mas pelo menos, sendo eu mesma veterinária, não tenho que gastar uma fortuna para tratar de sua pancreatite ou diarreia! Portanto, divida a sua refeição com seu cachorro por sua própria conta e risco.)

Os produtos Greenies são mesmo nocivos para cachorros?

Você já viu na *pet shop* que costuma frequentar aqueles ossos caríssimos feitos de clorofila que são dados aos cachorros como petiscos? Recentemente, foi observado que os produtos naturais *Greenies* provocam obstrução no esôfago, estômago e intestinos. Isso chegou a ser notícia da CNN (deve ter alguém lá que gosta de cachorros!).[10] Muitos veterinários não recomendam certos petiscos, inclusive os *Gree-*

nies, por causa do risco de obstrução. Os especialistas em medicina interna e os profissionais que trabalham em atendimento de emergência são particularmente cautelosos ou desconfiados dessa marca específica, porque os ossos são tão palatáveis que os cachorros os devoram e são eles que têm de fazer endoscopia para removê-los no meio da noite. O problema é que nem sempre é possível fazer ossos de tamanhos que correspondam aos diferentes tamanhos de cães, apesar de o fabricante tentar. Se seu Glutão devorar um desses ossos, procure removê-lo antes que ele se fragmente em pedaços pequenos demais. Se ele tem o hábito de devorar tudo como se tivesse passado semanas sem comer, é bem possível que algo se aloje em lugares inapropriados. Certa vez, eu vi um cãozinho com um corpo estranho no esôfago por ter engolido rápido demais sua pílula contra a dirofilariose. Tome muito cuidado toda vez que der uma "recompensa" a seu cachorro e fique de olho para que ele não se engasgue com um pedaço de osso.

A empresa fabricante dos ossos Greenies reformulou-os recentemente para torná-los mais digeríveis e, com isso, espera-se reduzir a incidência desses acidentes. Os novos Greenies têm uma nova textura mastigável com "pontos de quebra" que permitem ao cachorro partir o osso em "pedaços mastigáveis que se dissolvem mais facilmente",[11] pelo que consta na página da empresa na Internet. Esperamos que seja verdade!

Meu cachorro adora aqueles ossinhos feitos de pênis de touro! Será que eles são saudáveis?

Bem, eu tenho uma novidade para lhe contar – mas estou avisando: caso você seja demasiadamente sensível, pode pular esta parte.

Enquanto percorria uma *pet shop*, tive a grata surpresa de constatar que as aulas de anatomia que havia assistido quinze anos antes tinham valido a pena. Vi um daqueles ossinhos e imediatamente reconheci nele o corpo cavernoso e o bulbo esponjoso do pênis de um touro. É isso mesmo que estou dizendo. Apesar de parecer nojento, os cães adoram o sabor desses petiscos. Mas infelizmente alguns cachorros pequenos são loucos por eles e os devoram tão rapidamente que eles ficam entalados no esôfago. Isso me enlouquece, mas como atendo emergências, procuro manter uma postura profissional. Não consigo simplesmente dizer para as pessoas coisas como "Bem, seu cachorro tem um pênis de touro entalado no esôfago".

Mas por sorte esse problema não ocorre com muita frequência, pois sou a favor do uso eficiente de todas as partes dos animais na indústria de alimentos, inclusive orelhas de porco, traqueia, ossinhos de couro cru e também, é claro, de pênis de touro. Isso não apenas reduz a quantidade de desperdício, mas também contribui para o consumo máximo desses produtos comestíveis. Portanto, continue comprando os tais ossinhos feitos de pênis de touro. Tente fazer de conta que são ossos de vaca ou pés de porco, mas tome cuidado para que seu cachorro não os devore rápido demais!

Meu peso é acima do normal e o do meu cachorro também. Devo me preocupar com isso?

Depende. Você está a fim de dar injeções de insulina em seu cachorro duas vezes por dia e pelo resto da vida, intercaladas com exames veterinários caríssimos? Mais de 60 por cento dos americanos têm peso acima do normal. Estima-se que entre 25 e 40 por cento dos animais domésticos (essa cifra pode chegar a 70 por cento) são obesos, indicando que seu peso está no mínimo 20 por cento acima do ideal.[12] Embora essa talvez não seja uma das prioridades em sua lista de resoluções para o próximo ano, ela deveria ser. A obesidade está relacionada a uma série de problemas médicos, por reduzir a capacidade imunológica e exigir mais esforço do coração, da traqueia, dos pulmões e da estrutura musculoesquelética. Por isso, é importante que o Fido siga uma dieta com a quantidade apropriada de comida (e dependendo de sua idade, uma dieta de ração com pouca gordura e rica em fibras), além de um programa de atividades físicas intensivo.

Dividir as refeições em várias porções menores (por exemplo, distribuir em três vezes a quantidade que ele come numa refeição) pode fazer com que ele se sinta mais saciado e pare de pedir. Use uma medida apropriada para garantir a ingestão de calorias. Você pode pedir as devidas instruções a seu veterinário. Muitos deles se dispõem a medir gratuitamente o peso do animal uma vez ao mês e registrar a perda de peso em sua ficha. Peça ao seu veterinário para incluir em seus serviços o exame de fezes gratuito caso ele perca quatro quilos (ele precisa de alguma motivação!).

Em estudos mais recentes, cientistas constataram que, se você faz exercícios com seu cachorro, ambos perdem peso. Parece lógico, não é mesmo?

Por que os cachorros comem grama?

Existem muitas hipóteses a respeito de por que os cães comem grama. Eles são, por natureza, onívoros e, portanto, precisam de alguma quantidade de matéria vegetal em sua dieta. A maioria dos produtos industrializados para cachorros contém basicamente proteína vegetal (por exemplo, milho ou soja) com uma medida balanceada de proteína animal. Portanto, não é de estranhar que eles às vezes sintam necessidade de vegetais, como acontece com as pessoas depois de uma semana comendo fora. Eu costumo sentir necessidade de uma boa salada verde depois de passar alguns dias comendo carne. Talvez Angus, o Blue Heeler, coma grama por estar farto de filé mignon e simplesmente queira algo diferente para variar, sem mencionar fibras e vitamina B_{12}.

Entretanto, os cachorros às vezes comem grama por razões médicas. Ocasionalmente, eles são levados ao veterinário por seus donos por andarem comendo grama e vomitando em seguida. Nessas situações, estamos diante do típico dilema de qual surgiu primeiro, o ovo ou a galinha? Pode ser que Angus tenha sentido necessidade de comer grama e, já empanzinado, vomitado tudo ou pode ter sentido enjoo em função de algum outro problema e comido grama para limpar e acalmar o estômago. Afinal, a gente sempre se sente melhor depois de vomitar, não é mesmo? Como Angus sabe que há algo de errado, esse pode ser um aviso para que você, seu dono, o leve ao veterinário. "Alô! Estou enfiando um dedo na garganta, espalhando vômito pelo quintal e me sentindo enjoado para que você, por favor, me leve ao veterinário!" Se Angus está comendo e vomitando grama com demasiada frequência (mais de uma ou duas vezes por semana), deixe os conselhos gratuitos deste livro de lado e leve-o ao veterinário!

Por que os cachorros enterram ossos?

Antes de ser domesticado, o cão selvagem tinha de enterrar ossos como meio de estocar comida para o caso de a matilha não conseguir arranjar comida fresca. Como os cães têm um faro muito apurado, eles conseguiam encontrar esses estoques e escavá-los quando necessário. Embora o nosso cachorro domesticado continue com esse mesmo hábito de cavar buracos para enterrar seus petiscos, parece que alguns deles perderam a capacidade instintiva de lembrar onde os enterraram. Que lástima!

Qual é a melhor maneira de dar remédio ao meu cachorro?

Você nunca se perguntou por que adotou um cachorro em vez de um gato? Eis algumas sugestões que merecem ser consideradas. Elas foram colocadas em circulação na Internet por pessoas que se dizem amantes de cachorros:

Como dar comprimido a um gato

Pegue o gato e enganche-o no braço esquerdo dobrado como se fosse um bebê. Com a mão direita, coloque o dedo indicador de um lado da boca do gato e o polegar do outro e pressione levemente as bochechas. Quando a boca do gato se abrir, enfie nela o comprimido. Deixe que ele feche a boca e o engula.

Pegue o comprimido do chão e o gato de trás do sofá. Acomode delicadamente o gato no braço esquerdo e repita o processo.

Retire um comprimido da embalagem e acomode o gato no braço esquerdo. Force a abertura das mandíbulas e empurre o comprido para dentro da boca com o dedo indicador. Aperte as mandíbulas para manter a boca fechada enquanto conta até dez.

Pegue o comprimido de dentro do aquário de peixe e, o gato, de cima do guarda-roupa. Chame seu parceiro que está lá fora no jardim para vir ajudar.

Ajoelhe-se no chão com o gato preso firmemente entre os joelhos e segure suas patas dianteiras e traseiras. Ignore os rosnados do gato. Peça ao seu parceiro para segurar firmemente a cabeça do gato com uma mão enquanto você enfia uma régua de madeira em sua boca. Faça o comprimido descer pela régua e esfregue-a com força na garganta do gato.

Pegue o gato de trás da cortina; retire outro comprimido da embalagem.

Envolva o gato com uma toalha grande e peça ao seu parceiro para deitar-se sobre ele, deixando só a cabeça de fora da axila. Coloque o comprimido na ponta de um canudo, enquanto com um lápis mantém a boca do gato aberta, e com um sopro no canudo, faça o comprimido voar para dentro da boca do animal.

Leia a bula para saber se o comprimido não faz mal aos seres humanos, beba um copo de água para remover seu gosto. Aplique um curativo no antebraço do seu parceiro e remova o sangue do tapete com água fria e sabão.

Chame a organização em defesa dos animais para recolher o gato e entre em contato com a *pet shop* mais próxima para saber se tem algum hamster à venda.

Como dar comprimido a um cachorro

Envolva o comprimido numa fatia de bacon.

Está vendo como gatos e cachorros são diferentes?

Se o meu cachorro comer chocolate, o cocô dele vai ter cheiro de chocolate?

Ah, a diarreia causada por chocolate. Essa pergunta pode parecer ridícula (e estúpida), mas a resposta é sim. O cheiro do cocô do seu cachorro vai ser delicioso como o do chocolate pelos próximos dias. E lembre-se de que ele pode querer comê-lo, para se deliciar de novo com o sabor do chocolate. Mas atenção, porque a esta altura provavelmente virá também o vômito. E surpresos, os vizinhos podem achar que o coelhinho da Páscoa resolveu se antecipar este ano...

Por que meu cachorro gosta de remexer na caixa de areia dos gatos?

Ora, se ele gosta de comer as próprias fezes, por que não iria gostar também de comer as de outros animais? Devem ser tão apetitosas quanto. Com certeza, esse é um hábito realmente nojento, mas do ponto de vista médico, não há nenhum problema em ele fazer isso, desde que o dono das fezes tenha sido devidamente desverminado. Seu hálito, no entanto, pode não ser o mais refrescante. Para livrá-lo desse hábito, eu recomendo que você cubra a caixa dos gatos e vire-a contra uma parede (deixando espaço livre suficiente para o gato entrar). Com essa medida, espera-se dificultar o acesso do seu cachorro às fezes do gato.

Um dos cachorros de um colega meu tem esse hábito; na verdade, Jack está sempre tão atento ao que fazem seus companheiros que, quando percebe que eles estão usando a caixa, corre para limpá-la. Eca! E quando ele corre escadas abaixo com o nariz e os dentes emporcalhados, já sabemos que o estrago está feito. O lado positivo disso é o dono se livrar de ele mesmo ter de limpar a caixa dos gatos e também contribuir para a diminuição do acúmulo de detritos e, consequentemente, para a preservação do meio ambiente.

CAPÍTULO 7

A IMENSIDÃO DO ESPAÇO LÁ FORA

Ah, os perigos que espreitam lá fora! Como se não bastassem as dificuldades para proteger seus filhotes de duas pernas dos perigos do mundo de hoje, você ainda quer proteger seu leal amigo de quatro patas. Afinal, você pode fazer com que seu filho use um capacete para andar de bicicleta, mas não pode fazer o mesmo com seu cachorro... ou será que pode? Cachorros são como crianças – não apenas temos de limpar seu cocô, mas também carregar tudo de que podem precisar (sem esquecer do protetor solar, dos biscoitos preferidos, dos saquinhos de plástico para recolher as fezes, da garrafa de água e dos petiscos!). Neste capítulo, vamos tratar de todos os perigos induzidos pela paranoia que estão à espreita na imensidão do espaço lá fora – esteja seu cachorro confinado entre os muros do pátio de sua casa, descendo a rua preso à coleira, correndo às margens do Rio Mississippi, brincando no lago ou percorrendo as trilhas dos Parques Nacionais.

Eu aprendi a duras penas a lição de como é viver na natureza com um cachorro como JP numa viagem para acampar na região de corredeiras reservadas para canoagem. Acostumado a andar solto pelas ruas da Filadélfia, JP nunca havia pisado numa canoa antes de eu me mudar para Minnesota. Entendi imediatamente por que as pessoas não se aventuram naquela região com seus cachorros. Não apenas pelo fato de a canoa balançar ("Sossega, JP! Não vê que a canoa pode virar?"), mas também por ele ser quase devorado pelos mosquitos, borrachudos e mutucas. Eu tinha de estar sempre passando repelente contra insetos nele e cobrindo-o com minha camiseta. E depois, ainda por cima, descobri que, quando deixado sozinho no acampamento, ele começava a uivar pela falta que sentia de companhia humana, mesmo que estivéssemos a apenas 45 metros de distância (não se preocupe, pois como seus uivos eram de quem estava prestes a morrer de solidão, nós sempre acabávamos voltando para ele.). Lição aprendida. É por isso que estou compartilhando essa experiência que jamais voltarei a repetir – para que você não submeta a si mesmo e a seu cachorro à experiência traumática de aventurar-se na natureza sem antes tomar as devidas precauções. Vocês que são aventureiros de fim de semana continuem lendo!

O sumagre venenoso pode afetar os cachorros?

Sim, pode, mas felizmente isso parece ocorrer com menos frequência do que com as pessoas. Graças à camada de pelos longos que os protege, os óleos dessa planta não conseguem alcançar a pele. Mas, infelizmente, esses óleos *podem* passar do seu cachorro para você. Tome cuidado ao andar em meio a essa planta venenosa com seu cachorro e evite tocá-lo por um tempo. Leve uma toalha para secar seu cachorro depois de tal aventura (usando luvas!). Dessa maneira, você pode minimizar as possibilidades de ele passar esses óleos para você. Se o cachorro tiver pelo curto e for afetado pelo sumagre venenoso, procure lavá-lo com um xampu de aveia – existem especiais para cachorros.

Meu cachorro precisa usar óculos escuros para se proteger do sol?

A maioria dos cachorros não precisa, mas uma pequena parcela deles, sim. A marca *Doggles* lançou uma linha de óculos escuros que são indicados por muitos oftalmologistas de cachorros. Eles são totalmente à "prova de cachorro" e feitos de policarbonato à prova de estilhaçamento. Eles também bloqueiam 100 por cento os raios ultravioleta, não embaçam e, mais importante, protegem completamente de ciscos, gravetos e pó (ver Referências). Eles são fixados com duas tiras ajustáveis que os mantêm presos mesmo com o carro aos solavancos por estradas esburacadas.

Tecnicamente, um cachorro normal não precisa usá-los, a não ser que passe a metade do tempo com a cabeça para fora da janela do carro. Entretanto, para cachorros com certos problemas médicos, usar esses óculos é a solução. Uma doença dos olhos chamada de *pannus* oftálmico, que é uma inflamação crônica da córnea e da conjuntiva, é frequente em cachorros que vivem em lugares altos e expostos à radiação ultravioleta. Ela se manifesta de maneira semelhante à cegueira diante da luz refletida na neve. O uso desses óculos em tais situações ajuda a aliviar a dor causada por essa inflamação que, quando não tratada, pode levar à cegueira.

A propósito, a empresa que fabrica esses óculos os fornece para muitos cães de resgate, para manter corpos estranhos longe de seus olhos. Os cachorros policiais já são intimidadores o bastante, imagine-os então usando esses óculos, farejando para encontrar você e fulminando seu olhar gélido e impenetrável enquanto se esforça para salvá-lo do perigo? Bem, essa é a primeira impressão que deixam.

Posso levar meu cachorro para correr quando lá fora está fazendo um calor de 32° C?

Poder você pode, mas eu não recomendo. Os cachorros mantêm a temperatura do corpo basicamente por meio da arfagem e liberam o calor pelas almofadas das patas. Como eles não possuem glândulas sudoríparas, quando o tempo está quente e úmido, eles podem facilmente superaquecer, por mais água que você dê a eles. Certas raças são mais predispostas a sofrer de calor excessivo, como o Labrador Retriever de mais idade com problemas respiratórios (como a paralisia da laringe, que resulta numa respiração ruidosa ou numa alteração gradual de seus latidos), cães com excesso de peso e de pelagem escura, ou ainda cães de focinho chato ou amassado (como o Buldogue francês e o inglês, o Pug, o Shih Tzu e o Pequinês).

A maioria das pessoas sabe que temperaturas acima de 32° C são insuportáveis para todas as criaturas igualmente, tenham elas duas ou quatro patas. O problema é que, como a temperatura costuma ficar normalmente entre 26 e 29° C, você pode achar que não é alta demais, mas se o calor for úmido, o cachorro não consegue trocar bem o calor, por haver pouca evaporação refrescando a sua língua. Essa é na realidade a pior média de temperatura, simplesmente pelo fato de a maioria das pessoas não perceber que oferece perigo.

No mundo dos cães puxadores de trenós, as pessoas não permitem que eles façam esforço quando a temperatura e a umidade somadas ultrapassam 75. Por exemplo, quando o nível de umidade é de 60 por cento e a temperatura de 15° C. Para quem está acostumado a viver em clima quente, essa não é uma temperatura alta, mas os cães que puxam trenós em geral preferem correr na neve e podem sofrer de calor excessivo quando a temperatura chega a 6 graus negativos (dependendo de quantos quilômetros eles percorrem por dia). Na dúvida, use a seguinte fórmula segura para cachorros esportistas de fim de semana: nunca permita que seu cachorro se exercite quando os níveis de temperatura e umidade juntos ultrapassarem 100. Essa cifra pode ficar um pouco acima se vocês estiverem numa área onde há água para o cão se refrescar, mas lembre-se de que se você correr, andar de bicicleta ou de patins exigirá muito dele.

Para exercitar seu cão, procure um lugar onde ele tenha acesso à água fresca e, em caso de dúvida, interrompa a atividade. Se ele estiver sempre ofegante, ficar para trás, a urina for amarelo-escura ou vermelho-escura e mostrar-se cansado, esses são sintomas de insolação. Trate de refrescá-lo imediatamente, respingando água nele; em seguida, leve-o ao veterinário para ser tratado com soro intravenoso, receber cuidados e acompanhamento clínico.[1] A insolação é muitas vezes fatal, mesmo recebendo o tratamento intravenoso e 24 horas de acompanhamento médico. Você pode impedir a ocorrência de uma tragédia como essa, simplesmente deixando seu cachorro descansar num ambiente refrigerado enquanto *você* sai para correr.

A partir de que idade eu posso começar a levar o meu cachorrinho para correr?

Exatamente como as crianças, os filhotes de cachorro não devem ser submetidos a exercícios físicos intensos cedo demais, pois como estão em crescimento, podem sofrer danos nas cartilagens. Eu iniciei JP em longas caminhadas na natureza aos quatro meses de idade, mas parando para descansar sempre que necessário. Com cinco ou seis meses, nós já percorríamos entre três e cinco quilômetros a cada final de semana. Lembre-se de que como ele dá muitas voltas pelos arredores, provavelmente acaba perfazendo o dobro da quilometragem que você percorre. É importante também notar que cada raça pode ser mais suscetível a certas doenças. O Labrador, por exemplo, tem mais predisposição a sofrer de displasia coxofemoral ou osteocondrite dissecante (afecção da cartilagem) e, caso o seu cachorro seja dessa raça, é melhor você não desafiar sua condição ortopédica. Levar seu cachorrinho para percorrer alguns quilômetros de ruas pavimentadas pode parecer divertido, mas pode prejudicar as articulações em desenvolvimento. Consulte seu veterinário sempre que tiver alguma dúvida.

Alguns veterinários especializados em reabilitação recomendam uma prática limitada de exercícios sobre superfícies duras (como o cimento) até que as placas de crescimento se fechem, o que pode ocorrer aos oito ou dez meses de idade, dependendo da raça. Em geral, para os cachorros com menos de quatro meses de idade, períodos curtos de exercícios diários (de quinze a vinte minutos de corrida moderada) sobre superfícies gramadas macias constituem uma prática segura. Dependendo do tamanho do seu cachorro (quanto maior o tamanho, mais devagar o ritmo), vá aumentando gradualmente a distância, a velocidade e o nível de dificuldade do terreno. Lembre-se de que a idade de seis meses de um cachorro corresponde à de uma criança de três a quatro anos. Você levaria o seu filho com essa idade para uma corrida de três a cinco quilômetros? Moderação é a palavra chave. Embora não existam regras ou normas rígidas, sempre que tiver dúvida, vá devagar.

Por que alguns cachorros pegam o disco que você joga no ar e outros não?

Cachorros de certas raças, como o Border Collie, parecem ter uma predisposição inata para pegar o disco que você joga, enquanto outros simplesmente o ignoram, parecendo olhar para você e dizer: "Bem, se você o jogou, agora trate de pegá-lo!" O Labrador, por sua vez, gosta de ficar jogando bolas de tênis a seus pés, como convite para que você participe da brincadeira. Assim como certas pessoas são atletas por natureza, o mesmo acontece com certas raças de cães. Alguns demonstram ter mais coordenação entre pata, boca e olho e mais flexibilidade para "voar" ou saltar.

Eu tive que me esforçar muito para treinar JP desde filhote a pegar as bolinhas que eu lhe jogava – no início, ele simplesmente ficava olhando para a minha cara, dava-me as costas e ia fazer cocô. Mas aos poucos foi melhorando a sua atuação. Mostrei a ele como apanhar um disco aos três anos de idade e ele acabou se viciando nessa atividade. Ele empolga as duplas de mãe-filhote no parque com seus saltos que desafiam a gravidade para pegar o disco no ar. É impressionante. Exatamente como ele, eu só aprendi a arremessar discos quando tinha trinta anos, mas com essa descoberta de como é possível alguém com essa idade aprender novos truques, fiquei tão entusiasmada quanto Liz Taylor num banquete. O que dizer a não ser que ambas adoramos chamar a atenção!

Para ensinar seu cachorro a pegar um disco, uma ordem como "Pegue!" pode ajudar, assim como um pouco de demonstração de júbilo e aplauso quando ele conseguir apanhá-lo. Ordens simples como "Largue" ou "Dê" quando ele volta (acompanhadas de uma palmadinha nas costas, uma carícia nas orelhas ou algum petisco) servem para mostrar que toda essa atividade pode afinal valer a pena. Como uma criança, ele não vai nem desconfiar que essa é também uma forma de exercitar-se. Um conselho útil: comece usando um disco feito especialmente para cachorros. Eles são mais macios, mais fáceis de apanhar e menos traumáticos para a boca e as gengivas. O disco típico usado nesse esporte pesa 175 gramas e é feito de plástico duro que pode machucar o cachorro se atingir a cabeça, olhos ou boca. Em caso de isso acontecer, você tem a chance de descobrir que essa brincadeira aparentemente boba pode não ser tão inofensiva quanto parece. Vá devagar e com calma!

Quantos quilômetros meu cachorro pode correr?

Como fã entusiasta de esportes, eu adoro frequentar eventos esportivos. Alguns anos atrás, fui pela primeira vez assistir a uma maratona, em Duluth, Minnesota (a Maratona da Vovó). Nela, aprendi duas lições importantes: a primeira é que não quero participar de maratonas. Ver as pessoas cruzando a linha de chegada, chorando, se arrastando e se apoiando umas nas outras, mancando e soluçando não foi nenhum fator de motivação para mim, embora eu tenha aplaudido com entusiasmo o fato de elas terem ido até o final. A segunda lição aprendida é que qualquer tipo de pessoa pode finalizar uma maratona. Eu achava que veria apenas corredores magros, esqueléticos e de pernas finas, mas tive a grata surpresa de ver corpos de todos os pesos e alturas cruzando a linha de chegada.

Lamentavelmente, o mesmo não acontece com os cachorros. Fico muito feliz toda vez que vejo cães de todos os tipos correndo às margens do Mississippi, mas tenho de reconhecer que certas raças de cães não foram feitas para correr. Entre elas estão o Boston Terrier, o Pequinês, o Pug e os Buldogues francês e inglês. Da mesma maneira, se o seu cachorro é extremamente preguiçoso e você não consegue erguer seus cinquenta quilos para colocá-lo no carro, provavelmente faria melhor não ir além de 1.500 metros; isso vale especialmente para cães de grande porte como o Dogue de Bordeaux, o Mastiff e o Terra-Nova.

Em seguida, é importante observar a musculatura do cachorro. Se seu cachorro é demasiadamente musculoso, provavelmente ele prefere fazer corridas rápidas de curta distância. Cachorros desse tipo (como o Greyhound, o Pit Bull e o Boxer) têm uma massa muscular tão densa que podem facilmente chegar ao superaquecimento. Em geral, se o cachorro tem as pernas mais curtas do que a altura do corpo, ele provavelmente não é um bom corredor (sinto muito por vocês, baixinhos). E, finalmente, se o cachorro tem a cara amassada, narinas pequenas, ofega muito, mesmo quando em repouso, ou ronca mais alto do que seu marido, ele provavelmente tampouco nasceu para ser corredor – embora possa muito bem fazer corridas de curta distância e em marcha lenta. Qualquer que seja o caso do seu cachorro, consulte o veterinário ou vá com muita calma ao acostumá-lo a seguir seus hábitos torturantes de lazer.

O meu Pit Bull gosta de correr comigo os três primeiros quilômetros. Ele consegue correr até dez quilômetros, mas após os três primeiros, ele começa a andar uns 60 metros atrás de mim. Quando estou correndo com ele, fico vendo as outras pessoas caminhando ou passeando de carro com seus cachorros e penso comigo mesma: "Caramba, esta é uma tremenda crueldade. Este cachorro parece estar exausto!" O fato é que JP poderia correr muito mais sem qualquer problema, só que isso não significa que ele teria prazer.

Use o bom senso para correr com seu cachorro – eu não consigo ir além de cinco quilômetros com JP sem sentir que o estou torturando. Certos labradores hiperativos correm quinze quilômetros além do que deveriam e, com isso, arriscam-se a ter alguma lesão ortopédica, dor ou insolação. Digamos que seu cachorro tenha dez anos de idade, você obrigaria um homem de setenta anos a acompanhá-lo numa corrida de quinze quilômetros?

Se você quer ter um cachorro atlético, procure um que seja estimulável, goste de correr e brincar e esteja em boas condições físicas. O Labrador é o cachorro tipicamente apropriado para ser um bom parceiro de corrida, como também o Golden Retriever, o Perdigueiro alemão de pelo curto, o Border Collie, o vira-lata, o Schnauzer e até mesmo o miniatura Shih Tzu. Acostume lentamente seu cachorro a correr, não espere que ele simplesmente corra oito quilômetros no primeiro dia e dezoito no dia seguinte. Se ele ofegar excessivamente, se arrastar atrás de você ou der sinais de cansaço (mesmo num dia frio), vá com calma. Não vale a pena prejudicar a saúde do seu cachorro só para você se preparar para correr a *sua* maratona.

Posso deixar meu cachorro fazer exercícios do lado de fora do carro enquanto eu dirijo?

Certa vez, enquanto andava com JP às margens de um lago, vi um senhor de idade "levando" seu cachorro preso a uma longa correia que ele segurava ao mesmo tempo em que dirigia muito lentamente. Apesar de considerar louvável sua preocupação com a saúde do seu cachorro, esse não é um método recomendável, pois é extremamente arriscado. Em primeiro lugar, por provavelmente não ser legalmente permitido, uma vez que você deixa de prestar atenção à sua frente, mesmo dirigindo em velocidade reduzida. Em segundo, porque uma roda do carro pode passar por cima de uma das pernas do cachorro e resultar numa lesão grave, como a ruptura de um tecido. Em terceiro, porque você pode não conseguir parar o carro se surgir uma emergência e, com isso, arriscar a vida do seu cachorro. E, finalmente, porque você não consegue acompanhar muito bem os movimentos do seu cachorro a partir da janela do carro enquanto o arrasta. Você pode não perceber que ele está começando a ficar cansado, que está começando a mancar ou que um fragmento de cascalho penetrou em sua pata e a está machucando. Você gostaria de ser arrastado à força pela pessoa que você ama? Independente de seu cachorro ser ou não obeso, e de você ser preguiçoso demais para sair do carro, eu acho que você também deveria fazer o exercício.

Posso andar de patins com meu cachorro?

O que é mais fácil para você? Correr ou andar de patins por uma distância de quinze quilômetros? Não sabe. Então, eu digo que é andar de patins, porque essa atividade requer menos movimento das pernas do que correr e, uma vez iniciado, o movimento ganha força própria. Seu cachorro, no entanto, tem que fazer o mesmo nível de esforço (se não maior) para acompanhar você. Isso requer uma quantidade enorme de energia, o que vai gerar calor e predispor seu cachorro a ter uma insolação. Apesar de ser reconhecidamente um bom exercício para seu cachorro, procure andar de patins com ele apenas depois de tê-lo preparado para isso e em condições climáticas favoráveis.

Outro dia vi um homem andando de patins e empurrando seu cachorro num carrinho de criança. Ele andava de um lado para outro, empurrando aquele carrinho como se o cachorro fosse uma criança. O cachorro não estava fazendo nenhum esforço físico, mas parecia muito feliz com aquilo. Se você está decidido a levar seu cachorro para passear com você de patins, mas duvida que ele aguente o esforço, essa pode ser uma alternativa.

Posso entrar na água com meu cachorro?

Como quase me afoguei uma vez quando tinha sete anos de idade, minha resposta a quem quer que me faça essa pergunta é sempre que nadar não é comigo. Não me interprete mal, eu gosto de entrar na água e ficar me refrescando. Mas simplesmente não gosto de enfiar a cabeça dentro dela. Bem, como diz o ditado "Tal mãe, tal filho", JP, por algum motivo, resolveu me imitar e se recusa terminantemente a nadar. Ele adora brincar na água, mas jamais deixa a água subir além das pernas. A sua estrutura muscular o torna tão denso que ele afunda como se fosse uma tora de madeira (bem que eu gostaria de ter a mesma desculpa). Outros cães não querem sair da água e para tirá-los seus donos têm que arrastá-los (essa é para vocês, Labradores!). Na maioria das raças, esse gosto varia de cachorro para cachorro e, para saber ao certo, você terá que submetê-lo à prova. A única coisa que posso dizer com certeza é que se o seu cachorro tem algum problema respiratório ou na laringe, você não deve permitir que ele nade, pois ele pode aspirar água e acabar engasgando ou se afogando.

Nós que somos veterinários devemos estar atentos a tudo. Meu professor de cirurgia ortopédica da Faculdade de Medicina Veterinária da Universidade de Cornell, o Dr. Eric Trotter, tratou certa vez de um cachorro com fraturas graves provocadas por sua "queda" de uma lancha. Pelo que pareceu, o dono estava tentando fazer seu cachorro desistir de querer "puxar" o Titanic – em outras palavras, de sair da proa do barco e deixar que o vento soprasse através de suas longas orelhas caídas. O sujeito freou com força, achando que o cachorro fosse cair de costas dentro do barco e aprender uma lição básica sobre o funcionamento da lei da gravidade, mas o que ele aprendeu foi uma lição básica de velocidade; ele voou de ponta-cabeça para dentro da água e foi atropelado pelo barco de seu papai. Se você tem um barco desse tipo, por favor, não leve seu cachorro para passear nele. Recomendo também que tome cuidado se for andar de canoa com seu cachorro. A última coisa que você vai querer é que o passeio de vocês acabe como no filme *Mar em Fúria*. Se seu cão ficar nervoso, excitado (correndo de um lado para outro e fazendo o peso recair demais sobre uma ponta ou outra da canoa) ou ansioso (uivando e latindo o tempo todo), a canoa pode acabar virando e colocando em perigo a vida de todos a bordo. É claro que eu só estou fazendo essa advertência depois de ter passado por essa experiência, que não foi nada agradável.

Finalmente, quem estiver de saco cheio de ficar "surfando" nos canais de TV, pode descobrir o esporte do mergulho em docas no programa *Great Outdoor Games* do ESPN e assistir a cachorros saltando de uma doca de 12 metros de altura e caindo numa piscina de 100 mil litros de água. Vence a competição o cachorro que saltar mais longe. Nem todos os cachorros têm talento inato para mergulhador, mas o Labrador Retriever parece ser especialmente bom nisso. Veja nas Referências onde treinar seu cachorro para se tornar um mergulhador capaz de desafiar a lei da gravidade.

Tudo bem se meu cachorro passar o dia todo solto quando não estou em casa?

Como dona de um Pit Bull eu levo ao extremo a obsessão por não deixar JP fora de casa. A minha preocupação não é tanto com a segurança dos coelhos, gatos e pequenos roedores (ele é muito lerdo para caçá-los), mas é que não suporto a ideia de deixá-lo à própria sorte. Evidentemente que meus amigos me consideram uma controladora incurável, mas eles que se danem!

Na Filadélfia, os Pit Bulls deixados sozinhos no quintal eram muitas vezes roubados; esses cães eram usados ou para brigar com outros Pit Bulls ou para servirem de "isca" (o pedaço de "carne" jogado entre dois Pit Bulls esfomeados para que iniciassem uma briga). Eu nem mesmo deixo JP sozinho no carro se tenho que dar uma saída rápida, por medo de alguém roubá-lo pela janela. Mas se alguém é estúpido a ponto de enfiar a mão pela janela aberta de um carro com um Pit Bull dentro está desafiando a própria sorte. Com base em minhas próprias experiências urbanas, eu ainda hesito em deixar JP sozinho o dia todo fora de casa mesmo na relativa segurança de Minnesota. Ele pode ser bravo, mas como todos os heróis valentes e estrelas do cinema, ele é também um pouco estúpido. Ele precisa de um *guarda-costas*.

Mas eu entendo que posso ser um pouco superprotetora demais. Existem donos que se sentem à vontade para deixar seus cachorros soltos o dia todo e não vejo nada de errado nisso. Se a cerca for segura e não houver nenhuma chance de ele escapar, fica totalmente a seu critério. Desde que haja um abrigo apropriado (para ele se refugiar caso comece a chover ou nevar), não há nenhum problema. Mas procure se certificar se seus vizinhos são confiáveis e não vão jogar restos de comida ou veneno para o seu cachorro através da cerca. Tudo fica mais fácil se seu cachorro for silencioso. Cachorros que latem incomodam os vizinhos e só você mesmo para suportar a poluição sonora de sua garganta incansável (afinal, você pagou para tê-lo). É importante pensar em tudo isso antes de deixar seu cachorro sozinho do lado de fora da casa.

Posso usar uma cerca invisível para prender meus filhotes humanos?

Não, você não pode fazer isso com seus filhos! A cerca invisível é um sistema eletrônico de coleira que dispara sinais e choques para comunicar que o desavisado Hendrix está se aproximando dos limites do quintal. O cachorro precisa de algum treinamento para saber quais são esses limites, mas a cerca invisível é um bom meio de mantê-lo confinado dentro da sua propriedade. Apesar de causar dor, o choque da coleira invisível por sorte é rápido, durando mais ou menos o tempo que você levou para tentar limpar a bandeja do forno com uma lambida (funciona que é uma beleza). A boa notícia é que se o Hendrix tem algum juízo, ele vai aprender rapidamente a lição e nunca mais vai voltar a se aproximar dos limites do quintal.

Mas existem, embora sejam raros, aqueles cães que conseguem romper a barreira da cerca invisível. A opinião que tenho a respeito da cerca invisível é a mesma que tenho do corte de cabelo: vale quanto custa. Portanto, se você não está a fim de ficar parecendo um ninho de ratos ou um presunto amassado pelas rodas de um carro, procure uma marca conhecida e que seja recomendada pelos veterinários. A minha maior preocupação é com a possibilidade de algum cachorro mais obstinado conseguir atravessar a cerca e acabar sendo atropelado por um carro. Para prevenir que isso aconteça, a cerca deve ser de boa qualidade e instalada de maneira adequada, como também o cachorro deve ser devidamente treinado (a ênfase aqui é no *deve* – afinal estamos falando de nossos cachorros!) A liberdade que essa cerca oferece, quando funciona apropriadamente, é enorme. Afinal, o Hendrix tem a oportunidade de se exercitar e, como seu xará, a liberdade para vagar pela imensidão do mundo lá fora (sem recorrer às drogas).

Os cães de caça gostam realmente de caçar?

Quando eu troquei o ambiente de profissionais bem-sucedidos da Costa Leste pelo ar mais saudável de Minnesota, o mundo dos cães de caça foi algo totalmente novo para mim. Como uma garota típica de Jersey (minha grande cabeleira me deixava 12 centímetros mais alta nos anos oitenta), caçadores e camuflagens não faziam parte da minha vida. Mas quando vi pela primeira vez cães de caça em ação, perdi a fala. Foi realmente incrível ver um perdigueiro pegar sua caça ou um caçador de pássaros assustar as aves para que levantassem voo. Nada dá mais prazer a esses cachorros do que saltar e correr até se esfalfar através de arbustos altos enquanto seus donos se mantêm à espreita (com uma espingarda, é claro – muito romântico!). Esses cachorros amam o que fazem. Eles também se exercitam e se divertem mais num final de semana de caçada do que a média dos típicos cachorros de sofá fazem num mês.

Recentemente, JP participou pela primeira vez de uma dessas aventuras de caça. Como ele cresceu nas ruas perigosas da Filadélfia, ele não se deixou intimidar pelas armas de fogo e ficou totalmente à vontade farejando por lá como o melhor dos caçadores. Embora não tenha feito nada de útil (como localizar um pássaro), ele soube tirar proveito de seu dia de caça em que teve a oportunidade de: (a) usar um colete laranja fosforescente; (b) rolar entre as fezes dos lobos; (c) caçar uma lebre; e (d) acossar e distrair o Labrador que corria ao seu lado. Uma verdadeira festa. Portanto, a resposta é sim, os cães de caça gostam realmente de caçar e, também, os cães que não são de caça gostam de caçar, só que provavelmente mais pelo prazer de correr e se divertir do que de matar outros animais.

É crueldade usar cães para puxar trenós?

De maneira alguma. Os cães puxadores de trenó do Alasca amam o que fazem e estão sempre se agitando e sacudindo os arreios ansiosos por correr. Esses atletas maratonistas são como o Lance Armstrong do mundo canino. Eles estão acostumados a descansar ao ar livre e, nessas ocasiões, em geral, dormem ou brincam, mas é só ver um trenó que o bando todo enlouquece de tanto uivar, rosnar, latir, gemer e saltar. Já vi cachorros arrastando seus donos para os levarem até o trenó; eles vão andando apenas sobre as patas traseiras (enquanto o pessoal do canil segura-os pelas coleiras para levantar suas patas dianteiras do chão). Embora possa parecer crueldade, eles só fazem isso porque é muito difícil controlar esses cachorros sobre as quatro patas para puxarem o trenó (se deixados, ficam tão excitados que disparam a correr e só são encontrados a léguas de distância). Enquanto isso, os outros cães ficam rosnando como se suplicassem para serem atrelados ao trenó. Enquanto de um a dezesseis cães são atrelados ao trenó, uma ou duas pessoas têm de segurar o freio (mesmo com o trenó ancorado a um enorme bloco de gelo) para impedir que ele seja arrancado do chão pelos puxões dos arreios pelos cães. Quando enfim todo o grupo é atrelado e o trenó parte, os cachorros que ficam entram de repente num silêncio lúgubre. Reina um silêncio de morte que só é quebrado por um uivo solitário de um cão desesperado quando o trenó desaparece totalmente da vista. É uma experiência mágica presenciar o tamanho do amor que aqueles cães sentem pelo que fazem!

Por que os cachorros erguem a perna ao urinar?

Seu cachorro ergue uma de suas pernas traseiras tão alto que chega ao ponto de quase perder o equilíbrio e cair? Esse é um traço típico do macho recém-castrado ou do macho inteiro, que está relacionado com os efeitos do hormônio testosterona. Se você castrar seu cachorro antes de ele desenvolver esse hábito (normalmente entre quatro e seis meses de idade), provavelmente ele não surgirá e, em vez disso, o cão se agachará (como fazem as meninas).

Muitas pessoas acham que os cachorros erguem a perna para não se molhar, mas isso é totalmente improvável. Você já viu um cachorrinho evitar suas próprias secreções? Isso quer dizer que os cachorros castrados não se importam com molhar a perna ao urinar? É muito mais provável que seu cachorro esteja tentando maximizar a potência de sua virilidade canina. Ao erguer a perna para o alto, ele está dizendo aos outros cachorros que: (a) Ele esteve ali; (b) Ele é mais alto do que o cachorro que vier a seguir; (c) Ele está ocupando o máximo de espaço possível pela ampliação do raio atingido por seu jato de urina. Mas não se preocupe se o seu cachorro não erguer a perna para urinar – para você ele continua sendo o mesmo macho.

Por que os cachorros cavam e preparam ninhos antes de se deitar?

O cachorro que cava e prepara um ninho onde se acomodar está fazendo o mesmo que faz o lobo ao preparar seu ninho entre folhas, galhos e capim. No verão, os lobos cavam para fazer tocas e ter um lugar fresco para dormir, porque abaixo da superfície a terra é um pouco mais fria. No inverno, eles amontoam folhas e capim ao redor da toca para afastar o frio e mantê-la mais aconchegante. Por mais fofas, felpudas e caras que sejam as camas que preparamos para nossos cachorros, eles continuam com aquele traço instintivo de rasgar tudo para transformá-las em ninhos aconchegantes.

Posso implantar em mim mesmo um chip de identificação como o do meu cachorro?

Os veterinários usam esses chips para identificar de maneira segura e eficiente cães e gatos extraviados. Atualmente, a *HomeAgain* e a *AVID* são as duas maiores empresas fabricantes de microchips nos Estados Unidos e mais de um milhão de animais de estimação tiveram chips implantados por seus donos, veterinários e canis. Apesar de poder parecer invasivo, o uso de microchips é um dos meios mais seguros de o cachorro levar consigo informações importantes, como o número do telefone de seu dono, além de facilitar o contato com o serviço veterinário de emergência. A maioria dos abrigos usa esse chip como meio de localizar os donos de cachorros extraviados e, graças aos dados encontrados nele, milhares de animais podem voltar para casa.

Mas como ele poderia funcionar nos seres humanos? A FDA aprovou o uso do VeriChip, o primeiro chip de computador possível de ser implantado em seres humanos para finalidades médicas. Apesar de doer ao ser introduzido (como a picada de uma agulha de tamanho 14), não é necessário nenhum corte, ponto ou anestesia e o procedimento leva apenas alguns minutos. Entretanto, surgiram debates acalorados em torno de possíveis ameaças à privacidade e, por isso, o uso de microchips em seres humanos continua (compreensivelmente) restrito.

Os microchips para cachorros podem custar entre 20 e 100 dólares, enquanto os para os humanos podem chegar a 150 dólares ou até mais. Até agora, apenas alguns milhares de pessoas tiveram esses chips implantados, enquanto nos animais essa cifra ultrapassa seis dígitos. Nos dias de hoje, o uso desses chips por pessoas tornou-se uma mania extravagante; muitos clubes estão usando-o como "passaporte rápido" ou cartão de entrada para seus membros VIP. A decisão de portar todos os códigos secretos, informações médicas e dados pessoais de identidade num chip introduzido na pele é inteiramente pessoal. Se você se perder, ele pode ajudar sua família a encontrá-lo mais rapidamente. Mas ele pode também ir parar nas mãos de seu ex-namorado inconformado ou dos fiscais da receita federal.

Qual é a maneira mais fácil de apartar uma briga de cães?

Em geral, a maneira mais fácil de apartar uma briga de cães é mostrando aos briguentos a foto de um porco-espinho. O medo inato que eles têm de roedores espinhentos entra imediatamente em ação e eles tratam de se separar para fugir às pressas. Maravilha!

Não, na realidade, a melhor maneira de apartar uma briga de cachorros é *evitar que ela ocorra*. Tudo bem, eu sei que essa tampouco é uma resposta válida, mas falando sério, se o seu cachorro fica agressivo quando sente medo de outros cachorros ou de crianças, por favor, não o leve para um parque onde pode se sentir ameaçado por outros cães ou crianças. Se algum outro cachorro soltar-se de sua correia para correr em direção ao seu, abra o berro para dizer ao seu dono que o impeça, porque o seu irá atacá-lo. Além do mais, não deixe seu cachorro *manso* andar solto, pois ele pode correr em direção a algum cão obediente preso à correia, mas agressivo. Se ocorrer uma briga em tais circunstâncias, você pode ser processado e acabar tendo que arcar com as consequências.

Certa vez, enquanto eu cuidava de cinco cães Border Terriers (pesando de cinco a oito quilos), eles começaram a atacar uns aos outros e por mais que eu espernasse, gritasse e tentasse empurrá-los com uma vassoura, só consegui mesmo apartá-los com um balde de água fria (que molhou todo o piso da cozinha). Pode ser extremamente assustador ver um cachorro ir para cima de outro, pois uma vez iniciada, é *muito* difícil apartar uma briga, por menores que sejam os cachorros envolvidos. Se o seu cachorro estiver preso à correia, puxe-a com força para afastá-lo do agressor. Se o dono do cachorro agressor estiver presente, obrigue-o a recuperar imediatamente o controle sobre ele. Se o Dito Cujo vier para cima de você, do seu cachorro ou do seu filho, peça ajuda a alguém. Talvez tenha que berrar por "SO-

CORRO!" Lamentos, gemidos e choros só servem para estimular a reação predatória de certos cachorros; portanto, nada de atitudes histéricas. Acima de tudo, tome cuidado para não se deixar machucar. Se o Dito Cujo atacar a sua Fluffy, nem tente afastá-lo com a mão, pois com certeza receberá uma mordida (Provavelmente, bem merecida. Trate de recuar, se tem um mínimo de bom senso).

A maneira mais fácil de apartar uma briga de cães é jogando água fria neles. Como eles são tomados de surpresa e, por um período de dois a três segundos, desviam a atenção da briga, essa é uma maneira rápida e eficiente de separá-los. Tentativas de fazer palhaçada e "festa" simplesmente não funcionam. Pode acreditar. Se necessário, use um objeto inanimado, como uma vara ou cabo de vassoura para cutucar e separar os cachorros. Por último, tente colocar em prática o que eu aprendi trabalhando num gueto da Filadélfia, onde cachorros doentes e machucados em ringues clandestinos de brigas eram levados para o serviço de emergência. Faça o seguinte: agarre rapidamente as duas patas traseiras do agressor e erga-as para o alto. Ele perderá o equilíbrio por alguns segundos, tempo suficiente para você se afastar e afastar seu cachorro do agressor. Outro truque é usar gás lacrimogêneo para cachorros (o usado para dispersar pessoas provavelmente também funcione). E finalmente, se houver alguma superfície elevada por perto (como um contêiner de lixo ou o capô de um carro), jogue seu cachorro para cima dela – a última coisa que você quer é manter o cachorro acima de sua cabeça, uma vez que o Dito Cujo poderá atacar seu rosto. A grande vantagem de jogar seu cachorro para cima de alguma superfície elevada é impedir que o Dito Cujo consiga alcançá-lo. Por mais incrível que possa lhe parecer, o seu Chihuahua de dois quilos fica mais seguro *dentro* de um contêiner de lixo do que solto num parque, você não concorda?

Tudo bem se meu cachorro for sentado no banco da frente do carro?

Uma das experiências mais traumáticas que já tive como veterinária foi a que ocorreu num dia em que a polícia levou para eu tratar um cachorro de descendência esquimó que havia se ferido num acidente de carro. O veículo tinha capotado e a dona havia morrido no choque, enquanto o cachorro fora jogado para fora do carro com ferimentos graves. Apesar de ter uma perna mutilada (que posteriormente teve de ser amputada), o cachorro foi arrastando-se até sua dona e ficou junto de seu corpo até a chegada do pessoal de resgate.

Depois daquele dia, eu sempre tive dúvidas quanto a levar JP em meu carro. Atualmente, ando com o banco traseiro do carro rebatido e todo reservado só para ele. Problema resolvido. Melhor ainda, porque como não há nenhum portão separando-o, ele não seria morto instantaneamente caso o carro fosse atingido seriamente por trás. Mas também, como não há portão, tecnicamente ele poderia ser arremessado para a frente e jogado para fora pelo para-brisa. Suspiro! Bem-vindo ao meu mundo. A verdade é que não há nenhuma resposta certa para esta pergunta. Apesar de saber que levar o cachorro no colo ou deixá-lo se agitar a seus pés enquanto você dirige é extremamente arriscado, os outros assentos tampouco são seguros. Por essa razão, a resposta clássica para esta pergunta é que todos os animais devem ser transportados em seus devidos lugares (ou seja, em sua gaiola ou sacola). Se o seu cachorro fica sentado quietinho olhando pela janela ao seu lado no banco do carona, você deve usar um cinto de segurança para cachorro (que é uma correia presa ao seu cinto de segurança) para mantê-lo seguro dentro do carro caso ocorra algum acidente. Ou se for como sua veterinária, você pode não dar a mínima e continuar inventando desculpas até que a vaca tussa, para seu cachorro continuar tendo todo espaço que merece. Cachorro felizardo...

Posso ensinar meu cachorro a transportar peso?

Eu me arrependo muitas vezes de não ter treinado meu cachorro para fazer isso. Agora não tem mais jeito. Você pode até achar que seja um motivo de celebração, mas eu me vejo numa situação de total desamparo quando estou diante de uma daquelas subidas íngremes e ele não está nem aí. Cachorro desalmado! Eu deveria ao menos ter ensinado a ele a diferença entre ordens específicas como "Não carregar!" e "Ao trabalho!"

Se seu cachorro é grande e forte, você pode muito bem ensiná-lo a transportar peso (desde que não seja com uma correia de sufocamento, entendido?). Cachorros de certas raças de grande porte chegam a participar de competições que envolvem transportar peso (de até várias centenas de quilos). Essas competições são o equivalente canino à do "homem mais forte". Dê ordens curtas e determinadas como "Ande!", "Puxe!" ou "Vá!" para que ele saiba especificamente quando deve entrar em ação. Elogie-o também quando for o caso, recompensando-o com um petisco (que não contenha esteroide). Mas lembre-se de só iniciar esse tipo de treinamento quando ele estiver com os ossos, a cartilagem e os tendões plenamente desenvolvidos, ou seja, quando tiver atingido a maturidade. Afinal, você não vai querer retardar seu desenvolvimento!

Meu cachorro precisa usar protetor solar?

Se o seu cachorro passa longos períodos de tempo exposto à luz do sol, sim, ele precisa usar protetor solar. Mesmo com toda a pelagem, é importante que você esteja alerta para os riscos de ele sofrer queimaduras de sol. Procure não expô-lo à luz do sol no período que vai das 10 da manhã às 3 horas da tarde, mas se o fizer, assegure-se de que ele tenha muita sombra e água fresca. Se você vive no Texas ou em algum lugar alto, e tem um cachorro branco, de nariz rosado e pelagem curta, nem pense em expô-lo ao sol.

Antes de passar em seu cachorro um protetor solar feito para a pele humana, examine o rótulo para saber se ele não contém óxido de zinco (Desitin) nem ácido salicílico (aspirina), pois eles podem ser tóxicos se lambidos ou ingeridos em altas doses. Como também pode ocorrer alguma irritação no estômago se alguma dessas substâncias for ingerida em altas doses, tome cuidado para não passar creme em excesso em alguma área possível de ser lambida. Em geral, os protetores solares usados em crianças são também seguros para os cachorros.

Se seu cachorro sofre de alguma doença, como lúpus ou pênfigo, que resulta no surgimento de uma crosta no focinho, consulte um dermatologista antes de passar protetor solar em seu focinho ou de expô-lo à luz solar. Lembre-se de que, mesmo com toda a pelagem, uma queimadura de sol pode causar tanta dor no cachorro quanto em você.

Como posso me livrar daquele seu cheiro horrível de gambá?

Se o seu cão não consegue deixar de se meter com todo gambá que encontra pela frente, procure banhá-lo com a seguinte fórmula caseira: 900 ml de peróxido de hidrogênio a 3 por cento, uma colher de chá de sabão líquido e um quarto de xícara de bicarbonato de sódio. Talvez você tenha que banhá-lo algumas vezes nessa solução, mas ela vai resolver o problema. Eu entendo perfeitamente – o cheiro é realmente horrível – mas recomendo que, no futuro, você procure manter seu cachorro longe desse animal fedorento.

CAPÍTULO 8

Quando cachorros bem-comportados fazem o que não devem

Não faz muito tempo que uma mulher me procurou com seu Gordon Setter para saber a causa de seus vômitos. Ela vivia em tal sintonia com seu cachorro, que sabia que os vômitos só podiam ser consequência de ele ter ingerido algo que não devia. Isso não ocorria com frequência – a última vez tinha sido por volta da metade da década de 1990, quando fora necessária uma endoscopia para retirar um pedaço de pano de seu estômago. Uma década depois, a dona levou-o para que eu o examinasse no serviço de emergência e quase desmaiou quando soube qual era o preço atual de uma endoscopia (culpa da inflação!). Como não tinha condições de pagar aquele preço, ela acabou optando pela solução mais barata: "Vamos ver se conseguimos fazê-lo vomitar!" Bem, depois de um tempo de tosse seca, que fez eu mesma ter vontade de vomitar, ele finalmente expeliu um enorme par de cuecas masculinas. Cachorro safado! Por sorte, a brincadeira com o par de cuecas não causou nenhum problema maior e os donos do cachorro ficaram felizes por terem economizado mil dólares para removê-lo (cachorro bem-comportado!).

Afinal, não há nada pior do que ouvir seu veterinário chamar seu animal de "Cachorro safado!" ou, pior ainda, de balançar um dedo em riste diante de seu nariz. Você simplesmente deseja se encolher e se esconder, mas é o que seu cachorro já está fazendo. Bem, pelo menos sua vergonha fica menor quando você paga a alta conta do veterinário – afinal, tudo tem seu lado positivo. Este capítulo vai entreter você com todas as coisas erradas que um cachorro em geral bem-comportado pode fazer, algumas das quais podem implicar idas de emergência ao veterinário. Se você tem um Labrador Retriever que come tudo que encontra pela frente, este capítulo é especialmente para você. Pode acreditar.

Cachorros gostam de tomar cerveja?

Já conheci muitos labradores de cor chocolate chamados Guinness e outros tantos de cor amarela chamados Molson e todos eles preferiam tomar água à cerveja. O álcool pode causar sérios danos aos cachorros. Sim, eles podem ficar embriagados e podem até gostar do sabor da cerveja, mas sem a possibilidade de ir para a cama com alguém ou mesmo falar com os outros da mesma espécie, não vejo graça nenhuma nisso. Os cachorros são como crianças: têm disposição e imaginação suficientes para criar sua própria euforia. Lembre-se de que, como os cachorros bebem a água do vaso sanitário ou de qualquer poça imunda quando têm sede e procuram se hidratar, eles podem também ingerir quantidades excessivas de álcool. Se isso ocorre, ele pode ficar seriamente desidratado e ter o fígado ou outro órgão comprometido. Constatamos que isso ocorre com mais frequência entre os cachorros que vivem em pensionatos ou casas de estudantes porque as pessoas ali se divertem à custa de suas bebedeiras. Vale a pena lembrar que a maioria dos estupradores e assassinos em série começa maltratando animais.

O que acontece com o cachorro que ingere um biscoito de chocolate com maconha?

Vou contar a minha primeira experiência como babá de cachorro quando cursava o primeiro ano do curso de veterinária... Levei o cachorro comigo a uma festa de estudantes ao ar livre para comemorar o fim de ano e, quando vi, um garoto estava lhe dando um biscoito de chocolate com maconha. Eu não só pulei para cima dele (dois caras tiveram que nos separar), mas também quase arrebentei seu nariz. É verdade, eu nasci para ser veterinária. A maconha pode ser extremamente tóxica para os cachorros, pois é facilmente absorvida pelo estômago. A quantidade de chocolate contida no biscoito não era suficiente para causar qualquer problema, mas a maconha sedou-o a ponto de deixá-lo sonolento por toda aquela noite. Felizmente, o cachorro acabou bem, mas apenas por sorte. Faça o que for possível para evitar uma situação como essa. (Convenhamos, você não deve ser tão insensível.) Se possível, faça-o vomitar imediatamente para impedir que a substância tóxica seja absorvida ou leve-o imediatamente a um veterinário. E conte a verdade – nós não somos da delegacia de narcóticos e, portanto, você não vai se encrencar (desde que seja a primeira infração!). Só queremos consertar o estrago e isso só é possível se soubermos o que ele de fato ingeriu.

É possível alguém enlouquecer seu próprio cachorro?

Depende do que você considera louco. Se você está pensando naquele tipo egoísta que só pensa em si mesmo, sim. Se em louco neurótico e imprevisível do tipo *Laranja Mecânica*, também sim. É claro que os especialistas em comportamento animal seriam mais sofisticados e prefeririam usar o termo "desvio acentuado de comportamento". Como dono, você pode causar certos desvios comportamentais em seu cachorro com ordens que o deixam confuso. Portanto, esteja atento para não estragar tudo.

Um típico erro, que pode fazer sua cachorrinha pirar, é o que você comete quando a doidinha da Suzy foge no parque e você fica berrando para ela voltar. E depois, quando ela já está de volta, você grita com ela, ou pior ainda, dá-lhe umas palmadas. Neste caso, tudo que você está fazendo é castigá-la pelo que fez por último, ou seja, por ela ter atendido a seu chamado e voltado. Erro crasso! Apesar de toda a sua frustração por ser dono de uma cachorrinha travessa, você deveria "mostrar-se feliz", bater palmas e recompensá-la com um petisco por ter voltado para você. E, é claro, fazê-la voltar a frequentar mais um semestre de treinamento para cachorros desobedientes. Você também pode confundir seu cachorro quando o afaga e tenta consolá-lo antes de sair de casa, criando com isso medo da separação. E ao voltar para casa e encontrar tudo de pernas para o ar, você sentir pena dele por ter ficado sozinho, abraçá-lo e acariciá-lo, dizendo: "Oh, meu bebê, eu estou de volta. Você é um cachorro maravilhoso, venha cá, meu filhote!" Ele vai entender isso como um elogio do tipo: "Sou maravilhoso por ter destruído toda a casa!" Entendeu como uma atitude bem-intencionada pode passar uma mensagem totalmente equivocada? Se você insistir em recompensá-lo por comportamentos destrutivos e puni-lo quando se comporta bem, você acabará enlouquecendo seu cachorro. Daí a importância do treinamento de obediência apropriado.

Se o seu cachorro sofre de medo crônico da separação, não se preocupe – a culpa pode não ser sua e o problema pode ser sanado com o devido treinamento. Pode ser que a lembrança de alguma situação vivida no passado seja a causa desse medo da separação ou do abandono. Talvez ele nunca tenha sido treinado adequadamente a ficar na gaiola. Procure a ajuda de um veterinário ou especialista em comportamento animal para modificar positivamente o comportamento do seu cachorro. Se necessário, ele pode até ser tratado com algum medicamento disponível (como o Prozac próprio para cachorros). Como costumava dizer o nosso anestesista veterinário: "Simplesmente, diga sim às drogas." Mas, por favor, apenas às prescritas por veterinários!

Por que certos cachorros tentam abocanhar insetos imaginários?

Este tipo de comportamento é conhecido como "captura de mosca" e costuma ocorrer em ataques repentinos. Em alguns cachorros, ele é tão crônico que eles precisam tomar medicamentos para prevenir esses ataques, como fenobarbital ou brometo de potássio. Em cachorros de determinadas raças, como a do Buldogue inglês, é mais comum a ocorrência desse comportamento. Como às vezes eles fazem isso para pegar algo no ar, procure estar atento para ver o que seu cachorro realmente capturou. Se você não conseguir ver nada, seu cachorro pode estar vendo algo imaginário e, portanto, terá de ser avaliado por um veterinário ou neurologista veterinário.

Meu veterinário pode me prescrever tranquilizantes para cavalos?

Pelo amor de Deus, de maneira alguma. Infelizmente, existe o risco de certas pessoas abusarem de drogas e quererem tomar tranquilizantes que costumamos dar aos cavalos quando submetidos à castração. Existem também pessoas que gostam de se vestir como os personagens de *Jornada nas Estrelas* ou dos filmes da Disney. Uma maluquice total. Nem peça a seu veterinário para fazer isso!

Posso tomar os remédios do Fido?

Sim e não. Os remédios para humanos e animais são semelhantes, como também a anatomia, a fisiologia e as patologias são semelhantes em muitas espécies. Dito isso, embora você e o Fido possam ter os mesmos problemas médicos, como hipotireoidismo ou hipertensão (não é incrível?), seu veterinário não está legalmente autorizado a prescrever-lhe qualquer medicamento. Apesar de alguns medicamentos adquiridos em farmácias terem sido testados antes em cães e gatos, e possivelmente possuirem a mesma fórmula de certas drogas veterinárias, muitos outros são feitos de pênis de touro, têm gosto de fígado cozido demais e podem provocar sérias reações alérgicas. Portanto, se você não é médico nem retardado mental, que Deus me livre de ambos, não, você não pode tomar os remédios do Fido.

Por que os remédios do Fido são mais baratos do que os meus?

Porque o plano de saúde dele é melhor do que o seu. Estou só brincando. Na realidade, os medicamentos dele podem ser mais baratos do que os seus porque os veterinários conseguem comprá-los sem os aumentos adicionados pelas organizações de saúde e empresas seguradoras. Embora seja lamentável, é a realidade. Em muitos casos, grandes laboratórios farmacêuticos, como Pfizer, Merck, Bayer e Fort Dodge, produzem tanto medicamentos para humanos como para animais. Além disso, os remédios do seu cachorro podem ser genéricos, enquanto os seus podem ser de marca, o que explica a grande diferença de preço. Poderia ser pior – pelo menos as roupas de seu cachorro não custam quase nada. Bem, para a maioria de nós. (Estou de olho em você, Paris Hilton!)

Por que meu cachorro come os preservativos ou tampões usados que encontra no lixo?

Ora, por quê? Cachorros são cachorros, ou não são? Infelizmente, essa mania deles de comer o lixo que encontra no banheiro, e que para nós é repulsivo, não tem nem pé nem cabeça. Apesar de a ingestão de um preservativo usado não lhe causar nenhum dano direto, devemos procurar minimizar as chances de ele engolir objetos que podem obstruir seus intestinos e precisar de uma cirurgia de emergência para removê-los.

É rara a incidência da pica (hábito compulsivo de comer coisas anormais, como objetos em decomposição, tampões e preservativos usados, tampas de vaso sanitário, cerca de madeira e cocô de gatos) entre os cachorros. A pica está às vezes associada a certos comportamentos idiossincrásicos (como seu cachorro ser acometido de tédio profundo) ou a uma deficiência de ferro ou minerais. Se o Fido tem a mania de comer seus tampões usados, adote as seguintes três medidas: Em primeiro lugar, consulte o veterinário para saber se a alimentação do Fido é adequada. Em segundo, providencie alguns exames de sangue para saber se ele não está anêmico ou com deficiência de ferro. E em terceiro, não deixe que ele tenha acesso a tampões usados, investindo talvez numa lata de lixo com tampa.

Os cachorros podem mascar goma para refrescar o hálito?

O hálito de JP é às vezes tão fétido que chego a pensar que ele engoliu alguma criatura viva que acabou morrendo lá dentro dele... Por isso, eu entendo sua tentação de dar ao seu cão alguma goma de menta, mas não faça isso. Em outubro de 2006, o serviço de controle toxicológico da ASPCA denunciou à AVMA (associação de medicina veterinária) que cachorros estavam sendo intoxicados pelo xylitol, um adoçante artificial. O xylitol, que é uma substância encontrada nos produtos Trident, Orbitz, Ice Breakers e em muitas outras marcas, foi associado a graves problemas hepáticos em cachorros,[1] mesmo quando ingerido em pequenas doses. A ingestão de um pacotinho de goma ou de dois muffins feitos com esse adoçante artificial pode ser fatal se não houver uma intervenção a tempo que inclua meios agressivos de desintoxicação, soro intravenoso, transfusão de plasma, injeções de vitamina K, medicamentos para úlcera e cuidados em unidade de tratamento intensivo. Como suponho que você já tenha ouvido falar que certos adoçantes artificiais podem causar câncer em ratos, atrevo-me a sair de meu papel de veterinária para aconselhá-lo a usá-los por sua própria conta e risco. A lição? Não permitir que seu cachorro fique viciado em doces.

Uvas e passas são tóxicas?

Quando eu era pequena e tinha de dar remédio ao meu cachorro, eu costumava enfiar o comprimido dentro de uma uva – ele adorava aquilo. Mas então eu ainda não sabia o que foi descoberto recentemente: que a ingestão de uvas e passas pode causar insuficiência renal em cachorros. Caramba, eu tive mais sorte do que juízo. Essa ocorrência vem sendo denunciada pelos serviços de controle de envenenamento de todo o país há anos.[2] Esses alimentos aparentemente inofensivos são considerados a causa de uma reação idiossincrásica (rara) em cachorros e que não depende necessariamente da quantidade ingerida. Em outras palavras, um cachorro pode ingerir dez quilos de uvas sem apresentar qualquer problema, enquanto outro que comeu apenas um punhado de passas pode apresentar sintomas de insuficiência renal (ingestão ou perda excessiva de líquidos, mal-estar, vômito e diarreia) dentro de apenas um ou dois dias. O agente tóxico é ainda desconhecido, mas especula-se que seja alguma substância salicílica como a da aspirina contida na uva ou na passa ou, possivelmente, um pesticida. Seja o que for, espalhe essa informação a todos os donos de cachorros que costuma encontrar no parque, pois essa é uma toxina comum ainda desconhecida!

Já que estamos falando em toxinas alimentares, outras comumente menos conhecidas são as dos temperos alho e cebola. Não sei por que um cachorro que se preze comeria alho e cebola, mas muitos donos, por ignorância, dão essas toxinas a seus cães. Talvez, espalhem pó de cebola sobre o prato de seus cachorros para torná-lo mais apetitoso. Seja qual for o motivo, é uma péssima ideia. Em grandes quantidades, a cebola pode provocar anemia no cachorro e essa acabar resultando em malformação de glóbulos vermelhos, fazendo com que se rompam facilmente e, nesse processo, causem anemia. É claro que seu cachorro tem que comer uma grande quantidade de cebola para que isso ocorra, mas a ingestão contínua (se você coloca um pouco de pó de cebola em sua comida todos os dias por semanas a fio) também pode causar problemas. Uma cebola de vez em quando num ensopado de carne provavelmente não faz nenhum mal, mas em regra, esse tipo de comida não deve ser servido em grandes quantidades.

As plantas cultivadas dentro de casa são realmente venenosas?

A maioria das plantas, sejam elas cultivadas dentro ou fora de casa, é apenas moderadamente tóxica aos cachorros, provocando somente irritação na boca e no trato gastrintestinal, devido aos cristais de oxalato de cálcio contidos nas folhas. Entre essas plantas estão as do gênero *poinsettia*, mas em geral seus efeitos são apenas baba, irritação na boca, náusea e um pouco de vômito ou diarreia. Coisas de criança! Ironicamente, as plantas menos tóxicas são aquelas sobre as quais as pessoas mais sabem. É importante notar que algumas plantas venenosas podem causar envenenamento tão *rápido e grave a ponto de ser fatal*; por isso, deve-se procurar imediatamente um veterinário.

De acordo com o serviço da ASPCA que controla a intoxicação de animais, as dez plantas mais venenosas para os animais domésticos (e seus efeitos clínicos) são as seguintes:

1. Maconha (incoordenação, convulsão, coma, baba, vômito e diarreia);
2. *Metroxylon sagu* (insuficiência hepática, vômito, diarreia, depressão e convulsão);
3. Lírio (apenas para gatos – insuficiência renal aguda);
4. Tulipa/Narciso (vômito, diarreia, baba, depressão, convulsão e arritmia);
5. Azálea/Rododendro (vômito, baba, diarreia, debilidade e coma);
6. Oleandro/Espirradeira (vômito, arritmia, hipotermia e morte);
7. Mamona (vômito, diarreia, debilidade, convulsão, coma e morte);
8. Ciclâmen (vômito e diarreia);
9. Calâncoe (vômito, diarreia e arritmia);
10. Teixo (vômito, diarreia, insuficiência cardíaca, coma e tremores).

Deu para perceber a tendência? Você pode encontrar uma lista de plantas não tóxicas para cachorros e gatos na página especializada na Internet (ver Referências). Em geral, você deve procurar impedir que seu cachorro coloque na boca qualquer planta ou arbusto que encontrar por aí. Pensando bem, talvez você queira mantê-lo longe de outros animais também. E de pessoas estranhas. Não é divertido querer superproteger seu cão?

Existe algum atendimento de emergência para cães envenenados?

Se o seu cão carente de amor acabou de comer algo que não devia, você pode (e deve) procurar imediatamente informações, entrando em contato com uma clínica veterinária de emergência, com seu veterinário ou com um dos muitos serviços de controle de intoxicação de cães, como o Pet Poison Helpline ou o Animal Poison Control Center (ver Referências). Em geral, eles cobram entre 35 e 55 dólares por atendimento como contribuição para a manutenção do serviço em funcionamento 24 horas por dia. E você vai dar graças a Deus se não tiver que comprar outro cachorro. Mas não se surpreenda se tiver que comprar outro tapete.

Se o seu cachorro acabou de ingerir alguma substância tóxica, o método mais barato e eficiente de tratá-lo é induzir a êmese (termo médico para designar vômito) para que o veneno não seja absorvido pelo estômago e organismo. Mas há algumas situações em que *não* se deve provocar o vômito em casa, uma vez que a toxina pode afetar o esôfago. Procure um serviço de atendimento a cachorros envenenados ou consulte seu veterinário antes de tentar esse procedimento. Esses profissionais lhe dirão se você pode fazer seu cachorro vomitar em casa ou se deve levá-lo imediatamente ao veterinário. Tudo que queremos é desintoxicá-lo o mais cedo possível.

Será que meu vizinho envenenou o meu cachorro?

É muito comum as pessoas que chegam com o cachorro doente ao serviço de emergência acharem que foi o pestinha do filho do vizinho quem o envenenou. Bem, isso *pode* ser verdade, mas se aconteceu realmente, foi mais provavelmente por acidente e, para ser honesta, é muito raro. Seja como for, tanto você como seu vizinho devem manter certas toxinas fora do alcance do curioso Sherlock. Entre essas, podemos nomear as substâncias anticongelantes, adubos, venenos contra ratos, fertilizantes entre outras. Vale lembrar que, seja qual for a substância tóxica, é *sempre* mais fácil fazer a desintoxicação do que tratar os sintomas já desenvolvidos. Em casos de dúvida, ligue para o serviço de emergência, pesquise num site veterinário confiável ou entre *imediatamente* em contato com um serviço de plantão veterinário. Além disso, se seu cachorro ingeriu alguma substância tóxica, leve a embalagem com o rótulo do que ele comeu (ou uma amostra do vômito) para o veterinário examinar e poder determinar qual foi o ingrediente responsável. E reze para que não tenha sido um biscoito de chocolate recheado de maconha!

É comum um cachorro gostar de comer cogumelos?

Antes de responder a esta pergunta, preciso de algumas informações a respeito do seu cachorro, como: ele costuma sofrer de indecisão, confusão, mostrar-se desajeitado ou ter momentos de imbecilidade? Ele gosta de usar roupas *hippie*? Ele acabou de entrar na universidade e apesar de ser curioso a respeito de drogas ainda não está preparado para experimentar alguma pesada? Então não. Ele é apenas um cachorro. Mantenha seus cogumelos alucinógenos longe dele! Eles podem afetar negativamente seu cachorro, tanto em termos mentais quanto físicos, e devem ser mantidos fora de alcance. Existem também certos cogumelos cultivados em quintais que são extremamente tóxicos para cachorros (e para as pessoas também), como os da espécie *amanita*. Se você perceber que ele está comendo cogumelos no quintal, leve-o imediatamente ao veterinário para fazê-lo vomitar e ser submetido a uma lavagem estomacal.

Quais são as dez principais substâncias tóxicas para cachorros?

Eis a lista pela qual você estava esperando: a lista das principais substâncias tóxicas divulgada pelo departamento de controle toxicológico da ASPCA no ano de 2006.[3] As dez principais substâncias tóxicas para cachorros continuam sendo as seguintes:

1. Ibuprofeno: O cachorro se retorcendo de dor ingeriu por acaso Advil? Foi para aliviar a dor de cabeça que estava sentindo? Você vai acabar também com uma tremenda dor de cabeça se permitir que ele se aproxime desses comprimidos extremamente fortes.
2. Chocolate: ele não é nada doce quando devolvido do estômago.
3. Iscas para formigas e baratas: Por sorte, as ratoeiras não contam.
4. Veneno para ratos (rodenticidas): Um caso de identidade equivocada.
5. Acetaminofeno (Tylenol): Não é tão seguro quanto você imagina.
6. Medicamentos para resfriados contendo pseudoefedrina: Alô, acorde, é *normal* o focinho de um cachorro estar úmido.
7. Medicamentos para a tireoide: Mas suas cores são tão atrativas!
8. Substâncias alvejantes: O esôfago dele vai ficar extremamente limpo. E seu apartamento um chiqueiro.
9. Fertilizante: Como se as fezes de seu cachorro não bastassem para matar a grama de seu quintal.
10. Hidrocarbonetos: Em regra, os combustíveis fósseis são inaceitáveis.

Agora que você já conhece a lista, não aja como o resto dos americanos.

Mantenha essas toxinas longe do alcance de seu cachorro, se quiser evitar ter de recorrer aos serviços de atendimento a animais intoxicados.

Posso dar ao meu cachorro remédios adquiridos sem receita?

Se você é médico, não estou nem aí. Mas não dê ao seu cachorro os remédios que você toma sem receita médica. Estou falando com você! Tenho de sempre repetir isso para meus clientes que são médicos e acham que podem eles mesmos tratar de seus cachorros. Medicamentos comprados sem receita como Tylenol, Advil ou Aleve são anti-inflamatórios não esteroidais e que, apesar de serem menos prejudiciais aos humanos, podem causar úlcera estomacal e insuficiência renal, com sintomas que vão desde vômito e diarreia até hemorragia e morte, mesmo quando ingeridos em pequenas doses. Sintomas neurológicos podem surgir como efeito de altas doses. A dor de cabeça do seu cachorro só vai piorar, e muito.

Certas espécies de animais, como a dos gatos, têm um sistema alterado de enzimas hepáticas (baseado na enzima glutationa) que as impede de metabolizar completamente certas drogas. Um comprimido de Tylenol para adultos é muitas vezes suficiente para matar um gato. Nos cães, o Tylenol causa "apenas" insuficiência hepática, mas continua sendo extremamente tóxico. O tratamento contra a intoxicação provocada por Tylenol inclui oxigenioterapia, transfusão de sangue e medicamentos para corrigir o desarranjo na produção de glóbulos vermelhos.

É óbvio que anti-inflamatórios não esteroidas específicos para animais (como as pastilhas mastigáveis de Rimadyl ou Deramaxx) também podem ser tóxicos se ingeridos em grandes quantidades. Procure mantê-los fora do alcance de seu cachorro e use-os apenas nos casos indicados. Para os cães, eles costumam ser petiscos com sabor de fígado e, se você deixá-los ao alcance, eles destroem a embalagem à prova de crianças para ingerir os comprimidos. Pelo mesmo motivo, já vi cachorros que engoliram frascos inteiros de Advil atraídos por seu atrativo revestimento de cor laranja. Sempre que tiver dúvida, mantenha esses frascos fora de alcance, pois a curiosidade natural somada à força dos dentes pode ser fatal para seu cachorro!

O quanto o chocolate é realmente tóxico?

O chocolate contém dois agentes tóxicos, ambos metilxantinas: a teobromina e a cafeína. A "verdadeira" quantidade de chocolate de alta qualidade (versus cacau barato), ou a quantidade de metilxantinas, varia de acordo com o chocolate ingerido pelo cachorro: o chocolate ao leite tem 60 miligramas para cada 28,69 gramas; o chocolate escuro tem 150 miligramas para cada 28,69 gramas; e o chocolate em pó tem 450 miligramas para cada 28,69 gramas. Se você não é bom em matemática ou diante de uma situação de emergência não tiver cabeça para lembrar do peso do seu cachorro para fazer os cálculos e chegar a quantos gramas de chocolate ele comeu, não se preocupe – é só ligar para o serviço de emergência que eles dirão o que fazer.

O grau de toxicidade depende da quantidade ingerida, do tamanho e peso do seu cachorro, do grau de sensibilidade a essas substâncias, como também do tipo de chocolate. Algumas pessoas são mais sensíveis aos efeitos colaterais do chocolate e o mesmo acontece com alguns cães. O grau de toxicidade do chocolate é evidenciado pelos seguintes sintomas clínicos: hiperatividade/agitação (com 20 mg/kg), arritmia (com 40 mg/kg) e convulsão (com 60mg/kg). Os efeitos colaterais da toxicidade do chocolate incluem desde sintomas leves como distúrbios gastrintestinais (que os veterinários chamam carinhosamente de "diarreia causada por chocolate" ou "vômito causado por quero mais chocolate") até sintomas mais graves como toxicidade cardiovascular ou neurológica. Os casos mais brandos costumam não passar disso, pois em geral os bombons de chocolate têm muito pouco chocolate "de verdade". Lamento desapontá-lo. Entretanto, se o seu cão ingerir chocolate em pó ou cacau amargo, muita atenção! Tome providências. Os casos graves podem resultar em aceleração do ritmo cardíaco, arritmia, convulsão, coma e até em morte.

O eliminador de odores Febreze é tóxico para cachorros?

Oh, mais um dos boatos espalhados pela Internet! Ao contrário do que dizem os muitos e-mails que você recebeu, em geral o Febreze não faz mal a animais. Eu o uso por toda a minha casa sem qualquer problema. Mas use o bom senso e não o borrife diretamente sobre seu cachorro nem sobre a cama dele. Afinal, Deus não o fez com perfume de gardênia ou de roupa recém-lavada.

No entanto, se você tem algum passarinho em casa ou se o seu cachorro sofre de algum problema respiratório, como asma ou bronquite, você não deve usá-lo. Os passarinhos são muito sensíveis a substâncias químicas, e até mesmo a comida preparada numa frigideira de Teflon pode exalar vapores tóxicos capazes de matá-los. Você pode imaginar que ao preparar uma inocente omelete (fatal para bebês) para sua namorada ou seu namorado (adúltero) pode acabar matando seu passarinho de estimação (assassino!)? Pois bem, melhor arranjar um cachorro! No entanto, como é verdade que qualquer substância química irritante pode provocar uma reação alérgica e um ataque de asma, se não quiser se arriscar, não faça faxina geral com seu cachorro presente em algum lugar da casa – a não ser que você disponha de tempo e dinheiro para mais algumas centenas de horas de aconselhamento.

É verdade que, depois de ingerir maconha, os cachorros têm necessidade de comer?

Para começo de conversa, por favor, não dê maconha a seu cachorro, mesmo que ele se chame John Lennon, Bob Marley ou coisa parecida.

Como fumar não faz parte da natureza do cachorro (ele teria que ser extremamente habilidoso), a ingestão dessa droga pode causar sintomas clínicos como letargia, estupor, vômito, pneumonia por aspiração e até coma. Certa vez, um colega meu num plantão noturno no serviço de emergência, atendeu um cachorro em coma que havia estado numa festa de estudantes. É comum isso acontecer e é sempre algo muito triste de se ver. No caso daquele cachorro, os resultados dos exames de sangue foram normais, mas uma radiografia revelou grande quantidade de "material estranho" em seu estômago. Suspeitando de algum tipo de intoxicação, o cachorro foi submetido a uma lavagem estomacal. Enquanto meu colega preenchia os formulários para submeter o conteúdo removido do estômago a exame toxicológico, um estudante pegou uma bucha com vômito e, ao cheirá-lo, soltou uma risada. Ficou evidente que muitas pessoas dali da emergência sabiam que aquele material era maconha. Pareciam estar bem familiarizados com o cheiro. O pedido de análise toxicológica foi cancelado e, felizmente, o cachorro festeiro ficou bom. Mas para o seu dono, as horas passadas no serviço de emergência e o tratamento com soro intravenoso custaram não apenas a perda da chance de curtir seu baseado, mas também 650 dólares. Enquanto o estudante de veterinária, que identificou prontamente a toxina, foi recompensado com a nota máxima (de brincadeira).

Se o seu cachorro ingerir alguma substância ilícita, é importante que você comunique a seu veterinário, por mais constrangedor ou ilegal que seja. Aprenda a lição do que aconteceu com aquele festeiro e não dê nenhuma droga ao seu cachorro. Ele não tem necessidade de comer e nem curte a experiência como costuma ocorrer com certas pessoas. Seu estado de coma é profundo demais para ele poder curtir qualquer coisa.

Um cachorro pode ficar embriagado?

Já tratei de alguns cachorros em estado de profunda embriaguez. Por sorte, a maioria deles havia se embriagado em condições atípicas; em outras palavras, a maioria dos donos tem bom senso suficiente para saber que não se deve dar álcool a cachorros. Os dois últimos cães embriagados que tratei estavam totalmente intoxicados porque viviam com um padeiro (por sinal, bastante relapso). Um deles havia comido uma torta de frutas recheada com rum. Aquela foi uma ocorrência bizarra por dois motivos: (a) Quem hoje em dia ainda faz ou come torta de frutas? E (b): O rum não deveria ter evaporado sob o calor do forno? Aquele padeiro devia estar de porre! O outro havia comido um pedaço de pão abatumado e, devido ao fermento usado na massa, ficou bastante embriagado (ou, para usar o termo científico, "atáxico").

Em qualquer situação, a intoxicação causada por etanol pode resultar em profunda sedação e letargia e essa deixar o cachorro incapaz de proteger adequadamente suas vias aéreas, o que, por sua vez, o predispõe a pneumonia por aspiração. Se você perceber algum sintoma clínico, ou pegar seu cachorro ingerindo algum produto fermentado ou embebido em álcool, leve-o imediatamente ao veterinário. A bebedeira dele não vai ser tão divertida quanto a sua – assim que ingerir álcool, ele ficará profundamente sedado. E não vai achar nenhuma graça!

O que devo fazer para meu cachorro vomitar?

O que não fazer para que seu cachorro vomite? Obrigá-lo a sentar no vaso sanitário não o induz imediatamente a vomitar? Uma volta na montanha-russa não está funcionando? Peróxido de hidrogênio é a solução. Em geral, a dose recomendada é de uma colher de chá para cada três a cinco quilos de peso animal. Lamentavelmente, não há nenhum antídoto que o faça parar de vomitar depois de ingerido o peróxido de hidrogênio, mas os efeitos costumam se limitar a um período de dez a quinze minutos. Antes de induzir o vômito, consulte um veterinário, pois algumas toxinas não devem ser expelidas (devido ao risco de ocorrer alguma laceração ou irritação no esôfago, dependendo da hora em que ele ingeriu a toxina, ou até mesmo o risco de aspiração do material para os pulmões). Vocês que são da velha geração, por favor, não usem raízes de ipeca, pois podem fazer com que o cachorro vomite de forma incontrolável. Leve-o a um veterinário.

São duas horas da madrugada. Tenho mesmo que levar meu cachorro ao pronto-socorro veterinário?

Não importa que sejam duas horas da madrugada, se seu cachorro está acordado gemendo de dor, erga sua carcaça da cama para ir ver o que está acontecendo. Se ele está vomitando ou tentando vomitar embaixo de sua cama, ou está chorando sem parar, o mínimo que você deve fazer é ligar para a clínica veterinária de emergência mais próxima. Na maioria das vezes, a própria recepcionista ou o técnico de plantão pode ajudar a determinar pelo telefone o problema do cachorro e decidir se precisa de uma consulta de emergência. Se você decidir levá-lo ao serviço de emergência, trate de levar um livro com você. Como qualquer pronto-socorro humano, tem-se muitas vezes que esperar várias horas para ser atendido e, às duas horas da madrugada, seus amigos não terão qualquer disposição para conversar.

Alguns dos sintomas indicativos de que você deve levar seu cachorro ao pronto-socorro veterinário são: esforço sem resultado para vomitar, dificuldade para respirar, tosse contínua, agitação, gengivas esbranquiçadas, aumento da frequência cardíaca (acima de 160 batimentos por minuto), gemidos de dor, incapacidade para se mover, abdômen inchado, letargia extrema, sangramento em quantidades significativas, algum trauma, incapacidade para andar, arrastamento das pernas traseiras, ingestão de alguma toxina ou veneno, olhos semicerrados, inchados ou doloridos, presença de sangue na urina ou dificuldade para urinar. Embora esta lista não esteja completa (você pode completar o que deixei de fora), se for motivo de preocupação, leve-o ao veterinário. O tempo despendido é um pequeno sacrifício em nome da saúde de seu cachorro e de sua própria paz de espírito.

Meu veterinário acabou de fazer uma endoscopia no meu cachorro e removeu um objeto estranho. Posso ficar com ele?

A endoscopia é um procedimento que permite a inspeção visual de cavidade ou órgão cavitário do organismo. No contexto veterinário, a endoscopia tem de ser feita sob anestesia geral; do contrário, seu cachorro poderia destruir com suas mordidas a câmara que custa 50 mil dólares e todo o aparelho de endoscopia. Na sala de emergência, é comum removermos do estômago objetos estranhos (como moedas, pinos, agulhas, pedras, meias, ossos e alianças).

Quando certa vez retirei por meio da endoscopia uma peça de roupa íntima do estômago de um cachorro, devolvi-a a seu jovem casal de donos quando foram buscá-lo, achando que iriam gostar de guardá-la como lembrança dos 1.200 dólares gastos. A mulher olhou para a coisa colocada dentro de um saquinho plástico lacrado e disse: "Mas isso não é meu!" Quanto constrangimento! Aprendi a lição e, desde então, sempre pergunto antes ao cliente se vai querer guardar o objeto estranho. Se você o quiser como objeto de exposição, tudo bem, nós o guardaremos. E não, pode ficar tranquilo, não vamos considerá-lo excêntrico.

Como escapar ao ataque de um cachorro?

Ainda que deteste alimentar o estereótipo do cachorro violento, já que mesmo os cachorros de aparência mais feroz que tenham sido criados em ambiente doméstico costumam ser inofensivos e amáveis, é claro que existe uma pequena parcela de cães que foi maltratada e criada para propósitos violentos (Alô, Mike Vick, é com você que estou falando!), ou de cachorros sem dono e ferozes, que podem atacar você.

Para começar, um pouco de cautela não faz mal a ninguém: jamais se coloque numa situação em que possa ser atacado. Está vendo aquele cão desgrenhado lá adiante, espumando e rosnando? Ele não está para brincadeira. Nem tente passar a mão nele, a não ser que ela esteja incomodando e você queira se livrar dela. A linguagem de seu corpo diz muito mais a seu respeito do que você imagina. O cachorro pode interpretar seu gesto de "Que tal sermos amigos?" como ameaça. Estender a mão para passá-la na cabeça do cachorro é um gesto de dominação. Você está lhe dizendo: "Eu estou por cima de você e pronto para dominá-lo." É sempre mais recomendável agir de maneira submissa diante de um cachorro desconhecido, em vez de, digamos, levar uma mordida. Se você tiver vontade de passar a mão num cachorro que nunca viu antes (depois de pedir permissão ao dono ou de confessar seus pecados), comece se abaixando até ficar na altura dele. Evite olhar diretamente em seus olhos – esse é também um gesto de dominação. Estenda lentamente o braço, com a palma da mão voltada para cima e passe-a lentamente pela parte interna do peito ou pela área do pescoço. Se não fizer nenhum barulho nem nenhum movimento súbito, ninguém vai sair ferido.

Se você não é dado a cachorros e algum cão estranho se aproxima de você sem ser convidado, mostre-se corajoso, não se mova e jamais corra. Não o encare nos olhos e nem entre em pânico. E diga com voz alta e firme: "Parado!" ou "Vá embora!" Não faça movimentos nem gestos excessivos com os braços ("Veja que membros apetitosos!"). Fique imóvel, deixe que ele cheire você e, quando ele perder o interesse, afaste-se lentamente e dê-lhe as costas.

Se ainda assim o Dito Cujo decidir atacar você, então só posso lhe desejar boa sorte. Como Stephen King está aí para comprovar, um cachorro agressivo, embora raro, é simplesmente feroz. Para começar, dê a ele algo para morder em lugar de você (por exemplo, sua jaqueta, bicicleta ou lanche). Não empurre seu amigo para ele (por pior que ele seja). Jamais, enquanto continuar existindo, receberá um presente de natal decente. Em seguida, decida qual a parte do corpo menos necessária para viver. Bem, eu sei que provavelmente você quer conservar *todas* elas, mas quem recebe esmola não tem direito de reclamar, ou tem? Portanto, a probabilidade é que sejam seus braços. Acredite em mim, você vai preferir conservar intactos a veia jugular, os globos oculares, os órgãos abdominais e as partes baixas. Proteja o rosto e o pescoço com os braços. Controle o impulso de fugir, pois só servirá para aumentar a fúria do Dito Cujo. Se ele conseguir derrubar você, tente não entrar em pânico (fácil dizer, não é?) e enrosque o corpo, transformando-o numa bola. Cubra as orelhas com as mãos e procure não gemer nem gritar, pois com isso só instigaria o instinto predatório do cachorro. E reze (a qualquer que for seu santo) para que seja rápido.

Se conseguir sair inteiro, é importante que você apresente uma queixa contra o cão agressor à polícia. Os donos devem ser responsabilizados por ele e, caso ele não tenha dono, as autoridades devem tomar as providências para que ele seja sacrificado. É inaceitável que cachorros andem por aí atacando e machucando as pessoas. Minha regra geral é a seguinte: atacou, fora! Se o seu cachorro é agressivo, procure imediatamente um especialista em comportamento canino. Medidas simples como castrar o Dito Cujo, prover-lhe uma alimentação pobre em proteínas ou promover a devida socialização enquanto ainda filhote ou jovem podem prevenir todos esses problemas. Também mantê-lo o tempo todo sob rédeas curtas é imperativo para a segurança de todas as pessoas próximas. Leia o livro *GRRR! The Complete Guide to Understanding and Preventing Aggressive Behavior in Dogs*[4] [O Guia Completo para Compreender e Prevenir o Comportamento Agressivo em Cães]. Com a ajuda de um veterinário e a forma adequada de treinamento, você poderá reabilitar seu cachorro. Isso, se você já não tiver sido processado por ele ter arrancado os olhos de alguém, é claro.

CAPÍTULO 9

Aí vem o batom...

Finalmente, vamos abordar a parte mais suculenta da vida dos cachorros. Como muitos veterinários defendem entusiasticamente as práticas de castração e esterilização, neste capítulo você vai saber se a castração de fato reduz os riscos de câncer de próstata e se a esterilização reduz os riscos de câncer de mama. Além disso, você vai saber se existem cachorros doadores de esperma e decidir se tem informações suficientes para fazer seu cachorro se reproduzir. Se você não sabe que o cachorro fica com o pênis preso dentro da fêmea depois de fazer sexo, como se comporta uma fêmea no cio ou se, quando "menstruada", a Mimi precisa usar absorventes higiênicos, então este capítulo é para você. Você vai saber o que deve esperar quando o assunto é a sexualidade dos cachorros. Acontece com frequência de muitos donos quererem que a cachorra da casa tenha pelo menos uma ninhada para que seus filhos presenciem o milagre da vida. Continue lendo para saber tudo sobre isso!

Para vocês aí que não são donos de cachorros, mas têm curiosidade para saber a seu respeito, suponho que terei de explicar o significado por trás do título deste capítulo (nem os editores do livro o entenderam!). No contexto veterinário, é comum repreendermos os cachorros com uma ordem do tipo "Tire esse batom daí!". Bem, é que a ereção de um cachorro fica parecendo um bastão de... Repulsivo. Faz você querer esperar mais alguns minutos antes de passar aquela coisa dura nos lábios.

Por que os cachorros lambem os próprios testículos?

Embora eu deteste ter de decepcioná-los, a verdade é que existe uma explicação científica para os cães lamberem os testículos. A velha piada "porque eles podem", pode muito bem corresponder à verdade. Talvez seu cachorro lamba os próprios testículos simplesmente porque consegue alcançá-los. E também, é claro, por adorar a sensação quente, úmida e escorregadia de seu próprio banho de língua. Mas se ele fizer isso com demasiada frequência ou se você perceber alguma mancha escura (de saliva) no escroto, ele pode estar com alguma doença, como dermatite ou infecção na superfície da pele. Ele deve ser examinado por um veterinário para assegurar que não há nada de errado. Ele lambe as bolas basicamente porque descobriu que pode se assear e se aprumar enquanto, ao mesmo tempo, se dá prazer. Tirando o bafo, essa é uma das façanhas com a qual os cães podem nos superar.

Se mandar castrar meu cachorro, ele vai deixar de se esfregar nas minhas pernas?

Acho incrível a maioria das pessoas não saber o que acontece quando castramos um cachorro. Castrar um macho significa remover ambos os testículos do escroto, deixando intacto o saco escrotal e o pênis. A castração é um procedimento altamente recomendado, pois ajuda a reduzir a incidência de muitos problemas comuns relacionados com as características de dominação típicas do macho, como a demarcação de território com a urina, a agressividade, problemas de próstata, cruzamento acidental (resultando em superpopulação canina), como também a probabilidade de ele se esfregar nas pernas dos seus convidados. Apesar de não reduzir especificamente os riscos de câncer de próstata, o cachorro castrado corre menos risco de ter outros tipos de tumor, como o tumor de células de Sertoli, ou outros problemas de próstata.

Em geral, recomendamos que seu cachorro seja castrado com seis meses de idade, antes de ele desenvolver os hábitos nocivos típicos dos machos, e também porque em cães jovens e saudáveis o risco anestésico é bem menor. Além disso, se você o castrar enquanto jovem, ele terá menos tempo para desenvolver o hábito de se esfregar nas suas pernas. Se esperar muito, fica mais difícil livrá-lo totalmente desse hábito. Portanto, poupe-se desse constrangimento, mandando remover logo seus testículos!

Por que a idade mágica de seis meses para castrá-lo? Não pode ser antes?

De todos os truísmos aplicados universalmente, de onde surgiu o número mágico de seis meses? Lamento informá-lo, mas da mesma fonte de onde vieram as sequências de três a quatro, cinco a sete ou de dez a catorze dias. Um surto de diarreia deve passar depois de três a quatro dias, o tecido mole inchado deve melhorar depois de cinco a sete dias e os antibióticos devem ser tomados por um período de dez a catorze dias. Entendeu? É isso pelo menos o que ensinaram a nós, profissionais da área médica, incluindo os próprios médicos.

Dito isso, a prática de se castrar e esterilizar os animais precocemente, tem sido realizada de forma segura em filhotes com idade entre seis a oito semanas. Aronsohn *et al.* demonstraram que, com os devidos procedimentos anestésicos, os animais podem ser castrados com segurança e sem complicações quando ainda filhotes.[1] Depois de concluir minha residência veterinária no Angell Memorial Animal Hospital, que é filiado à ASPCA de Massachusetts (onde esse estudo foi realizado), eu castrei e esterilizei dezenas de filhotes de cães e gatos. Normalmente, nós fazemos isso com os animais recolhidos pelos abrigos para assegurar que sejam castrados e esterilizados antes de serem dados em adoção; essa medida ajuda a prevenir a superpopulação de animais, caso os novos donos esqueçam de submetê-los a esse procedimento.

Eu acho que animais de tão pouca idade só podem ser submetidos com segurança a esses procedimentos com certas limitações. A maioria dos filhotes tem os anticorpos da mãe (em outras palavras, estão protegidos pelos anticorpos da mãe) pelo período de quatro a cinco semanas; depois disso, eles perdem os anticorpos do leite materno e precisam ser vacinados a cada período de três a quatro semanas até alcançarem a idade aproximada de 14 a 16 semanas. Quando os filhotes são castrados muito cedo, eles só têm uma vacina em seu sistema imunológico débil e pouco desenvolvido e, com isso, eles não estão totalmente protegidos contra doenças infecciosas. Além disso, a anestesia constitui "outro ataque" ao seu sistema imunológico. Apesar de a maioria dos filhotes caninos que eu atendi não ter apresentado problemas por causa da anestesia e ter evoluído bem no pós-operatório, uma baixa porcentagem deles teve pequenas complicações, como infecções respiratórias e diarreia, ambas perfeitamente tratáveis.

Em geral, o procedimento de castrar um cão com idade entre cinco e seis semanas é seguro, mas é mais seguro depois de ele ter tomado todas as vacinas e ganhado um pouco de peso. Mas você não vai querer esperar muito para castrá-lo, pois com isso perderia os benefícios da esterilização. Foram realizados estudos que demonstram que é possível reduzir em 90 por cento a incidência de câncer de mama nas fêmeas esterilizadas antes do primeiro cio.[2] Se você esperar que ela chegue à idade geriátrica, os riscos de ocorrer algum problema com a anestesia em função de alguma doença metabólica serão bem maiores. Portanto, para os cachorros que vivem em abrigos, a recomendação é que sejam castrados/esterilizados enquanto bem jovens, como meio de prevenir a superpopulação canina, mas se não for esse o seu caso, atenha-se ao tal número mágico de idade ao redor de seis meses.

Se eu esperar para castrá-lo, ele vai crescer mais?

Quando adotei meu Pit Bull, ele ainda era filhote e achei que fosse uma cruza de Rhodesian Ridgeback com Pit Bull. E eu esperava um dia ter um cachorro de 40 kg e músculos fortes. Durante vários meses, quando alguém perguntava sua idade, eu repetia: "Ele tem quatro meses." Todos os meus amigos insistiam para que eu o castrasse, mas continuei esperando que ele ficasse maior. Bem, o fato é que continuei esperando, mas como ele não ficava maior, só acabei castrando-o quando já tinha entre sete e oito meses. Pelo visto, ele era um Pit Bull destinado a não ultrapassar a altura dos joelhos. E o mais curioso é que acabei descobrindo que os osteoblastos, células que estimulam o crescimento dos ossos, são um pouco inibidas pelos efeitos dos hormônios sexuais. Portanto, eu estivera equivocada o tempo todo ao esperar que a ação dos hormônios fosse fazê-lo crescer. Ele pode ter-se tornado um pouco mais musculoso, mas seu tamanho não aumentou.

Por que o meu cachorro fica se esfregando no meu edredom e não em outros cachorros?

Seu cachorro se masturba e se esfrega em suas pernas ou no seu edredom, apesar de ter sido castrado? Se ele é submisso, o edredom pode ser a única coisa que o acolhe (afinal, ele não contra-ataca, nem rosna nem tenta morder); além do mais, ele é *tããão* macio. Se ele costuma puxar o edredom para se esfregar, mas não faz isso com outros cachorros, talvez seja uma reação instintiva (mais por hábito do que por excitação sexual) e é bem provável que ele seja submisso por natureza. Se você observar algum cachorro castrado tentando se esfregar em outro no parque, vai perceber que esse é um traço de dominação e que logo eles estarão se engalfinhando. Os cães não se entregam docilmente às investidas sexuais de outros – eles preferem se afirmar com mordidas!

É comum o cachorro ficar com o pênis preso dentro da fêmea depois do ato sexual?

Sim, quer você acredite ou não, é comum o cachorro ficar com o pênis preso dentro da fêmea depois do ato sexual, exatamente como o lobo. A glândula bulbouretral, situada na ponta do pênis dos cachorros, fica extremamente intumescida e, com isso, fica "presa" dentro da fêmea, resultando no que nós profissionais chamamos de "engate", que pode perdurar pelo tempo de alguns minutos até uma hora. Apesar de não parecer muito inteligente em termos evolutivos ("Socorro! Um predador está se aproximando, mas estou engatado!"), isso simplesmente acontece. Talvez seja para manter o sêmen lá dentro por mais tempo e, com isso, aumentar as chances de a fêmea emprenhar. Seja qual for a razão, não tente nunca separá-los. O inchaço vai passar e cada um vai poder seguir o seu caminho, depois de se darem os números de seus telefones. Ah, o ardor do primeiro amor. Enquanto durar, um pouco de privacidade, por favor!

Castrar fêmeas é a mesma coisa que fazer histerectomia?

Nós que somos veterinários estamos acostumados a ouvir todo tipo de coisas. Vou esclarecer algumas delas, uma vez que toda essa terminologia pode ser bastante complicada, especialmente porque os veterinários não usam os mesmos termos usados pelos médicos. Você, meu amigo bem-intencionado, leva a sua Fluffy à clínica veterinária para realizar a remoção dos ovários e não para levar uma pazada na cabeça. Eu costumo ouvir pessoas dizerem "Acho que ela já foi 'espadada'". (N.T. Confusão entre as palavras "spayed", castrada, e "spaded", levado uma pazada.) *É verdade*.

Nos Estados Unidos, nós costumamos fazer a remoção de ambos os ovários e de quase todo o útero (deixando o colo do útero). Esse procedimento é também chamado de castração. Na histerectomia, apenas o útero é removido, deixando ambos os ovários. Apesar de com isso se prevenir uma prenhez indesejada, a Fluffy continua vulnerável aos efeitos hormonais tanto do estrogênio como da progesterona, que são produzidos pelos ovários deixados intactos. Como esses hormônios resultam em aumento dos riscos de câncer das glândulas mamárias (câncer de mama), em geral não recomendamos esse procedimento. Outra opção menos comum é remover apenas os ovários (deixando o útero intacto); esse procedimento é chamado de ovariectomia e é feito muito raramente, ou quase nunca pela medicina veterinária. Com os ovários removidos, não haverá produção de hormônios, mas pode-se incluir no procedimento também a remoção das trompas.

Capar é a mesma coisa que castrar?

Capar significa "dessexuar um animal".[3] Apesar de tecnicamente a castração poder ser feita tanto em machos como em fêmeas, por alguma razão, o termo *capar* é comumente associado apenas aos machos. Provavelmente, isso se deva ao fato de os homens não suportarem a palavra *castração* – eles tremem diante da mera ideia de serem tocados por um bisturi. Independentemente do termo, o procedimento usado para *capar* ou *castrar* basicamente deixa o pênis, o canal uretral peniano e o escroto intactos e ilesos, mas remove ambos os testículos.

A maioria das pessoas se mostra surpresa pelo fato de a incisão não ser feita diretamente no escroto; na realidade, quando capamos o Fido, fazemos uma pequena incisão logo à frente do escroto, de onde removemos os testículos. É que se feitos diretamente no escroto, os pontos provocam muita coceira (é o que dizem) e essa pequena incisão cicatriza muito mais rapidamente sem causar dor. Mas como "o tempo cura todas as feridas", o saco escrotal do Fido vai permanecer vazio e encolher com o passar do tempo. Passadas algumas semanas, mal dá para perceber.

Uma vez capado, os hábitos machistas do Fido diminuem lentamente com o passar do tempo; em outras palavras, ele fica menos agressivo, se esfrega menos e também usa a urina para demarcar seu território com menos frequência. Mas como, lamentavelmente, seu metabolismo fica mais lento, trate de reduzir a quantidade de comida que dá a ele assim que ele se recuperar da cirurgia. Outra coisa importante a ser lembrada é que o mero fato de ter os testículos removidos não significa que você possa imediatamente empurrar o Fido para cima de suas amigas fêmeas – ele pode ainda fecundá-la alguns dias após ter sido castrado, já que alguns espermatozoides persistentes continuam ativos por alguns dias. Quanto à amputação total do pênis, esse é um procedimento raro. A remoção de todo o equipamento do agitado Bobbit, em geral só é feita devido a alguma causa traumática ou parafimose de incidência rara (a base da glande é estrangulada pelo prepúcio estreitado e não pode ser mobilizada, ficando inchada e traumatizada). Espera-se que nem você nem seu cachorro tenha que passar por essa experiência!

Eu quero ter uma ninhada para que meu filho presencie o milagre da vida. O que preciso saber?

Quer recuperar parte do dinheiro gasto na compra do seu cão de raça pura ou mostrar ao seu filho como ocorre o milagre da vida? Alugue uma fita de vídeo. Você pode até achar que é divertido sua cachorra ter uma ninhada, mas criá-la é uma tremenda sobrecarga financeira, emocional e física! Lembre-se de que manter uma ninhada pode trazer os seguintes custos:

- Exame veterinário da mãe (para ter a certeza de que ela é saudável, está com todas as vacinas em dia e não tem nenhuma doença congênita/hereditária);
- Custos para que ela seja cruzada por um macho de raça;
- Vacinas e vermífugos para todos os filhotes (no mínimo, a primeira vacina);

- Você ter que acordar a cada uma ou duas horas para dar mamadeira aos filhotes nas primeiras duas semanas;
- Substitutos do leite;
- Espaço apropriado para proteger os filhotes;
- Lâmpada e almofada para aquecimento;
- Visitas ao veterinário, caso ela necessite de uma cesárea de emergência (que em média custa dois mil dólares);
- E os custos com anúncios para encontrar interessados em adotar todos os filhotes.

Por mais que proclamem os anúncios publicitários do MasterCard, a coisa não é tão sem preço como você é levado a pensar. E o mais importante: lembre-se de que milhões de animais são sacrificados a cada ano por não encontrarem quem queira ficar com eles. Por favor, considere tudo isso antes de resolver ter uma ninhada. Como diz a Sociedade Internacional pelos Direitos dos Animais: "Para que reproduzir ou comprar animais quando há tantos morrendo no desamparo?"

Se ainda assim você quiser assistir ao milagre da vida, existem algumas opções "favoráveis aos animais". Considere a possibilidade de adotar uma cadela prenhe de alguma sociedade humanitária ou grupo de resgate. Essas organizações estão sempre à procura de pessoas dispostas a oferecer um ambiente mais propício para mamães de quatro patas parirem. Talvez você possa assistir ao parto em casa, mas também é bem provável que, ao voltar para casa de uma sessão de cinema, se depare com oito filhotes!

Por que os cães machos têm mamilos?

As glândulas mamárias são basicamente glândulas sudoríparas modificadas que crescem do epitélio germinal. Soa excitante, não soa? Enquanto os humanos desenvolvem apenas um par de mamilos, os cachorros têm de cinco a seis pares. Durante o desenvolvimento do feto, quando estão se formando a genitália básica e os órgãos sexuais, por um tempo não é possível diferenciar se são machos ou fêmeas. Finalmente, os hormônios sexuais entram em ação e transformam as partes masculinas em algo especial, mas não sem deixar algum traço do estágio anterior assexuado: os mamilos. Os mamilos masculinos são apenas vestígios e, sem os hormônios femininos, não funcionam e perdem a função "secretária" de produzir leite. Numa fêmea castrada, os mamilos continuam presentes, mas são de tamanho menor. As fêmeas inteiras têm glândulas mamárias mais proeminentes do que as fêmeas castradas. Obviamente, as que produzem hormônios têm mamas maiores, e estou segura de que os machos da nossa própria espécie estão bem cientes desse fato.

Como se comporta uma cadela no cio?

Quando as pessoas descobrem como se comporta sua cadela no cio e como funcionam "suas regras", elas imediatamente querem castrá-la. É um bocado desconcertante. Oh, e a propósito, o procedimento para castrá-la fica muito caro quando ela está no cio – a cirurgia é mais demorada, pois o risco de hemorragia é maior pelo fato de os vasos do útero estarem cheios de sangue. Alguns donos me pagaram 130 dólares para uma consulta de emergência às duas horas da madrugada por acharem que sua cadelinha "menstruada" estivesse com algum problema na coluna, com muita dor (não parava de gemer), exigindo atenção e arqueando as costas. É comum uma cadela se comportar de maneira manhosa para chamar a atenção de um macho. Se ela empina o traseiro em sua direção ou na de outro cachorro com o rabo erguido, ela provavelmente não está querendo brincar... quer outra coisa! Os marinheiros de primeira viagem podem também levar Mimi ao veterinário por acharem que ela está sangrando demais. Pense em tudo isso antes de considerar a possibilidade de ter uma cadela reprodutora, pois terá de conviver com tais "episódios" (como os homens gostam de chamá-los) breves, porém difíceis de lidar. Por sorte, com as fêmeas caninas, eles ocorrem apenas algumas vezes por ano.

Existem cães doadores de esperma?

Sim, existem, por quê? O campo da reprodução ou *teriogenologia* é uma especialidade científica bem desenvolvida da medicina animal que trata tanto de animais grandes (cavalos e vacas) como de pequenos (cães e gatos). Certos criadores podem recorrer à inseminação artificial (IA) para produzir a próxima ninhada e escolher o tubo de esperma de sua preferência, com base na linhagem, *status* de campeão ou de saúde. Uma vez escolhido o doador de esperma, o criador pode inseminá-lo artificialmente na fêmea em seu período fértil. A quantidade de ejaculado necessário para inseminar uma fêmea é bem pequena e, por isso, o sêmen colhido do mesmo doador pode emprenhar muitas fêmeas. Dessa maneira, como eles gostam de dizer, fazem com que cada dólar investido renda mais.

As cadelas precisam usar absorventes higiênicos quando estão no cio?

Uma fêmea inteira que está no cio costuma sangrar por alguns dias, e a quantidade de sangue pode variar de algumas gotas esparsas até rastos de sangue, dependendo de seu tamanho. Como algumas são mais cuidadosas e fazem o próprio asseio quando estão no cio (ficam se lambendo), você pode nem perceber. Mas se notar algo que, com certeza, não gostaria de ver no tapete de sua sala (nem nas cortinas), você pode, sim, comprar absorventes higiênicos na *pet shop* mais próxima de sua casa. Lembre, no entanto, que esses absorventes não têm nada a ver com os produtos *o.b.* usados pelas mulheres, mas são grandes como fraldas para cobrir todo o traseiro da cachorra. Você que é homem achava que era constrangedor ter de comprar uma caixa de tampões para sua mulher? Tente fazer isso para sua cadela!

Bebês humanos e filhotes caninos recém-nascidos se entendem?

Sim, bebês e cachorros podem se dar bem, mas isso vai depender do cachorro, do quanto é ciumento e carente de atenção. Eu costumo alertar os donos da necessidade de acostumar com cuidado e aos poucos o cachorro ao bebê recém-nascido. Apesar de ter ouvido muitas histórias de experiências bem-sucedidas, minha recomendação é que não deixem os dois juntos sem supervisão. Mesmo que o risco seja pequeno, não vale a pena corrê-lo. Mas tem muitas coisas que você pode fazer durante a gestação (e antes de levar o bebê para casa) para ajudar o seu cachorro a se adaptar.

Comece deixando expostos alguns brinquedos e carrinhos que serão do bebê. Coloque para tocar no celular a música (irritante) para que ele se acostume aos novos barulhos. Passe um vídeo com um bebê chorando para acostumar seus ouvidos com os berros que em breve ecoarão por toda a casa (sorte sua!). É também uma boa ideia levar para casa uma fralda ou um cobertor com o cheiro do bebê antes de levá-lo da maternidade para casa. Deixe o cachorro cheirar e investigar esse novo cheiro. E o mais importante, procure dar a ele o mesmo nível de atenção a que está acostumado, mesmo na presença do bebê, para que ele aprenda a associar positivamente os novos cheiros com calma e felicidade.

Paralelamente, procure tornar sua casa segura para o bebê e o cachorro. Chupetas, babadores com restos de comida e brinquedos podem ser facilmente ingeridos pelo cachorro (não, ele não faz isso para se vingar) e ficarem entalados em seus intestinos. À medida que o bebê cresce e passa a comer alimentos sólidos, vigie atentamente o peso do cachorro, pois é bem provável que ele fique postado na base da cadeirinha do bebê à espera das migalhas que caem no chão. Procure manter os alimentos próprios para bebês, mas que podem ser tóxicos para cachorros (como uvas e passas) longe do chão, onde ele pode facilmente alcançá-los. Quando o bebê começa a caminhar, é uma ótima oportunidade para os dois aprenderem a brincar juntos. Desde que não fiquem sozinhos. Um inocente puxão de orelha pode acabar mal e você tem que estar de olho para impedir que isso aconteça.

Existe algo como incesto entre irmãos caninos?

Como os cachorros irmãos não conseguem se reconhecer sem a ajuda de Montel Williams ou de Jerry Springer, o incesto pode de fato ocorrer entre eles. Mas não existe nada que torne isso um estigma como entre os humanos. Na realidade, chegam a ocorrer às vezes acasalamentos entre mãe e filho e pai e filha. (Chocante! É a reprodução consanguínea!) Aproveito para reiterar de novo a necessidade premente de castrar as fêmeas e os machos. Se você tem animais em condições de reproduzir, faça o seu dever de casa e cuide deles para que seu cachorro não acabe se tornando avô de si mesmo.

Por que o meu cachorro capado tem ereções? E por que elas parecem ocorrer aleatoriamente?

É aí que entra o batom! A ereção ocorre quando os tecidos do corpo esponjoso e da glande do pênis se enchem de sangue. Embora esse fenômeno costume ocorrer como efeito da testosterona, a ereção canina pode também ocorrer quando o cachorro está excitado ou feliz (é só observar a correlação com os machos humanos). Isso também provoca uma intumescência da glândula bulbouretral, que tem a forma de uma noz ou de uma bola de golfe e está situada diretamente atrás do pênis. Alguns donos me procuraram porque seu cachorro apresentava uma protuberância perto do pênis e depois de me pagarem 130 dólares por uma consulta de emergência, fui obrigada a lhes confessar, com a cara totalmente deslavada, se quer saber, que aquilo não era nada mais do que uma ereção. Embora isso possa parecer um acontecimento aleatório, pelo menos por uma vez, o cachorro "está simplesmente feliz por ver você".

E se o cachorro engolir um *Neuticle*?

Como alguns de vocês já devem saber, se o dono quiser, é possível se fazer a reconstituição dos testículos do cachorro castrado. Dessa maneira, o dono pode achar que seu cachorro não perdeu nada de sua masculinidade. Detesto ter de ser eu a dizer, mas se o uso de esteroides pelos humanos provou algo, esse algo é que a carne não faz o homem. Mas, como cada um tem o que merece, se o dono quiser que seu cachorro continue parecendo um macho perfeito, nós podemos implantar um testículo de polipropileno ou de silicone na mesma incisão pela qual removemos o testículo durante o procedimento normal de castração. Agora, esta é uma notícia quente! Existem Neuticles de diferentes formas e tamanhos e, é claro, em modelos anatomicamente corretos. Na realidade, já foram implantados Neuticles em mais de 225 mil animais desde 1995, e a empresa que os produz não teve quase nenhuma complicação (ver Referências). No website da empresa, você pode saber qual o tipo e tamanho de Neuticle mais adequado para o seu cachorro. Em termos ideais, nós só implantamos os Neuticles apropriados para cada raça, espécie e tamanho e, portanto, não dá para implantar num Cocker Spaniel um Neuticle feito para o tamanho de um Pastor Alemão. Pior pra você!

Está querendo implantar um Neuticle em seu gato, cavalo ou touro? Existem Neuticles para todos eles! Basta informar seu veterinário se quiser os mais firmes NeuticlesOriginal, os NeuticlesNatural (inclusive os anatomicamente corretos ou epidídimos suspensos) ou ainda os Neuticles-UltraPlus (oh, tão macios!). Para sua informação, os NeuticlesOriginal são duros como uma pedra; trate, portanto, de dar uma apalpada antes de implantá-los em seu cachorro. Para que ele não acabe quebrando objetos da casa com aquelas coisas duras.

Finalmente, se você ou seu cachorro não estiver satisfeito com os Neuticles implantados, poderá mandar removê-los, mas para isso, será necessária outra cirurgia sob anestesia. A probabilidade de alguma complicação causada pelos Neuticles é muito pequena e eles oferecem dois milhões de dólares como garantia para cada ocorrência.

Mas como no site deles na Internet, a palavra "ocorrência" está grafada erroneamente, é de se desconfiar...

Por sorte, é muito pouco provável que eles sejam engolidos por seu cachorro e, portanto, também improvável que você tenha que ir correndo para o veterinário e chegar aos berros: "Meu cachorro engoliu seus próprios testículos! Isso quer dizer que ele é gay?" Faça o que quiser, só não diga isso aos berros enquanto estiver sentado sozinho num banco sujo de praça. Se não quiser ir parar atrás das grades.

É possível cruzar um Chihuahua com um Dinamarquês?

Se é fisicamente possível, então é fisicamente possível. O que mais eu poderia dizer?

Vou citar um exemplo. Certa vez, eu duvidei de uma cliente quando ela me disse que seu cachorro doente de 27 kg não era de fato um Pit Bull, mas resultado de um cruzamento de um Boston Terrier com um Rottweiler. Eu não acreditei e disse: "De maneira alguma" (num tom muito profissional, é claro). No dia seguinte, ela levou a mãe do cachorro durante o horário de visitas, e eis que, ali à minha frente estava um minúsculo Boston Terrier de 6,80 kg. Parece que ela tinha atraído o Rottweiler do vizinho e o dono havia testemunhado a cruza; depois disso, eles decidiram ficar com um dos filhotes. Bem, eu não sei como aquela Boston Terrier não precisou de uma cesárea para parir, mas como já disse, se é fisicamente possível, então é fisicamente possível! Lembre-se apenas de que é sempre mais seguro uma fêmea maior reproduzir um macho menor, pois reduz o risco de a mãe precisar de uma cesárea.

Cão grande, cão bem-dotado – é mesmo?

Não necessariamente – neste caso, não se pode realmente julgar um livro pela capa. Na faculdade de veterinária, nós todos ficamos muito surpresos ao descobrir que um dos cachorros mais bem-dotados é na realidade o Beagle. O Beagle? Não pode ser. Continuo um pouco traumatizada por aquele laboratório de coleta de sêmen e inseminação artificial, onde vi mais traços do Beagle do que gostaria de admitir.

Comparado ao Dinamarquês ou Weimaraner, o Beagle é o rei do quarteirão. Por outro lado, eu também tenho notado que algumas das raças de cães de caça, como o Weimaraner, o Rhodesian Ridgeback e o Vizsla são os menos bem-dotados do mundo canino. Alguém está se sentindo recompensado?

Os cachorros se beijam?

Todos os donos de cachorros podem atestar que eles gostam de beijar, sendo que alguns mais do que outros. Se você observar os cães no parque, perceberá que alguns deles beijam e lambem a boca ou os lábios de outros em sinal de submissão. Eles também fazem isso com outras espécies, como gatos, crianças e seus donos como meio de expressar seu afeto e atenção. Especula-se que o ato de beijar possa ter sua origem em certas espécies, como pássaros e pinguins, como um meio de os recém-nascidos receberem comida de seus pais. E como é típico dos lobos levar na boca carniça podre para seus filhotes, os cachorrinhos ou gatinhos podem obter migalhas de comida, beijando e lambendo a boca dos pais. Pode também ser uma maneira de eles expressarem gratidão pela comida dada pelos pais. Isso é que é ser adorável, agradecido e afetuoso! Quem dera que todos nós seguíssemos esse exemplo dos cachorros...

É verdade que o pênis dos cachorros encolhe?

Sim. Por sorte esta questão não apareceu em nenhum episódio do seriado *Seinfeld*, pois, se tivesse, provavelmente ela me seria feita com muito mais frequência. Não que ela não tenha sido feita antes... imagine o quanto seria constrangedor eu ter que explicar ao dono do sexo masculino que a anatomia é muito semelhante em todas as espécies.

Os tecidos delicados que fazem parte do pênis e ajudam a levar o fluxo sanguíneo para a região genital realmente se encolhem quando expostos à água fria. Esse fenômeno pode ser provocado pelos hormônios, pela estimulação ou pela temperatura. Com certeza, não é o que os donos de cachorro do sexo masculino gostariam de ouvir!

Um cachorro pode contrair doenças sexualmente transmissíveis?

Cachorro nojento! Sim, os cachorros podem contrair doenças sexualmente transmissíveis, como o tumor venéreo transmissível (TVT) ou a brucelose. O TVT é um tipo de câncer que se espalha tanto pelo contato sexual entre os cachorros, como também por suas lambidas e cheiradas. Soa familiar? Espero que não! A incidência do TVT é mais comum nos estados do sul, onde os climas são mais temperados e existe uma maior população canina vagando solta (não é à toa que a região conquistou a fama de "sórdido sul"). O TVT pode resultar na formação de massas cancerosas na ponta do pênis, no prepúcio, na vulva, vagina ou boca. Apesar de tecnicamente ser um tipo de câncer, ele é transmitido sexualmente e pode ser tratado com êxito. Ele responde bem à quimioterapia e mais de 90 por cento dos casos são curados. Mas não se preocupe – o TVT não passa para você.

A brucelose é causada por uma bactéria chamada *Brucella canis* e o contágio costuma ocorrer pelo contato sexual/cruza, exposição à membrana fetal/placenta ou na passagem pelo canal de nascimento. Essa bactéria também pode ser transmitida pelo sangue e urina, apesar de ser menos comum. Como nos tecidos abortados existem grandes quantidades dessa bactéria, você deve sempre usar luvas quando sua cadela pare uma ninhada. Entre os sintomas da brucelose estão o inchaço dos testículos, dor no escroto, aumento no tamanho dos nódulos linfáticos ou o aborto nas fêmeas. O tratamento inclui o uso prolongado de antibióticos, como altas doses de doxiciclina. Lamento ter de informar que essa doença *pode* passar para as pessoas e a forma mais comum de contágio é o contato com uma fêmea em processo de aborto.

Você pode contrair alguma doença se beijar o seu cachorro?

Como a Lucy dos *Peanuts* pode confirmar, nem sempre é agradável levar uma lambida ou beijo de língua de um cachorro. E só por ser veterinária, não quer dizer que eu ande de boca aberta para ser beijada por cachorros. Eu deixo meu cachorro me dar beijos no rosto, mas jamais introduzir sua língua na minha boca. Nojento. Tem gente que não se importa, mas como tudo, é uma questão de gosto pessoal.

A pergunta é se você pode ser contagiado por alguma doença do seu cachorro? Se você não é criança, imunodeficiente ou idoso, a transmissão de alguma doença infecciosa por meio da saliva do cachorro é improvável (mas possível); o problema se resume a suportar uma baforada de mau hálito canino. Os cachorros não são transmissores de AIDS, vírus HIV, hepatite nem de nenhuma das outras doenças de alto risco comuns entre os humanos. Entretanto, devido à relação fecal-oral dos cachorros (ou seja, lamber os testículos e o traseiro e, em seguida, passar a língua no rosto do dono), certas doenças *podem* ser transmitidas e, portanto, você deve tomar certos cuidados. O risco é maior entre as crianças, devido à tendência de pôr os dedos na própria boca (ou na boca do cachorro).

Os nematódeos (como a lombriga) podem ser transmitidos via fecal-oral e, embora raramente, eles podem causar cegueira nas crianças quando migram para partes indevidas do corpo. Essa é uma das principais razões de seu veterinário insistir na necessidade de um exame de fezes – para ter a certeza de que o seu cachorro foi devidamente desverminado. Outras doenças, como a leptospirose, *podem* ser transmitidas por essa mesma via, mas raramente; a bactéria da leptospirose é transmitida através da urina de ratos ou de cervos, que os cachorros podem ingerir quando bebem água de poças. Finalmente, doenças como a toxoplasmose, a giardíase (febre do castor), criptosporidiose e a leishmaniose[4] são todas transmissíveis pela boca do cachorro; mas também essas ocorrem muito raramente.

O CAPC (órgão que controla a disseminação de parasitas animais) é formado por um grupo de veterinários, médicos, assessores jurídicos e parasitologistas que trabalham juntos para fornecer mais informações sobre educação e saúde públicas; você pode também visitar a página na Internet (ver Referências) dos *Centers for Disease Control and Prevention's Healthy Pets, Healthy People*, onde vai encontrar informações úteis sobre os riscos de pegar alguma doença de seu cachorro. Enquanto dono, procure adotar medidas simples para se prevenir contra os riscos de contaminação. A primeira delas é consultar seu veterinário quanto a seguir o calendário dos programas de desverminação ou fazer o monitoramento severo das fezes (é exatamente tão excitante quanto soa!). Considere a possibilidade de realizar controle preventivo sazonal ou anual contra pulgas e carrapatos, dependendo do lugar em que você mora. Considere também os riscos associados ao tipo de alimentação que você está dando ao seu cachorro; se for uma dieta de alimentos crus, o risco de salmonelose ou de transmissão de bactéria é muito maior. Procure remover diariamente as fezes, tanto em casa como nos lugares públicos, toda vez que seu cachorro defecar. Ao perceber que alguém não está recolhendo as fezes de seu cachorro, ofereça-lhe gentilmente um saquinho, dizendo como quem não quer nada: "Ah, você esqueceu de trazer um saquinho? Pode pegar este!" (Na costa leste, eu costumava dizer: "Olha aqui, cara, trate de recolher a porcaria do seu cachorro!", mas logo percebi que a abordagem gentil de Minnesota tem efeito muito mais positivo.) E, finalmente, ensine seus filhos (e a você mesmo) a lavar bem as mãos depois de mexer no jardim, brincar na lama, acariciar animais ou brincar numa caixa de areia (embora eu não queira saber o que você pode ter andado fazendo numa caixa de areia). Quando em dúvida, pratique o método do beijo seguro com seu cachorro, sempre com a boca fechada. Nunca se sabe, talvez seus amigos e familiares voltem a convidar você para passar os feriados com eles.

CAPÍTULO 10

O VETERINÁRIO E SEUS OBJETOS DE ESTIMAÇÃO

Ah, a pergunta que vale 64 mil dólares! Bem, pelo menos para mim. Com que frequência seu cachorro precisa *realmente* ir ao veterinário? Neste capítulo, vamos responder a algumas das perguntas que as pessoas gostariam de poder fazer abertamente, mas muitas vezes se sentem constrangidas. Hora de abordar algumas delas, não é mesmo? Descubra se pode usar a coleira anticarrapato do seu cachorro em você mesmo quando estiver fazendo uma longa caminhada ou se a vacina contra a doença de Lyme é realmente necessária. Quais são os efeitos colaterais das vacinas e com que frequência elas devem ser aplicadas? E, finalmente, você vai saber o que os veterinários *realmente* fazem quando levam seu cachorro para a sala dos fundos.

Este capítulo também vai matar sua curiosidade sobre o que é necessário para se tornar um veterinário, levando você aos bastidores dos 7 a 13 anos de estudos que foram necessários para seu veterinário poder lhe dizer por que seu cachorro lambe os próprios testículos. É verdade que é mais difícil ingressar na faculdade de veterinária do que na de medicina? Atualmente, mais de 70 por cento dos formados em veterinária são do sexo feminino.[1] Por que será? E mais importante, descubra o que seu veterinário quer que *você* saiba para se tornar um dono de cachorro e consumidor inteligente. Saiba que perguntas você deve fazer para assegurar que o membro de quatro patas da sua família esteja realmente em boas mãos. Não é todo dia que um veterinário se dispõe a dar informações corretas sobre seu cachorro e sua saúde – você não pode se dar ao luxo de não ler!

O que os veterinários realmente fazem quando levam seu cachorro para a sala dos fundos?

Desde os sete anos de idade eu queria ser veterinária. Eu adorava meu Pequinês Yi-Nian (que em chinês quer dizer "melhor amigo do homem"), e gostava de levá-lo ao veterinário para poder aprender mais. O que eu odiava era ouvir aquela frase típica: "Vamos levá-lo para a sala dos fundos e logo estaremos de volta." Afinal, o que exatamente eles vão fazer lá nos fundos? O que acontece lá? Por que o meu cachorro está berrando? São perguntas das mentes curiosas!

Em geral, quando o veterinário ou seu auxiliar vem com essa conversa, ele está pensando na sua própria segurança. O Fido pode ter tentado morder algum dos funcionários durante a vacinação ou o exame de toque retal e, por isso, é levado para a sala dos fundos, onde é devidamente imobilizado. Isso não causa nenhum dano a ele, mas você pode se incomodar com o fato de ele estar imobilizado e, com isso, deixá-lo ainda mais agitado por saber que você está ali. Ele acha que você não quer socorrê-lo e se pergunta o que há de errado com você. Pior ainda, ele pode associar a coisa "ruim" com você e essa é a última coisa que você quer ("Foi você quem fez o exame de toque retal em mim!"). Deixe para nós o papel do carrasco, pois fazemos isso por amor.

Meu cachorro precisa realmente tomar remédio contra a dirofilariose?

Doença causada pelo parasita dirofilária – invenção de veterinário? Isso é uma injustiça! Nós não somos desalmados a esse ponto, apenas com os parasitos! Estamos salvando seu cachorro das larvas de microfilária, transmitidas basicamente por mosquitos. (Criaturas vis! Não é de surpreender que não adotemos insetos como bichos de estimação.) Esse parasita minúsculo se aloja então nos vasos dos pulmões e do coração e acaba causando complicações graves e com possíveis riscos à vida. Se a região que você mora é infestada por mosquitos (eles estão na maioria das regiões, salvo algumas partes da Califórnia e do Colorado), seu cachorro pode estar correndo risco, especialmente se passa muito tempo ao ar livre. Alguns dos sintomas clínicos da doença causada por esse parasita são tosse, intolerância à atividade física, perda de peso, desmaio e acúmulo de líquido no abdômen (sintomas da falência cardíaca do lado direito).

Felizmente é fácil proteger seu cachorro da dirofilariose: ele só precisa tomar um comprimido com sabor de carne uma vez por mês para acabar com todas as microfilárias antes que elas se tornem larvas. Seu cachorro *deve* ser submetido a exame que comprove a ausência desse parasita antes de começar a tomar mensalmente o tal comprimido delicioso, porque, se ele já estiver infectado, o uso do preventivo pode provocar uma reação anafilática e morte súbita... e você vai *realmente* odiar os mosquitos transmissores. É por isso que os donos de cachorros são instruídos a programar as vacinas anuais na primavera. Como dou a meu cachorro o remédio preventivo o ano todo, eu não tenho que submetê-lo a exame de sangue a cada primavera. Seguindo rigorosamente o tratamento mensal, eu sei que ele está bem protegido e que só precisa fazer o exame a cada dois ou três anos. Portanto, não, essa não é uma invenção de veterinário para extorquir dinheiro de você. Considere o seguinte: o tratamento caso ele contraia a dirofilariose custa entre 1.000 e 2.500 dólares (incluindo internação, medicação cara, ultrassonografia do coração e várias radiografias do peito). Se nós veterinários estivéssemos querendo arrancar dinheiro de você não teríamos por que recomendar o uso do medicamento preventivo.

Os veterinários levam muitas mordidas de animais?

Durante o ano em que fiz minha residência no Angell Memorial Animal Hospital de Boston, era comum ver as pessoas de olho em meus pulsos. Meus braços pareciam ter levado navalhadas (embora o curso de veterinária fosse difícil, não chegava a esse ponto), principalmente graças a arranhões de gatos. Infelizmente, arranhões e mordidas (como também ser alvo de fezes e urina) são ossos do ofício. Como os cachorros e gatos não entendem por que tentamos imobilizá-los, eles reagem com suas armas naturais, que são os dentes e unhas. Desde então, tenho praticado a medicina veterinária de maneiras mais inteligentes e menos problemáticas; em outras palavras, eu recorro às substâncias químicas para imobilizá-los. Agora, são os meus auxiliares que fazem todo o trabalho preparatório. Eu recorro à sedação para reduzir o sofrimento dos esquizofrênicos (ou seja, do cachorro *e* seu dono) e treino minhas habilidades de ninja diante do espelho todas as noites para ter reflexos mais rápidos. É claro que se você quiser colaborar, existem sedativos orais que você pode dar ao seu cachorro desvairado uma ou duas horas antes de levá-lo ao veterinário; eu garanto que tanto o veterinário como seus assistentes e o próprio cachorro vão ficar satisfeitos e agradecidos.

Os veterinários são atacados por pulgas?

Alguma vez você já se perguntou por que seu veterinário usa aquele macacão enorme em vez de roupa decente para trabalhar? Com certeza, o macacão agrada a seus olhos e desperta medo profundo em todos os cachorros, mas ele também impede que levemos doenças infecciosas para casa. No final do dia, tiramos o macacão e com isso esperamos também nos livrar de alguma pulga que possa ter se agarrado a ele. E também nos livramos de levar para casa fezes, vômito, urina ou vírus que possam infectar nossos próprios animais. Sorte dos veterinários o risco de transmissão de doenças infecciosas ser menor nos cachorros do que nos humanos – não tenho que me preocupar tanto com a possibilidade de ser acidentalmente picada por uma agulha ou de alguma gota de sangue de cachorro cair sobre algum dos muitos arranhões de gato. É claro que você tem que levar em conta a possibilidade de transmissão de *algumas* doenças raras como a leptospirose, a tinha, parasitas, ácaros, pulgas, carrapatos e outras afecções curiosas. Medidas como a de esterilizar o próprio estetoscópio, ou de ter macacões de reserva para trocar, contribuem para que os veterinários possam evitar muitas infecções. Infelizmente, o que *às vezes* levamos conosco para casa é o cheiro, motivo pelo qual eu trato de evitar as blusas Thomas Pink e uso minhas roupas normais no final de cada dia de trabalho. No dia em que fiz 24 anos, minha mãe me disse gentilmente que se eu usasse menos roupas de flanela e lã, eu "estaria apta a encontrar um homem". Ela é tão atenciosa. Quando tenta me comprar roupas elegantes, eu as recuso com uma típica desculpa de criança: "Mas elas vão ficar emporcalhadas!" Ah, esses são definitivamente alguns dos percalços desta profissão.

O que é um especialista veterinário?

Para alguém se tornar veterinário tem que cumprir créditos em ciências como anatomia, fisiologia, química orgânica, bioquímica e física no curso de graduação. Eu estudei ciências dos animais e muitas das minhas aulas eram ou em fazendas ou em laboratórios. Algumas faculdades de veterinária admitem candidatos do segundo ou terceiro ano do curso de graduação, possibilitando com isso que você comece a estudar veterinária um ou dois anos mais cedo. Já na faculdade de veterinária, você é submetido a um rigoroso programa de treinamento de quatro anos, sendo o último deles num hospital. Quando conclui a faculdade, você é um veterinário completamente habilitado e tem permissão para atuar como clínico geral ou médico de família.

Em dezembro de 2005, havia nos Estados Unidos 54.246 veterinários trabalhando em clínicas particulares. Outros 25 mil veterinários trabalham como servidores públicos ou em empresas (incluindo órgãos de pesquisa, do governo e instituições acadêmicas). Isso quer dizer, pelo que foi publicado, que há um total de 75.569 veterinários nos Estados Unidos, sendo aproximadamente 8.216 deles especialistas.[2]

Um especialista veterinário é alguém que passou por um treinamento subsequente completo por meio de estágio rigoroso e treinamento avançado como residente ou bolsista. Existem muitas especialidades, como cardiologia veterinária, medicina interna, tratamento de emergência, cirurgia, dermatologia, comportamento, patologia, anestesiologia, radiologia, neurologia, oftalmologia, odontologia e medicina de animais silvestres.

A tendência é a medicina veterinária se tornar progressivamente tão especializada quanto a medicina humana. Por exemplo, se o seu cachorro precisar se submeter a uma cirurgia complexa (como uma prótese integral dos quadris) ou uma ultrassonografia do coração, ele terá provavelmente que ser atendido por um veterinário credenciado especializado em cirurgia e cardiologia. Se o problema for uma insuficiência renal grave, seu cão terá provavelmente de passar por um especialista em medicina interna. No caso de ele estar gravemente doente e necessitar de tratamento intensivo, seu cachorro terá de ser atendido e avaliado por um especialista em emergência. Em geral, eles são recomendados pelo veterinário que é clínico geral, mas você pode procurá-los por conta própria. Mais informações sobre as diferentes especialidades podem ser encontradas na página da American Veterinary Medical Association na Internet (ver Referências) ou na página específica do grupo profissional por trás de cada especialidade.

Meu cão precisa tomar a vacina contra a doença de Lyme?

Sei que estou me sujeitando a passar por implicante, mas não posso deixar de corrigir: o nome da doença não é *Lymes* e sim Lyme. Fico constrangida demais para corrigir os veterinários, mas é verdade – o certo é Lyme. Esta é a segunda das cinco principais implicâncias de Justine Lee, só perdendo para a incapacidade dos profissionais da área de escreverem "vômito" corretamente nas fichas dos pacientes (por favor, com um só "t".)

Essa doença foi batizada com esse nome, por ter sido descoberta em Old Lyme, Connecticut. O povo de Old Lyme com certeza também agradeceria se não chamassem a doença de *Lymes*. Eles se orgulham muito de sua herança viral (lema da cidade: "Curta Old Lyme! Ela é contagiante!"). A doença de Lyme se manifesta em sintomas como manqueira ora em uma e ora em outra perna e inchaço nas articulações e, às vezes, também na nefropatia Lyme, que pode ser fatal. Há uma razão para você não conseguir pronunciar corretamente o nome dessa doença – ela é demasiadamente assustadora para ser compreendida. Essa nefropatia é uma doença debilitante que ameaça a vida por fazer com que os rins percam proteínas em excesso e acabem parando de funcionar, provocando perda de peso crônica, urina em excesso, sede constante, urina diluída, anemia, vômito e pressão alta. Como existem muitas outras doenças, como as transmitidas por picadas de carrapatos (como a febre maculosa das Montanhas Rochosas), doenças relacionadas com o sistema imunológico ou até alguns tipos de câncer com sintomas semelhantes aos da doença de Lyme, é importante procurar um veterinário para diagnosticá-la corretamente.

Mas como é que você previne seu cachorro de pegá-la? Como a vacina contra a doença de Lyme não protege totalmente e é considerada controversa, os especialistas não a recomendam atualmente, a não ser para um cachorro que passe o verão inteiro *completamente* coberto de carrapatos. A antiga vacina contra a doença de Lyme provocou em alguns cachorros uma forma branda dos sintomas da doença. Parece que alguns cães vacinados contra essa doença podem desenvolver uma reação imunológica mais severa nos rins (glomerulonefrite) depois de contraírem a doença. Por essa razão, eu em geral recomendo o uso de *preventivos* contra pulgas e carrapatos em lugar da vacina. O preventivo Frontline prescrito pelos veterinários é muito eficaz quando dado mensalmente; ele foi lançado originalmente para que cada aplicação durasse três meses, mas isso não se comprovou. Se você mora em alguma região com alto nível de exposição (como Lyme, Connecticut; New England; Minnesota e basicamente qualquer outra parte da Costa Leste), use o Frontline em combinação com a coleira Preventic. Esses são os dois procedimentos preventivos contra parasitas pesquisados e são mais eficazes quando atuam em conjunto. Em geral, eu não recomendo as coleiras contra pulgas e carrapatos vendidas sem receita, porque elas só atuam contra os carrapatos em volta da área do pescoço do cachorro. Economize seu dinheiro.

Qual é a terceira principal implicância veterinária de Justine Lee?

No primeiro dia de orientação na Faculdade de Medicina Veterinária da Cornell University, o seu decano nos deu o seguinte conselho sábio: "Se há uma coisa que vocês aprendem no curso de veterinária, é como se pronuncia 'veterinário'. Não é ve-tri-ná-rio, e sim ve-te-ri-ná-rio." Da mesma maneira como não é "ve-tra-no", mas "ve-te-ra-no". Pode ter sido algo típico da elite acadêmica confinada à sua Torre de Marfim para dizer em nosso primeiro dia de orientação, mas o fato é que desde então isso se tornou uma fixação para mim, exatamente como predisse o doido daquele professor. Agora já é tarde demais, como você já comprou este livro, fico só torcendo para que não me considere incorrigivelmente metida a besta.

Devo pagar um plano de saúde para o meu cachorro?

Os planos de saúde para animais tornaram-se mais populares na última década, mas existem nos Estados Unidos há quase trinta anos. Exemplos deles são os seguros das empresas Banfield e Veterinary Pet Insurance Company. Mas menos de um por cento dos donos de animais faz uso deles. Considerando que entre 15 e 20 por cento dos americanos não têm planos de saúde para si mesmos, isso não é tão surpreendente. Nos últimos anos, no entanto, eles vêm se tornando cada vez mais populares.

Na verdade, garantir assistência à saúde de seu animal não custa tanto assim. Em média, o custo é de aproximadamente um dólar por dia e é aceito em quase todos os lugares. Para quem tem vários animais, há um desconto de 5 a 10 por cento para cada um. Como essas seguradoras constituem a terceira parte dessa relação, os donos têm que pagar diretamente aos veterinários, do seu próprio bolso, e depois pedir o reembolso. Apesar de alguns veterinários recomendarem que os animais sejam assegurados, é importante examinar atentamente os termos do contrato. Algumas companhias cobrem apenas parte das vacinas rotineiras e de cirurgias opcionais, mas podem não cobrir doenças congênitas ou hereditárias. Em outras palavras, se você tem um Pastor Alemão com predisposição a ter problemas de pâncreas ou displasia coxofemoral, o tratamento de nenhum deles será coberto pelo seguro. Entretanto, se o seu cachorro engole uma lata inteira de cerveja e precisa de uma cirurgia de estômago ou se é atropelado por um carro, ter um seguro é de grande ajuda. Embora a seguradora talvez cubra apenas de 10 a 90 por cento dos custos de um incidente (depois de deduzida uma pequena parcela por incidente), pode compensar no caso de seu cachorro ser propenso a sofrer acidentes. Ou pode custar menos para você erguer um cercado. E dar ao cachorro um capacete. Em qualquer caso, como a assistência veterinária pode ter um custo muito alto, providenciar um plano de saúde pode ser uma boa opção para todos vocês que se preocupam com seus bichos de estimação.

É obsessão o que meu veterinário tem com as fezes do meu cachorro?

Os veterinários costumam coletar amostras de fezes para diversas finalidades. Se o porco do Fido: (a) come carniça ou pega roedores; (b) apresenta sintomas clínicos de vômito ou diarreia; (c) sofreu exposição a pulgas (que transmitem a tênia, parasitas que parecem grãos de arroz em volta do ânus); (d) sofreu exposição a crianças; e/ou (e) começou a perder peso, nós recomendamos exames de fezes para descartar a presença de parasitas gastrintestinais. Se o Fido toma regularmente o remédio preventivo contra a dirofilariose, os parasitas gastrintestinais deixam de ser problema (dependendo do tipo de remédio preventivo que você esteja dando a ele). Os parasitas gastrintestinais podem ser transmitidos para as pessoas via fecal-oral (por exemplo, se seu filho acidentalmente toca nas fezes infestadas do Fido e, em seguida, sem lavar as mãos, come um sanduíche), resultando em cegueira, infestação da pele e do trato gastrintestinal de seu filhote de duas pernas. Quando tiver alguma dúvida, ou se seu cachorro estiver com algum sintoma clínico, providencie um exame de fezes.

Posso confiar num veterinário que não é ele mesmo dono de nenhum animal de estimação?

Você confiaria num chefe de cozinha que não come a comida que faz? Então, por que confiar num veterinário que não tem ele mesmo nenhum animal? E dá para confiar num pediatra que não tem filhos? Vou ser polêmica aqui, dizendo que não. Acho que um profissional pode entender melhor o que você está passando se já teve essa experiência.

Não me interprete mal – existem veterinários maravilhosos que podem não ter nenhum animal e isso talvez se deva ao fato de eles terem de viajar constantemente ou trabalhar em horários que tornem difícil dar a atenção que um cachorro exige. Mas se você escarafunchar um pouco, tenho certeza de que acabará descobrindo que o namorado ou namorada deles tem algum bicho de estimação. A não ser que você tenha caído nas mãos de um veterinário que não goste de animais. Apesar de isso ser raro, eu posso afirmar com cem por cento de garantia que seu amigo peludo não vai demonstrar o mesmo afeto se seu veterinário detesta o que faz.

Por que no livro *Freakonomics* as mulheres veterinárias são listadas como uma das três principais categorias mais cobiçadas para encontros virtuais?

Quando li o fenômeno editorial *Freakonomics*, tive a grata surpresa de descobrir que Levitt e Dubner colocam as mulheres veterinárias como uma das três categorias mais cobiçadas para encontros virtuais.[3] Meu namorado não gostou de eu ter copiado a página e a enviado para ele, mas eu achei que era importante fazê-lo entender o óbvio: que somos mercadorias valiosas (por que, ah, por que tenho de lembrá-lo?).

Em geral, os homens gostam de cachorros e adoram lutar com seu Fido e curtir alguns prazeres propiciados pela companhia dele, como correr e praticar outras atividades ao ar livre, mas muitos têm a ideia equivocada de que as mulheres só querem ter um bicho de estimação para paparicá-lo e alisar seu pelo. As mulheres veterinárias, no entanto, escapam a esse estereótipo – os caras sabem que nós provavelmente toleramos melhor a sujeira, pelos espalhados, baba e lama. Se os homens percebessem que têm algumas qualidades semelhantes às dos cachorros (sujeira, pelos, baba e, é claro, lealdade), por que eles não iriam querer embarcar no trem do amor? Atualmente, 73 por cento dos estudantes veterinários são do sexo feminino e também quase 50 por cento dos veterinários em atividade.[4] Se é que se pode fazer uma ampla generalização, as mulheres veterinárias trabalham duro, têm um pouco de tendência à prisão de ventre, são voltadas para atividades ao ar livre, amantes de animais, além de inteligentes e donas de curvas bem-delineadas. Convenhamos, caras – o que mais vocês poderiam querer?

Quais são os dez principais motivos que fazem as pessoas levar seus cachorros ao veterinário?

De acordo com a Veterinary Pet Insurance Company, os dez principais motivos alegados são os seguintes:

1. Alergias de pele;
2. Infecções de ouvido;
3. Desarranjos estomacais;
4. Infecções de bexiga;
5. Tumores benignos;
6. Osteoartrite;
7. Distensões;
8. Infecções oculares;
9. Enterite;
10. Hipotireoidismo.

Lembre que menos de um por cento dos americanos tem assegurada a assistência veterinária a seus animais, o que pode ser uma população muito diferenciada. Como veterinária que já trabalhou em clínica geral, esse parece ser o padrão normal. Mas se você leva seu cachorro a uma clínica veterinária de emergência, essa lista de dez itens vai por água abaixo! Peça a Deus que seja apenas uma infecção de bexiga. Porque senão...

É verdade que é mais difícil ingressar numa faculdade de veterinária do que numa de medicina?

Como existem apenas 27 (e em expansão) faculdades de veterinária nos Estados Unidos (contra as mais de 120 faculdades de medicina), ingressar numa faculdade de veterinária pode envolver uma maior competição, simplesmente porque existem menos vagas. Por outro lado, seja ou não em busca de poder, prestígio e salário, há mais pessoas querendo ingressar numa faculdade de medicina do que numa de veterinária. Não que eu esteja reclamando – afinal meu trabalho continua garantido! Também pelo fato de muitas escolas de veterinária serem estaduais, os candidatos só podem se inscrever em algumas delas. Por exemplo, a faculdade de veterinária de Virginia-Maryland só aceita até no máximo dez candidatos de outros estados por ano. Portanto, sim, eu suponho que seja muito difícil ingressar numa faculdade de veterinária, mas não em função de as exigências serem mais rigorosas. Afora isso, o curso de veterinária é quase tão longo quanto o de medicina; por isso, menos pessoas ingressam na escola de veterinária, uma vez que o salário (os veterinários ganham muito menos do que os médicos) não compensa o investimento em anos. Finalmente, como os cursos preparatórios para a faculdade de veterinária são idênticos aos preparatórios para a medicina, muitos estudantes da área de veterinária acabam passando para o outro lado antes de concluírem o treinamento. Portanto, se o seu médico sempre passa a mão na sua cabeça depois de examiná-lo, agora você já sabe por quê!

Se você quer saber mais sobre as exigências para se formar em veterinária, continue lendo. Para alguém ser veterinário nos Estados Unidos, precisa ter no mínimo um diploma de graduação (normalmente de três a cinco anos) e quatro anos de escola veterinária. O último (quarto) ano da faculdade de veterinária é dedicado à prática clínica, em que o estudante "faz o papel de doutor", trabalhando no nível básico do hospital em diferentes turnos. Concluída a formação veterinária, a pessoa pode imediatamente trabalhar como clínico geral/de família. Entretanto, uma parcela menor (aproximadamente entre 10 e 20 por cento de cada turma de formandos) continua estudando e passa a dedicar-se a uma especialidade. Muitas vezes, essa formação envolve um ano de prática em medicina e cirurgia, seguido de um período de dois a quatro anos de residência para desenvolver a especialização. Portanto, por mais que toda menina de sete anos sonhe em se tornar veterinária, quando ela descobre que para isso terá de passar pelo menos sete anos fazendo lições de casa e tendo ataques de histeria, são poucas as que persistem. Apenas as realmente dedicadas conseguem enxergar além e é por isso que a nossa profissão continua sendo tão competitiva.

Por que existem tantas mulheres veterinárias?

Até os anos setenta, 90 por cento dos profissionais veterinários eram homens. Isso não é tão surpreendente, se considerarmos que 90 por cento do mundo continuem, pelo que parece, sob o domínio dos homens. Naquela época, era extremamente difícil para uma mulher ingressar numa faculdade de veterinária. Mas, desde então, a medicina veterinária vem se tornando progressivamente, e de maneira incrível e indubitável, mais cordial às mulheres e, com isso, aumentaram as suas oportunidades. Pessoalmente, acho que muitas garotas loucas por cavalos e por animais empalhados crescem querendo ser veterinárias (até descobrirem por quantos anos terão de estudar ou que terão de sacrificar animais) e, por isso, não me surpreende que tenha havido tal acorrida a esta área. Embora esse aumento da presença feminina não tenha ocorrido no campo da medicina humana, é possível assim mesmo lançar a hipótese de que as mulheres sejam por natureza mais compassivas e atenciosas do que os homens e que possam ter uma tendência natural a querer ajudar os animais. Pelo menos é o que eu, como mulher, tendo a achar.

É verdade que os veterinários detestam ouvir a frase: "Já fui veterinário, mas não suportei ter de lidar com o sacrifício de animais"?

Sim. Surpreendentemente, não foi tampouco essa a razão que nos levou a querer adotar essa profissão. Falando sério.

Eu gosto mais do meu veterinário do que do meu próprio médico. Será que posso me tratar com ele?

Por mais que isso lisonjeie a nós veterinários, tem um segredo nosso que você deve saber: os excrementos humanos nos causam repulsa. Quando pensamos em vômitos, fezes e líquidos saindo de nossos clientes caninos e felinos, tudo bem, estamos em terreno seguro. Mas diante de um nariz humano escorrendo... eca! a coisa fica bem diferente. Talvez porque esteja perto demais da gente, mas o fato é que as secreções do corpo humano são secretamente repulsivas para muitos de nós. Por sorte, esta não é uma questão real para nós, uma vez que não temos permissão legal para tratar de seres humanos. Por certo que seu veterinário pode, em caso de emergência, tomar as providências de primeiros socorros, como a respiração boca a boca, mas apenas como uma atitude de bom samaritano, como qualquer outro mortal. Mas as leis de seu estado provavelmente não permitem que um veterinário faça o parto do seu bebê. Procure saber! Assim como seu médico também não tem permissão para realizar uma cirurgia ou qualquer outro tratamento de rotina em seu cachorro. Portanto, nem se atreva a pedir!

Com que frequência você usa profissionalmente a palavra "cadela"?

Tudo bem, vou supor que você não saiba. Como veterinário ou criador, você pode usar oficialmente a palavra "cadela", sem ferir os padrões mais elevados da ética profissional. Os veterinários que trabalham com animais de grande porte não têm nenhum problema em usar a palavra "rabo". No entanto, devo confessar que esse termo não faz parte do meu vocabulário comum. Perguntar "O que há com sua cadela?" para a Sra. Jones, diante de seus dois filhos na sala de exame não é uma atitude considerada conveniente, mesmo que eu esteja falando profissionalmente. Mas também pode ser que o uso raro da palavra "cadela", para designar uma fêmea não castrada, deva-se em parte ao fato de a maioria da clientela dos veterinários ser constituída de cachorros castrados. Pessoalmente, eu só uso este termo quando um criador me traz uma fêmea canina com problemas reprodutivos (como uma infecção uterina ou mamária) e que está se comportando como uma perfeita diva diante do tratamento...

Você assiste a casos de abuso contra animais?

Lamentavelmente, é comum e constitui um dos problemas mais graves que temos de encarar em nossa profissão. Infelizmente, como fazem as pessoas, os cachorros e gatos não podem pegar seus donos e dar-lhes umas boas palmadas no traseiro. O interessante é que nem sempre se pode identificar e adivinhar o comportamento do dono. Já vi casos em que as pessoas pareciam perfeitamente "normais", tipos bem-sucedidos, mas que constantemente pagavam milhares de dólares para reparar fraturas, baços rompidos, hemorragia interna ou ossos quebrados. E não levou muito tempo para acender o sinal vermelho.

Os casos de abuso contra animais são bastante complicados. Dependendo do estado em que você vive, o veterinário pode ser obrigado por lei a denunciá-los ao estado. Em outros estados, não existe regulamentação. Em certos casos, os abusos são praticados por um dos cônjuges e os veterinários temem as possíveis repercussões da denúncia. Os sinais de agressão podem também se dever à síndrome de Munchausen, um transtorno psicológico que leva o dono a agredir seu animal para atrair mais atenção para si mesmo e sentir-se mais dedicado. Não sei o que você acha, mas para mim, ver um cachorro quebrado por amor, como na peça *Misery* (Louca Obsessão) de Stephen King, não parece nada divertido. Tenho certeza de que os animais concordariam comigo, mas infelizmente eles não podem falar por si mesmos. Qualquer que seja o caso, o abuso praticado contra animais é sempre de natureza complexa, pois seus danos podem não se restringir ao animal.

Se você suspeita que alguém esteja maltratando um animal, existem lugares aos quais recorrer. Os abrigos para animais dispõem de sistemas de proteção e de funcionários para investigar as denúncias. Embora eles possam estar sobrecarregados de casos, é bom saber que se tem onde recorrer para denunciar um caso de suspeita de abuso ou crueldade contra animais.

Como saber se um hospital veterinário é bom?

Encontrar um provedor de serviços de saúde no qual você possa acreditar e confiar é imperativo, seja o cliente de duas ou quatro pernas. São os seguintes os fatores a serem levados em consideração para determinar se uma clínica veterinária é boa:[5]

- Você se sente à vontade com o veterinário e seus assistentes? Eles dedicam tempo a responder suas perguntas?
- A clínica veterinária mantém arquivos organizados contendo registros detalhados de prescrições, resultados de exames físicos e de sangue?
- Quando você telefona para lá, é bem atendido?
- Seu horário de atendimento é conveniente para você?
- Que planos ou sistemas de pagamento eles disponibilizam?
- Qual a abrangência dos serviços oferecidos? Eles fazem coleta de sangue e raios X em domicílio? Eles têm equipamento para anestesia, oxigênio, farmácia completa e opções para referência se necessário?
- Como são atendidos os chamados de emergência?
- Eles oferecem outros serviços, como de banho e tosa, corte de unhas, hospedagem e treinamento para cachorros (se não, eles o encaminham para tal lugar)?
- Seus veterinários são membros de alguma associação profissional, como a American Veterinary Medical Association, ou de alguma associação estadual?
- Pergunte a seus amigos, criadores de animais ou conhecidos

dos passeios no parque quem é seu veterinário e pesquise. Seja um consumidor consciente para o membro de quatro patas de sua família. Aqui não se trata de comprar uma nova marca de comida para cachorro; exige pesquisa e consideração para fazer a melhor escolha possível. Além disso, há também algo que tem a ver com confiar no que diz sua intuição: você deixaria que o Dr. Igor se aproximasse de você empunhando uma seringa com uma risada cacarejante? Se não, não deixe que ele se aproxime do seu cachorro. Tipos rastejantes de veterinários de segunda categoria só servem para nos difamar.

O que quer dizer o grande "K"?

Conta-se que um veterinário estava dizendo a seu cliente que seu cachorro tinha câncer, quando o homem irrompeu em lágrimas e berrou: "Não! Não o grande K!" Depois disso, as faculdades de veterinária procuraram aliviar o peso dessa doença grave, ensinando seus alunos que o grande "K" é também conhecido como câncer.

Como vocês sabem quando é chegada a hora de sacrificar um animal?

A decisão de sacrificar um animal é muito pessoal. Muitas vezes me arrependo de ter esperado tempo demais para sacrificar o primeiro cachorro da minha família; simplesmente não sabia qual era a decisão "certa" quanto à hora certa. Essa decisão também é influenciada por nossas crenças religiosas, experiências anteriores, custos, crenças pessoais e todo o peso da bagagem emocional que acompanha o sacrifício. Quando um veterinário sacrifica um animal, ele o faz basicamente com uma overdose de anestésico. O agente mais comum é o pentobarbital, que faz com que o paciente pare de respirar e o coração pare de bater dentro de alguns segundos. A eutanásia não é um procedimento doloroso e, para alguns donos, chega a ser surpreendente a tranquilidade com que tudo ocorre. Eu sempre aviso os donos que o processo é rápido, mas com a intenção de assegurá-los de que o bichinho não vai sofrer nem sentir nada.

Em geral, os veterinários não podem tomar essa decisão por você. No entanto, eles devem estar preparados para informá-lo sobre os aspectos médicos dessa decisão. Existe alguma cirurgia ou tratamento que poderia melhorar a saúde de sua cachorrinha? Quais são os custos? Qual o tempo médio de vida de sua raça? Os prognósticos são desfavoráveis? Para mim, as questões mais importantes são estas: Qual o nível de qualidade da vida dele? Ele está sofrendo?

Para avaliar o nível de qualidade de vida, eu me baseio nas respostas às três seguintes perguntas:

1. O cachorro está sofrendo? Vive chorando ou gemendo? Mostra-se muito apegado ou arredio?
2. Ele tem bom apetite? Se não, é um sinal de baixa qualidade de vida. Está perdendo peso? Em geral, apesar de brincar com isso, nós acreditamos que quando um Labrador deixa de comer, é hora de sacrificá-lo.
3. O comportamento da Fluffy é o mesmo de três anos atrás? Ela quer sair para passear? Quer brincar?

As respostas a essas perguntas, os conselhos de seu veterinário e a opinião de seus familiares vão ajudar você a decidir a hora de sacrificar humanamente o seu cachorro. Quando tiver dúvida, você pode sempre ligar para algum dos serviços de apoio que existem em todas as partes. A maioria das escolas de veterinária também dispõe desse serviço. Você poderá encontrar uma lista deles na página do Cornell College of Veterinary Medicine na Internet (ver Referências).

Quanto custa sacrificar um animal?

Infelizmente, tudo tem um preço. Eu já passei pela experiência lamentável de ouvir algum cliente dizer: "Se soubesse que ia custar tudo isso, eu mesmo teria acabado com ele em casa!" O preço para sacrificar seu cachorro depende de quanto seu veterinário costuma cobrar por seus serviços, mas pode variar entre 45 e 250 dólares. Portanto, se quiser, procure antes se informar. Em geral, o veterinário que atende a família ou a fazenda é menos careiro do que as escolas de veterinária, apesar de elas cobrarem menos pela autópsia. De qualquer maneira, não tente sacrificar seu animal em casa. Muitas pessoas esperam que o cachorro tenha uma morte tranquila em casa, mas na realidade isso raramente acontece. Não o deixe sofrer lentamente quando você pode aliviar em muito sua dor. Existem veterinários que atendem em domicílio para que tudo ocorra da forma mais íntima e tranquila possível. Mas seja qual for a solução, você terá de abrir a carteira. Considere esse custo como seu último presente para aliviar o sofrimento de quem foi seu amigo leal por toda a vida. E, nesses últimos dias, procure dar a ele todo o filé mignon e sorvete que ele quiser.

Eu posso estar presente quando o meu cachorro é sacrificado?

A decisão de estar ou não presente quando seu cachorro é sacrificado é inteiramente sua. Essa é obviamente uma das experiências mais dolorosas que existem, por mais que o veterinário se esforce para torná-la o mais tranquila possível. Eu sempre digo ao dono que deve guardar uma boa lembrança dos últimos momentos com seu cachorro e que se ele achar que esse momento deve ser caminhando na natureza ou arremessando discos em vez de numa clínica veterinária, tudo bem. Se você escolher não estar presente, seu veterinário e assistente estarão com ele o tempo todo, oferecendo-lhe todos os cuidados e uma despedida afetuosa.

Se você decidir ficar com ele, é importante saber que ele pode apresentar certos sinais de relaxamento provocado pela solução mortífera. Sempre aviso o dono de que o cachorro poderá urinar, defecar, fazer uma última respiração profunda ou ficar de olhos abertos. Muito raramente, alguns podem ter contrações musculares depois de terem expirado, devido ao cálcio e eletrólitos nos músculos. Afora isso, o processo é tranquilo e o cachorro parece apenas sonolento até finalmente morrer. É importante que você tenha a certeza de que a decisão de acabar com o sofrimento de seu cachorro é muito séria, mas que seu veterinário o acompanhará até o fim e respeitará sua decisão de permanecer ou não presente.

Os veterinários fazem necrópsias de animais?

Sim, os veterinários fazem necrópsias de animais. A decisão de fazer a necrópsia pode também afetar sua decisão do que fazer com as cinzas de seu cachorro. É possível se realizar uma necrópsia cosmética se você quiser levar o corpo do cachorro para ser enterrado no equivalente humano a um "caixão aberto", mas saiba que se pedir uma necrópsia completa, não poderá levar o corpo para casa, a não ser em forma de cinzas resultantes de uma cremação particular. Isso é para proteger você de procurar encontrar seus órgãos e tecidos no latão de resíduos. Se preferir que o hospital descarte as cinzas de seu cachorro, você pode assim mesmo pedir que a necrópsia seja realizada. A questão é para quê?

A realização da necrópsia serve a diversos propósitos. O primeiro deles é prover a seu veterinário importantes informações com respeito ao diagnóstico e tratamento – em outras palavras, se o tratamento estava funcionando ou qual foi a causa da morte do paciente. Para a família, a necrópsia é extremamente importante para saber se havia algum risco de contágio, como uma doença que pudesse passar para você ou outros animais. Às vezes, a necrópsia ajuda a identificar as causas de uma morte súbita ou inesperada, embora os sinais de uma coagulação súbita de sangue (como o tromboembolismo pulmonar) ou de uma parada cardíaca não sejam revelados pela necrópsia. Finalmente, a necrópsia pode ser necessária para comprovar legalmente os casos de intoxicação ou envenenamento. Se você desconfia que o seu vizinho tenha envenenado seu cachorro com algum anticongelante (o que, por sorte, é uma ocorrência rara), a necrópsia deve obrigatoriamente ser realizada. Alguns veterinários que trabalham em abrigos também recomendam a necrópsia quando desconfiam de práticas de abuso contra animais, o que, em muitos estados, eles são obrigados a informar aos órgãos competentes. O custo de uma necrópsia varia e pode depender de se ela é feita pelo próprio veterinário ou se por um patologista credenciado (que pode fazer exames e culturas mais abrangentes para determinar o diagnóstico). Na medicina humana, apenas 10 por cento dos direitos sobre a autópsia são concedidos ao hospital (em outras palavras, a maioria das pessoas rejeita a opção).[6] Em muitos casos, a necrópsia ajuda a tranquilizar o dono com a descoberta de que seu cachorro tinha câncer e que ele tomou a decisão "certa" ao resolver sacrificá-lo.

Por último, nós como veterinários aprendemos muito com a necrópsia. O procedimento nos permite saber se podíamos ter feito mais, como também ajuda os estudiosos a identificar mais prontamente a doença e, espera-se, encontrar sua cura.

Existe algum documento pelo qual posso assegurar o direito de decidir sobre a vida do meu cachorro em alguma situação de emergência?

Como dona neurótica que prefere não tratar de seus próprios animais, eu levo essa medida a sério – seja para garantir os direitos das criaturas tanto de duas como de quatro pernas. Eu tenho esse documento para cada um de meus três animais de estimação, para que sua babá, todos os membros da minha família e amigos saibam o que fazer em alguma situação de emergência em que não consigam entrar em contato comigo. Essa informação também está registrada nas fichas eletrônicas deles no hospital. Costumo recomendar a outras pessoas que também tomem essa providência.

Alguns centros responsáveis de assistência ou de lazer também oferecem serviços similares, estabelecendo contratos detalhados com informações de emergência, dados de cartões de crédito e como entrar em contato com o veterinário responsável. Também muitas das empresas que proveem microchips com os dados de identidade incluem o número do telefone para contato de emergência com o veterinário. Procure fazer com que seus amigos saibam o que você quer que seja feito numa situação de emergência, quanto de dinheiro você está disposto a pagar, se quer dar a eles o número do seu cartão de crédito ou se irá reembolsar o que pagaram do próprio bolso. Deixe claro até que ponto você está disposto a ter sua privacidade invadida e, se for o caso, autorize-os a concordar com uma cirurgia de emergência. Como veterinária, eu acabo me tornando um suporte para muitos de meus amigos e familiares. (Às vezes, chego a me sentir usada...)

Vocês fazem ressuscitação cardiorrespiratória em animais?

A ressuscitação cardiorrespiratória, atualmente mais conhecida como ressuscitação cardiorrespiratória cerebral ou RCRC, é de fato realizada em animais. É interessante notar que são usados porcos em pesquisas humanas de RCRC para melhorar os resultados e ver que drogas funcionam melhor. Nós veterinários avaliamos essas pesquisas e tomamos decisões sobre como proceder a RCRC no campo da veterinária. Infelizmente, a RCRC não tem nada a ver com o que mostram os filmes passados na televisão, como os seriados Plantão Médico ou *Grey's Anatomy*. Nós não fazemos respiração boca a boca nos cachorros, mas enfiamos um tubo em sua traqueia para que o animal possa respirar por ele.

Com a RCRC, a probabilidade de trazer o animal de volta quando ele parou de respirar ou seu coração parou de bater é muito menor do que com os seres humanos, abarcando apenas uma média de entre 4 e 10 por cento em cachorros e gatos.[7] Em humanos pode-se fazer "facilmente" a desfibrilação para restaurar o ritmo cardíaco normal após uma parada provocada por um ataque cardíaco, mas como os cachorros raramente têm ataque cardíaco, a parada normalmente ocorre devido a uma falência renal, doença hepática, câncer ou algum outro problema estrutural. Assim, quando o coração do cachorro para, é improvável que um veterinário consiga revivê-lo e ainda mais improvável de a ocorrência não voltar a se repetir. Procure discutir essa decisão com seus familiares antes que isso possa vir a ocorrer na vida do seu cachorro.

Quais são as possibilidades de eu dispor dos restos mortais do meu cachorro?

Nenhum veterinário pode julgar sua decisão quanto ao que fazer com o corpo do seu cachorro. Se o seu faz isso, procure outro. Algumas pessoas decidem levar o corpo do cachorro para ser enterrado no quintal de casa; mas, antes de fazer isso, procure conhecer a legislação de sua cidade a esse respeito. Outras preferem que o veterinário disponha do corpo para ser cremado ou enterrado longe de seus olhos para pouparem-se desse sofrimento. E outras ainda preferem ficar com as cinzas de seu cachorro. Por mais estranho ou estúpido que isso possa parecer a alguns, não é de maneira alguma. Cada um tem o direito de ficar com o que é seu. Se guardar as cinzas do seu cachorro na cornija da lareira for para você uma forma agradável de lembrá-lo, então é isso o que eu recomendo. Tem gente que decide espalhar as cinzas sobre os lugares preferidos do cachorro – embaixo de sua árvore preferida, em sua casinha ou sobre a lagoa em que ele gostava de nadar. Recentemente, surgiu também a possibilidade de transformar as cinzas em joias de vidro (ver Referências). Apesar de para algumas pessoas isso parecer estranho, eu já vi peças muito bonitas, verdadeiras obras de arte. Você pode até seguir os exemplos de Billy Bob Thornton e Angelina Jolie e chegar ao extremo de usar os restos do seu cachorro em volta do pescoço. Seja como for, essa opção de transformar as cinzas em obras de arte é limpa e segura... mas tem um preço salgado!

Como ser um consumidor inteligente: o que seu veterinário quer que você saiba

Nós veterinários queremos dos donos de animais que sejam inteligentes, amorosos, brincalhões, responsáveis e conscientes. Por outro lado, gostaríamos também de ter uma renda anual de um milhão de dólares e de beber gratuitamente em todos os finais de expediente, embora não haja nenhuma possibilidade de isso acontecer num futuro próximo. Por sorte, a maioria das pessoas que ama os cachorros tende a ser muito legal (inclusive você!). Com apenas um pouco de treino... quem sabe a gente acabe conseguindo bebidas grátis! Até lá, o que eu quero de você é que valorize e confie em nossas recomendações. O primeiro passo para se tornar um bom consumidor é encontrar um veterinário de quem você goste e com quem se sinta à vontade, exatamente como você faz para tratar de sua própria saúde. Se alguma vez, você duvidar do prognóstico de seu veterinário, procure uma segunda opinião. Mas jamais esqueça que tem escolha. Com o advento da Internet, há muita informação disponível, mas você tem de saber separar o joio do trigo. Existem ali tantas informações inexatas ou equivocadas sobre saúde que eu me arrepio só de pensar que você pode tomar uma decisão rápida (como interromper um regime prescrito) unicamente com base nelas. Quando tiver alguma dúvida, converse com seu veterinário e lembre-se de que sempre tem a escolha de buscar uma segunda opinião ou procurar um especialista, com ou sem a aprovação dele. Informe-se sobre a saúde de seu cachorro, seja por meio de consultas a fontes confiáveis (referendadas por um veterinário) ou de perguntas ao seu veterinário. Finalmente, tenha em casa todos os dados do histórico médico de seu cachorro para que, numa situação de emergência, você possa acessá-los prontamente. Uma dica importante é pedir uma cópia do exame de sangue de seu cachorro para guardar em seu arquivo particular. Seja o advogado de seu animal!

E, finalmente, que benefícios ter um animal de estimação traz para seus donos?

De acordo com os resultados de alguns estudos, pessoas com hipertensão que adotaram um cachorro ou gato apresentaram reduções significativas em sua pressão dentro de pouco tempo.[8] Além disso, o National Institute of Health Technology Assessment Workshop demonstrou que a companhia de animais ajuda a reduzir a incidência de doenças cardíacas em seus donos. Pelo visto, a companhia de um amigo leal dá às pessoas uma "maior estabilidade psicológica", e essa, de acordo com os pesquisadores, minimiza os riscos. Esse mesmo estudo também constatou que os donos de animais de estimação se caracterizam por fazerem menos consultas a médicos por problemas corriqueiros, o que ajuda a reduzir os custos gerais com assistência médica. E, por último, os animais são ótimos agentes de redução do stress e de motivação para que seus donos pratiquem atividades físicas. Uma caminhada rápida com seu cachorro em volta do quarteirão depois de um árduo dia de trabalho é um excelente modo de arejar a cabeça e curtir a vida. Além disso, saber que vai chegar em casa e encontrar seu leal amigo sempre feliz por você estar de volta, sem nunca reclamar nem se queixar, é a maior de todas as recompensas! Em geral, todos nós deveríamos aprender com os cachorros a importante lição de vida: Vá com calma, pegue leve! Podemos aprender muito só com o reconhecimento de que a cada dia somos abençoados com a lealdade e a energia de nosso cachorro. Tudo isso expresso com entusiasmo por um balanço da cauda.

Notas

CAPÍTULO 1

1. David Feldman. *Why Do Dogs Have Wet Noses? And Other Imponderables of Everyday Life.* (Nova York: Harper Perennial, 1990), 70-71.

2. Warren D. Thomas e Daniel Kaufman. *Elephant Midwives, Parrot Duets and Other Intriguing Facts from the Animal Kingdom.* (Londres: Robson Books, 1991), 58, e "Tracking a Dog's Keen Sense of Smell", disponível no site: http://www.proplan.com/sportingdog/Pro%20Plan%20Sporting%20Dogs%20-%20Tracking%20a%20Dog's%20Keen%20Sense%20of%20Smell.htm

3. K. L. Overall. "The Neurochemistry and Molecular Biology of Behaviour". Atas da Conferência do American College of Veterinary Internal Medicine de 2004.

4. E. R. Bertone. "Risk Factors for Cancer in Cats – New Findings". Atas da Tufts Animal Expo de 2002; E. R. Bertone, L. A. Snyder, A. S. Moore. "Environmental Tobacco Smoke and Risk of Malignant Lymphoma in Pet Cats". *American Journal of Epidemiology* 156, (2002): 268-273; E. R. Bertone, L. A. Snyder, A. S. Moore. "Environmental and Lifestyle Risk Factors for Oral Squamous Cell Carcinoma in Domestic Cats". *Journal of Veterinary Internal Medicine* 17, no. 4 (2003): 557-62; e L. A. Snyder, E. R. Bertone, R. M. Jakowski, et. al. "p53 Expression and Environmental Tobacco Smoke Exposure in Feline Oral Squamous Cell Carcinoma". *Veterinary Pathology* 41, (2004): 209-214.

5. A. Gavazza, S. Presciuttini, R. Barale, et al. "Association Between Canine Malignant Lymphoma, Living in Industrial Areas, and Use of Chemicals by Dog Owners". *Journal of Veterinary Internal Medicine* 15, no. 3 (2001): 190-195.

CAPÍTULO 2

1. Stanley Coren. *The Intelligence of Dogs: A Guide to the Thoughts, Emotions, and Inner Lives of Our Canine Companions*. (Nova York: Free Press, 2006), 137-198.

2. Ibid.

3. http://www.akc.org

4. R. D. Kealy, D. F. Lawler, J. M. Ballam, et al. "Effects of Diet Restriction on Life Span and Age-Related Changes in Dogs". *Journal of the American Veterinary Medical Association* 220, no. 9 (2002): 1315-1320.

5. A. J. German. "The Growing Problem of Obesity in Dogs and Cats". *The Journal of Nutrition* 136, (2006): 1940S-1946S.

6. L. N. Trut. "Early Canid Domestication: The Farm-Fox Experiment". *American Scientist* 87 (1999): 160-169.

7. Peter Tyson. "A Potpourri of Pooches", disponível no site: http://www.pbs.org/wgbh/nova/dogs/potpourri.html

8. G. M. Strain. "Hereditary Deafness in Dogs and Cats: Causes, Prevalence, and Current Research". Atas da Tufts Canine and Feline Breeding and Genetics Conference, 2003.

9. G. M. Strain. "Deafness in Dogs and Cats", disponível no site: http://www.lsu.edu/deafness/deaf.htm; D. R. Bergsma, K. S. Brown. "White Fur, Blue Eyes, and Deafness in the Domestic Cat". *Journal of Heredity* 62, no. 3 (1971): 171-185; I. W. S. Mair. "Hereditary Deafness in the White Cat". *Acta Otolaryngologica* Supl. 314 (1973): 1-48; I. W. S. Mair. "Hereditary Deafness in the Dalmatian Dog". *European Archives of Otorhinolaryngology* 212, no. 1 (1976): 1-14; G. M. Strain. "Aetiology, Prevalence, and Diagnosis of Deafness in Dogs and Cats". *British Veterinary Journal* 152, no. 1 (1996): 17-36; G. M. Strain. "Congenital Deafness and its Recognition". *Veterinary Clinics of North America: Small Animal Practice* 29, no. 4 (1999): 895-907; e G. M. Strain. "Deafness Prevalence and Pigmentation and Gender Associations in Dog Breeds at Risk". *The Veterinary Journal* 167, no. 1 (2004): 23-32.

10. http://www.akc.org/breeds/dalmatian/history.cfm

11. Endereço do site do Museu de História Natural de Berna: http://www.nmbe.ch/deutsch/531_5_1.html

12. Stanley Coren. *The Intelligence of Dogs*.

13. http://www.centralpark.com/pages/attractions/balto.html

14. Sonny Seiler e Kent Hannon. *Damn Good Dogs! The Real Story of Uga, the University of Georgia's Bulldog Mascots*. (Atenas: Hill Street Press, 2002).

15. http://dynamic.si.cnn.com/si_online/covers/issues/1997/0428.html

16. D. A. Koch, S. Arnold, M. Hubler, P. M. Montavon. "Brachycephalic Syndrome in Dogs." *Compendium on Continuing Education for the Practicing Veterinarian*, v. 25, no. 1 (2003): 48-55.

CAPÍTULO 3

1. New National Hartz Survey on the Human-Animal Bond Finds That Pets Are Seen as Part of the Family by Three in Four Pet Owners. Maio, 1º, 2005, disponível no site: *http://www.hartz.com/about%20hartz/prsurvey.asp*; e Meeta Agrawal. "Dog Crazy". *Life*, fevereiro, 24, 2006, 8-14, disponível no site: *http://www.life.com/Life/pets/index.html*

2. Ibid.

3. Anna Tillman. *Doggy Knits: Over 20 Coat Designs for Handsome Hounds and Perfect Pooches*. (Neptune City: T. F. H. Publications, 2006).

4. Tom Sullivan. "A Fetching Stock". Outubro, 4, 2006; disponível no site: *http://www.smartmoney.com/barrons/index.cfm?story=20061004*

5. Pesquisa da Hartz.

6. John Steinbeck. *Travels with Charley: In Search of America*. (Nova York: Penguin Classic, 1997).

7. Pesquisa da Hartz.

8. Ibid.

9. 2007/2008 APPMA National Pet Owners Survey, disponível no site: *http://www.appma.org/pubs_survey.asp*

10. "Working Like a Dog". Janeiro, 24, 2006, disponível no site: *http://money.cnn.com/2006/01/24/news/funny/dog_work/index.htm*

11. Denise Ono, "Dog Days of Summer: Group Advocates Take Your Dog to Work Day". Julho, 13, 2005, disponível no site: *http://www.msnbc.msn.com/id/8256796*

12. Canine Legislation Position Statements, disponível no site: *http://www.akc.org/canine_legislation/position_statements.cfm*

13. "New AAHA position statement opposes cosmetic ear cropping, tail docking". Dezembro, 15, 2003, disponível no site: *http://www.avma.org/onlnews/javma/dec03/031215e.asp*

14. AKC Canine Position Statements.

15. New AAHA Postion Statements.

16. Yahoo Financial News. "Is Your City in the Dog House?" Maio, 5, 2006, disponível no site: *http://www.dirtywork.net/Atlanta_2nd_worst_city_for_dog_waste.htm*

17. Ibid.

CAPÍTULO 4

1. Mordecai Siegal e Matthew Margolis. *GRRR! The Complete Guide to Understanding and Preventing Aggressive Behavior in Dogs*. (Boston: Little Brown & Co., 2000).

2. Gary Landsberg, Debra Horwitz. "Behavioral Problems in Older Cats and Dogs (Partes I, II e III)". Atas da Western Veterinary Conference, 2003.

3. Richard Webster. *Is Your Pet Psychic? Developing Psychic Communication with Your Pet*. (St. Paul: Llewellyn Publications, 2003).

4. Jonah Lehrer. "The Effeminate Sheep and Other Problems with Darwinian Sexual Selection". *Seed*. Junho, 7, 2006, disponível no site: *http://seedmagazine.com/news/2006/06/the_gay_animal_kingdom.php*; e James Owen. "Homosexual activity among

animals stirs debate". National Geographic News, Julho, 23, 2004, disponível no site: http://news.nationalgeographic.com/news/2004/07/0722_040722_gayanimal.html

5. Dinitia Smith. "Central Park Zoo's Gay Penguins Ignite Debate". *New York Times, Fevereiro, 7, 2004,* disponível no site: http://sfgate.com/cgi-bin/article.cgi?file=/c la/2004/02/07/MNG3N4RAV41.DTL

6. A. Quaranta, M. Siniscalchi, G. Vallortigara. "Asymmetric Tail-Wagging Responses by Dogs to Different Emotive Stimuli". *Current Biology* 17, no. 6 (2007): 199-201.

7. PetPlace Staff. "Do Dogs Mourn? Canine Grief", disponível no site: http://www.petplace.com/dogs/do-dogs-mourn/page1.aspx e Nashville Pet Finders. "Do Dogs Mourn?" ASPCA Mourning Project, disponível no site: http://www.nashvillepetfinders.com/mourn.cfm

8. Ibid.

CAPÍTULO 5

1. New National Hartz Survey on the Human-Animal Bond Finds That Pets Are Seen as Part of the Family by Three in Four Pet Owners. Maio, 1º, 2005, disponível no site: http://www.hartz.com/about%20hartz/prsurvey.asp

CAPÍTULO 6

1. Pet Connection Staff. "Pet-Food Recalls: What You Need to Know – and do – in the Wake of the News". Universal Press Syndicate, disponível no site: http://www.petconnection.com/recall_basics.php

2. Ibid.

3. Jimmy A. Bonner. "Environmental Quality: Drinking Water Quality". Mississippi State University Extension Service, disponível no site: http://msucares.com/environmental/drinkingwater/index.html

4. Food and Water in an Emergency", disponível no site: http://www.fema.gov/pdf/library/fe'web.pdf

5. L. M. Freeman, K. E. Michel. "Evaluation of Raw Food Diets for Dogs". *Journal of the American Veterinary Medical Association* 218, no. 5 (2001): 705-709.

6. David R. Strombeck. *Home-Prepared Dog and Cat Diets: The Healthful Alternative.* (Ames: Iowa State Press, 1999).

7. A. J. German. "The Growing Problem of Obesity in Dogs and Cats". *The Journal of Nutrition* 136, (2006): 1940S-1946S.

8. "How Does Your Dog Rate?", teste formulado pela Purina, disponível no site: http://www.longliveyourdog.com/twoplus/RateYourDog.aspx

9. D. C. Blood, V. P. Studdert. *Baillière's Comprehensive Veterinary Dictionary.* Baillière Tindall, W. B. Saunders. 1988.

10. Greg Hunter, Pia Malbran. "Owners: Dog Treats Killed Our Pets". Fevereiro, 15, 2006, disponível no site: http://www.cnn.com/2006/US/02/14/dangerous.dogtreat

11. http://www.greenies.com/en_US/products_easy_to_digest.asp

12. A. J. German. "The Growing Problem of Obesity in Dogs and Cats".

CAPÍTULO 7

1. Y. Bruchim, E. Klement, J. Saragusty, E. Finkeilstein, et al. "Heat Stroke in Dogs: A Retrospective Study of 54 Cases (1999-2004) and Analysis of Risk Factors for Death". *Journal of Veterinary Internal Medicine* 20, no. 1 (2006): 38-46; W. S. Flournoy, J. S. Wohl, D. K. Macintire. "Heatstroke in Dogs: Pathophysiology and Predisposing Factors"; e W. S. Flournoy, D. K. Macintire, J. S. Wohl. "Heatstroke in Dogs: Clinical Signs, Treatment, Prognosis, and Prevention". *Compendium on Continuing Education for the Practicing Veterinarian* 25, no. 6 (2003): 410-418 e 422-431, respectivamente.

CAPÍTULO 8

1. E. K. Dunayer, S. M. Gwaltney-Brant. "Acute Hepatic Failure and Coagulopathy Associated with Xylitol Ingestion in Eight Dogs". *Journal of the American Veterinary Medical Association* 229, no. 7 (2006): 1113-1117.

2. P. A. Eubig, M. S. Brady, S. M. Gwaltney-Brant, S. A. Khan, et al. "Acute Renal Failure in Dogs After the Ingestion of Grapes or Raisins: A Retrospective Evaluation of 43 Dogs (1992-2002)". *Journal of Veterinary Internal Medicine* 19, no. 5 (2005): 663-674.

3. I. Meadows, S. Gwaltney-Brant. "Toxicology Brief: The 10 Most Common Toxicoses in Dogs". *Veterinary Medicine* 101, no. 3 (2006): 142-148, disponível no site: *http://www.vetmedpub.com/vetmed/article/articleDetail.jsp?id=314007*

4. Mordecai Siegal e Matthew Margolis. *GRRR! The Complete Guide to Understanding and Preventing Aggressive Behavior in Dogs*. (Boston: Little Brown & Co., 2000).

CAPÍTULO 9

1. M. G. Aronsohn, A. M. Faggella. "Surgical Techniques for Neutering 6- to 14-Week-Old Kittens". *Journal of the American Veterinary Medical Association* 202, no. 1 (1993): 53-55.

2. K. U. Sorenmo, F. S. Shofer, M. H. Goldschmidt: "Effect of Spaying and Timing of Spaying on Survival of Dogs with Mammary Carcinoma". *Journal of Veterinary Internal Medicine* 14, no. 3 (2000): 266-270.

3. D. C. Blood, V. P. Studdert. *Baillière's Comprehensive Veterinary Dictionary*. Baillière Tindall, W. B. Saunders, 1988.

4. Jo Birmingham. "Zoonotic Concerns put Veterinarians on Front Lines: Leaders Urge Heightened Vigilance". *Veterinary Forum* 23, no. 7 (2006): 25-33, disponível no site: *http://www.forumvet.com/pdf/VF_Prac%20Mgmt_Book%20R_July%2006.pdf*

CAPÍTULO 10

1. C. A. Smith. "The Gender Shift in Veterinary Medicine: Cause and Effect". *Veterinary Clinics of North America: Small Animal Practice* 36, no. 2 (2006): 329-339 e Veterinary Market Statistics, American Veterinary Medical Association, 2005, disponível no site: *http://www.avma.org/membshp/marketstats/vetspec.asp*

2. Ibid.

3. Steven D. Levitt, Stephen J. Dubner. *Freakonomics: A Rogue Economist Explores the Hidden Side of Everything.* (Nova York: HarperCollins, 2005).

4. C. A. Smith. "The Gender Shift in Veterinary Medicine".

5. American Veterinary Medical Association. "What You Should Know About Choosing a Veterinarian for Your Pet". Junho 2004, disponível no site: *http://www.avma.org/communications/brochures/choosing_vet_brochure.asp*

6. Atul Gawande. *Complications: A Young Surgeon's Notes on the Imperfect Science.* (Nova York: Metropolitan Books, 2002); E. C. Burton, P. N. Nemetz. "Medical Error and Outcome Measures: Where Have all the Autopsies Gone?" *Medscape General Medicine* 2, no. 2 (2000): E8; e G. D. Lundberg. "Low-Tech Autopsies in the Era of High-Tech Medicine: Continued Value for Quality Assurance and Patient Safety". *Journal of the American Medical Association* 280, no. 14 (1998): 1273-74.

7. D. T. Crowe. "Cardiopulmonary Resuscitation in the Dog: A Review and Proposed New Guidelines (Parte II)". *Seminars in Veterinary Medicine and Surgery (Small Animal)* 3, no. 4 (1988): 328-348; B. A. Gilroy, B. J. Dunlop, H. M. Shapiro. "Outcome from Cardiopulmonary Resuscitation in Cats: Laboratory and Clinical Experience". *Journal of the American Animal Hospital Association* 23, no. 2 (1987): 133-139; W. E. Wingfield, D. R. Van Pelt. "Respiratory and Cardiopulmonary Arrest in Dogs and Cats: 265 cases (1986-1991)". *Journal of the American Veterinary Medical Association* 200, no. 12 (1992): 1993-1996; e P. H. Kass, S. C. Haskins. "Survival Following Cardiopulmonary Resuscitation in Dogs and Cats". *Journal of Veterinary Emergency Critical Care* 2. no. 2, (1992): 57-65.

8. K. Allen, B. E. Shykoff, J. L. Izzo. "Pet Ownership, but Not ACE Inhibitor Therapy, Blunts Home Blood Pressure Responses to Mental Stress". *Hypertension* 38 (2001): 815-820.

Referências

TABELAS COMPARANDO IDADES DE CÃES E GATOS COM HUMANOS:
- *http://www.antechdiagnostics.com/petOwners/wellnessExams/howOld.htm*
- *http://www.idexx.com/animalhealth/education/diagnosticedge/200509.pdf*

AMERICAN COLLEGE OF VETERINARY BEHAVIORISTS:
- *http://www.dacvb.org/*

AMERICAN COLLEGE OF VETERINARY EMERGENCY CRITICAL CARE:
- *http://acvecc.org/*

AMERICAN KENNEL CLUB:
- *http://www.akc.org/*

AMERICAN SOCIETY FOR THE PREVENTION OF CRUELTY TO ANIMALS:
- *http://www.aspca.org/site/PageServer*

AMERICAN VETERINARY DENTAL COLLEGE:
- *http://www.avdc.org/index.html*

AMERICAN VETERINARY MEDICAL ASSOCIATION:
- *http://www.avma.org/*
- *http://www.avma.org/reference/marketstats/default.asp*
- *http://www.avma.org/reference/marketstats/vetspec.asp*

BANFIELD, THE PET HOSPITAL:
- *http://www.banfield.net/*

CENTERS FOR DISEASE CONTROL (órgãos responsáveis pelo controle de doenças):
- http://www.cdc.gov/healthypets

COMPANION ANIMAL PARASITE COUNCIL:
- http://www.capcvet.org/
- http://www.petsandparasites.com

CREMATION JEWELRY (JOIAS FEITAS DE CINZAS):
- http://www.ashestoashes.com
- http://www.memorypendants.huffmanstudios.com/

TOSA (CURTAIL):
- http://www.akpharma.com/curtail/curtail_index.html

DOCAS PARA MERGULHO:
- http://www.dockdogs.com

ÓCULOS DE SOL PARA CACHORROS:
- http://www.doggles.com

EUKANUBA/IAMS (fabricantes de comida para cachorros):
- http://us.eukanuba.com/eukanuba/en_US/jsp/Euk_Page.jsp?pageID=OT

WEB SITE DA GREENIES:
- http://www.greenies.com/en_US/default.asp?scsid=tsagoogle&csid=501&refcd=GO201001s_greenies

INTERNATIONAL SOCIETY FOR ANIMAL RIGHTS (sociedade internacional em defesa dos direitos dos animais):
- http://www.isaronline.org/index.html

MERIAL (produtos contra pulgas e dirofilariose):
- http://www.merial.com

NEUTICLES (implantes de testículos):
- http://neuticles.com/

HOTÉIS QUE HOSPEDAM CACHORROS:
- http://petshotel.petsmart.com/

PRONTO-ATENDIMENTO A ANIMAIS EXTRAVIADOS:
- http://www.vet.cornell.edu/Org/PetLoss/
http://www.vet.cornell.edu/Org/PetLoss/OtherHotlines.htm

PROGRAMAS DE FÉRIAS PARA CACHORROS:
- http://www.pamperedpuppy.com/features/200607_dogtravel.php
- www.dogpaddlingadventures.com
- http://camp-gone-tothe-dogs.com/
- http://www.petfriendlytravel.com/

PRONTO-ATENDIMENTO A ANIMAIS ENVENENADOS:
- *http://www.aspca.org/apcc*
- *http://www.petpoisonhelpline.com*

COLEIRAS CONTRA PULGAS E CARRAPATOS:
- *http://www.preventic.com/*

PURINA PET FOOD
- *http://www.purina.com/*

SCIENCE DIET PET FOOD
- *http://www.hillspet.com/hillspet/home.hjsp?FOLDER%3C%3Efolder_id=1408474395183698&bmUID=1197351410544*

COLEIRAS (GUIAS) DE TREINAMENTO:
- *http://www.gentleleader.co.uk/*
- *Coleiras Halti: http://www.companyofanimals.co.uk/halti.php*
- *Coleiras Promise: http://www.premier.com/pages.cfm?id=13*

SEGUROS DE SAÚDE PARA ANIMAIS:
- *http://www.petinsurance.com/*

Agradecimentos

À minha família, que sempre me encorajou e, mais do que isso, me amparou, eu agradeço por todos os conselhos, apoio e tolerância.

À Jane, por ter me ensinado e mostrado com seu exemplo o quanto são importantes a compaixão, a comunicação e o vínculo entre os seres humanos e os animais. Eu gostaria de reencarnar como seu próximo cachorro.

A Dan, que ajudou a manter a minha saúde mental durante a maior parte do tempo que dediquei a esse empreendimento – sem você, eu jamais teria conseguido. Muito obrigada por ter sido minha rocha, meu Zen e o calmante para a minha hiperatividade.

A todos os amigos e colegas maravilhosos durante todo o percurso, que acharam loucura eu assumir mais *outro* projeto... Vocês sabem o que dizem (eu entendo vocês). Por terem me ajudado a colocar perguntas bem-humoradas sobre veterinária, pela disposição de trabalhar num café e pela leitura dos primeiros manuscritos ("Você pode ler estas 100 páginas até, digamos, quarta-feira?"), por terem ficado com JP e me proporcionado umas escapadas para me divertir – muito obrigada.

Ao punhado de pacientes *ultraespeciais* que eu tive (vocês podem encontrar seus nomes espalhados por todo o livro!) – por terem me ensinado que a vida é curta, mas que como a vida de um cachorro é ainda mais curta, tratemos de viver e de amar com entusiasmo.

Ao meu agente literário, Rick Broadhead, e toda a equipe da Random House, formada por Brandi Bowles, Jean Lynch, Rachelle Mandik, Penny Simon e *todos* os demais – o meu muito obrigado por terem assumido este projeto. Foi um desafio extremamente divertido!